Strafprozessuale Telekommunikationsüberwachung
in der Informationsgesellschaft

Europäische Hochschulschriften

Publications Universitaires Européennes
European University Studies

Reihe II
Rechtswissenschaft

Série II Series II
Droit
Law

Bd./Vol. 4075

PETER LANG
Frankfurt am Main · Berlin · Bern · Bruxelles · New York · Oxford · Wien

Jiuan-Yih Wu

Strafprozessuale Telekommunikationsüberwachung in der Informationsgesellschaft

Eine rechtsvergleichende Untersuchung zwischen Deutschland und Taiwan

PETER LANG
Europäischer Verlag der Wissenschaften

Bibliografische Information Der Deutschen Bibliothek
Die Deutsche Bibliothek verzeichnet diese Publikation in der Deutschen Nationalbibliografie; detaillierte bibliografische Daten sind im Internet über <http://dnb.ddb.de> abrufbar.

Zugl.: Trier, Univ., Diss., 2004

D 385
ISSN 0531-7312
ISBN 3-631-53219-9

www.peterlang.de

Vorwort

Die vorliegende Arbeit wurde im Sommersemester 2004 vom Fachbereich Rechtswissenschaft der Universität Trier als Dissertation angenommen. Gesetzgebung, Rechtssprechung sowie Literatur sind bis Ende März 2004 berücksichtigt.

Prof. Dr. Hans-Heiner Kühne ist mein Doktorvater und der Erstgutachter dieser Arbeit. Ich möchte ihm für die eindrucksvolle Betreuung und die bedingungslose Unterstützung in den vergangenen drei Jahren danken. Anschließend möchte ich auch Prof. Dr. Volker Krey danken. Als Zweitgutachter dieser Arbeit hat er seine Aufgabe in einem atemberaubenden Tempo erledigt. Außerdem bin ich Prof. Dr. Knut Amelung großen Dank schuldig. Für die Verfassung dieser Arbeit hat er mir wertvolle, aktuelle Literatur geschenkt. Erst auf dieser Basis war der Aufbau des Beweisrechts der strafprozessuellen Telekommunikationsüberwachung erfolgreich zu begründen möglich.

Darüber hinaus gilt mein Dank auch Christian Rempis, Martin Neumann, Anna Oehmichen, Anna-Lina Herbold sowie Dr. Robert Esser im Lehrstuhl von Prof. Kühne. Sie alle haben aus ihrer jeweiligen Sicht in verschiedenen Phasen meiner Dissertation dazu beigetragen, die sprachliche Qualität dieser Arbeit zu verbessern. Ihre Unterstützung ermöglichte mir, als taiwanesischer Doktorand, meine Ideen fließender und präziser zu äußern. Schließlich unterstützten meine Eltern und meine jüngere Schwester mich nach wie vor. Ich möchte ihnen bei dieser Gelegenheit meinen herzlichen Dank aussprechen und diese Ehre mit ihnen teilen.

Tainan, im August 2004 Jiuan-Yih Wu

Inhaltsverzeichnis

2. TEIL: DIE MÖGLICHEN GEGENSTÄNDE DER TELEKOMMUNIKATIONSÜBERWACHUNG

3. TEIL: TELEKOMMUNIKATIONSÜBERWACHUNG IN DEUTSCHLAND

4. TEIL: TELEKOMMUNIKATIONSÜBERWACHUNG IN TAIWAN

5. TEIL: ZUSAMMENFASSENDE GEGENÜBERSTELLUNG DER STRAFPROZESSUALEN TELEKOMMUNIKATIONSÜBERWACHUNG ZWISCHEN DEUTSCHLAND UND TAIWAN UND DER AUSBLICK

Abkürzungsverzeichnis

a. a. O.	am angegebenen Ort
Abs.	Absatz
AG	Aktiengesellschaft
Art.	Artikel
Aufl.	Auflage
AWG	Außenwirtschaftsgesetz
Begr.	Begrenzung
BGBl. I.	Bundesgesetzblatt Teil I
BGH	Bundesgerichtshof
BGHSt	Entscheidung des Bundesgerichtshofs in Strafsachen
BKA	Bundeskriminalamt
Bsp.	Beispiel
BT-Dr.	Drucksache des Bundestages
BR-Dr.	Drucksache des Bundesrates
BVerfG	Bundesverfassungsgericht
BVerfGE	Entscheidung des Bundesverfassungsgerichts
BVerwG	Bundesverwaltungsgericht
ders.	derselbe
Diss.	Dissertation
ca.	Cirka
CR	Computer und Recht
cÜ.	Chinesischer Übersetzer
d. h.	das heißt
DuD	Datenschutz und Datensicherheit
EDV	elektrische Datenverarbeitung
EG	Europäische Gemeinschaft
EMRK	Europäische Konvention zum Schutz der Menschenrechte und Grundfreiheiten vom 4. 11. 1950 (BGBl. II 1952, S. 686)
EU	Europäische Union
EWG	Europäische Wirtschaftsgemeinschaft
f.	Folgende
ff.	Fortfolgende
FG	Festgabe
Fn.	Fußnot
FS	Festschrift
GA	Goltdammer's Archiv für Strafrecht
GATS	General Agreement on Trade in Service

GATT	General Agreement on Tariffs and Trade
GEDV	Das Gesetz über den Schutz der elektrisch verarbeiteten personenbezogenen Daten
GÜK	das Gesetz über den Schutz und die Überwachung der Kommunikation (Taiwan)
GÜKUV	die Verordnung über Umsetzung von GÜK (Taiwan)
GVBl.	Gesetz- und Verordnungsblatt (z. B. für den Freistaat Thüringen)
GVG	Gerichtsverfassungsgesetz
GVGT	Gerichtsverfassungsgesetz von Republik China in Taiwan
h. M.	herrschende Meinung
Hrsg.	Herausgegeben
IGRR	Interpretation des Großrichterrates (Zitiert nach Nummer) (Taiwan)
insb.	Insbesondere
iVm.	in Verbindung mit
JA	Juristische Arbeitsblätter für Ausbildung und Examen
Jg.	Jahrgang
JR	Juristische Rundschau
JuS	Juristische Schulung
KritV	Kritische Vierteljahrsschrift für Gesetzgebung und Rechtswissenschaft
Lfg.	Lieferung
LG	Landgericht
MDR	Monatsschrift für Deutsch und Recht
NJW	Neue Juristische Wochenschrift
NStZ	Neue Zeitschrift für Strafrecht
OberstG	Das oberste Gericht (Taiwan)
OrganGBT	Das Organisationsgesetz der Behörde für Telekommunikation (Taiwan)
OrganGCHTAG	Das Organisationsgesetz der Chunghwa Telekom AG (Taiwan)
OVG	Oberverwaltungsgericht
Rdn.	Randnummer
RP	Regulierungspräsidium
RegVM	Die Regulierungsverordnung des Mobiltelekommunikationswesens (Taiwan)

RegVTZ	Die Regulierungsverordnung des Telekommunikationsunternehmens der zweiten Klasse (Taiwan)
S.	Seite, Satz
s. o.	sieh oben
sog.	Sogenannten
StGB	Strafgesetzbuch
StGBT	Strafgesetzbuch von Republik China in Taiwan
StPO	Strafprozessordnung
StPOT	Strafprozessordnung von Republik China in Taiwan
StraFO	Strafverteidiger Forum
StV	Strafverteidiger
TDDSG	Gesetz über den Datenschutz bei Telediensten
TDSV	Telekommunikations-Datenschutzverordnung
ThürPAG	Thüringer Polizeiaufgabengesetz
TKGT	Telekommunikationsgesetz Taiwans
TKÜV	Verordnung über technische und organisatorische Umsetzung von Maßnahmen zur Überwachung der Telekommunikation (Telekommunikations-Überwachungsverordnung - TKÜV)
u. a.	und andere(s)
UAB	Der Umsetzungshinweis über die Umgehung des Telekommunikationsunternehmens mit der Auskunft über die Benutzerdaten durch die bezügliche Behörde (Taiwan)
UAT	Der Umsetzungshinweis über die Umgehung des Telekommunikationsunternehmens mit der Auskunft über Telekommunikationsverbindungsdaten durch die bezügliche Behörde (Taiwan)
UGGÜK	Das Umsetzungsgesetz des GÜK (Taiwan)
U-Haft	Untersuchungshaft
UN	United Nation
Urt.	Urteil
v.	von
VerwArch	Verwaltungsarchiv
VerfRT	Verfassungsrecht Taiwans
WiSt	Wirtschaftswissenschaftliches Studium
WTO	Die Welthandelsorganisation
z. B.	zum Beispiel
ZRP	Zeitschrift für Rechtspolitik

Einleitung

I. Problemstand und Ziel der Untersuchung

Seitdem der Erfindung der Medien zum Zwecke der Kommunikation ist die Frage der Kenntnisnahme dieser Kommunikation durch Dritte aufgeworfen. Wenn man beispielsweise jemandem schreibt, kann der Brief von anderen mitgelesen werden. Nach der Erfindung des elektrischen Signals als Medium für die Kommunikation kann man über große Distanzen schnell miteinander kommunizieren. Aus der aktuellen Entwicklungslage der Telekommunikation ist stichwortartig folgende Tendenz für die Zukunft zu entnehmen: Digitalisierung, Drahtlosigkeit, Paketvermittlung und Breitband. Auf dieser Basis wird der zu leistende Dienst nicht mehr lediglich auf die Form des Gesprächs beschränkt, sondern auf alle vorstellbaren Formen der Datenübertragung erstreckt, im Sinne eines „Multimediendienstes“. Im wesentlichen hat sich die durch die Medien vermittelte Nachricht trotz der weiteren Entwicklung der Form der Kommunikationstechnik bis heute nicht geändert. Es ist vorstellbar, dass die Sorge vor der Kenntnisnahme der Kommunikation durch Dritte auch in Zukunft nicht wirksam beseitigt wird. Im Gegenteil wird sie eher noch weiter anwachsen; Wenn man beispielsweise telefoniert, kann das Gespräch abgehört werden, oder auf die über Internet vermittelte E-mail kann von anderen zugegriffen werden.

Die schnelle und preisgünstige Kommunikation fördert die wechselseitige Vernetzung in der Welt. In Sekundenschnelle können alle Nachrichten ausgetauscht werden. Auch der Prozess der Globalisierung wird dadurch beschleunigt. Umgekehrt zwingt der globale Markt auch die nationalen Binnenmärkte zur Liberalisierung und zwar in Bereich aller Branchen. Ausnahmslos macht sich der Reformdruck auch auf den nationalen Telekommunikationsmärkten bemerkbar, welche meistens seit langem von den Staaten monopolisiert werden. Dazu sind sowohl die Situation in Deutschland als auch in Taiwan zwei gute Beispiele. Beide Staaten möchten mittels der Öffnung ihrer Binnentelekommunikationsmärkte einen guten Startplatz für ihre Telekommunikationsbranche im weltweiten Handelswettbewerb finden. Nach der Öffnung des Binnentelekommunikationsmarkts wird die Dienstleistung der Telekommunikation nicht mehr als staatliche Versorgung (Leistungsverwaltung), sondern beispielsweise wie nach dem Art. 87 f Abs. 2, S. 1 des deutschen Grundgesetzes als privatwirtschaftliche Tätigkeit definiert[1]. Außerdem tauchen viele private Anbieter heute auf dem Markt der Telekommunikationsdienstleistung auf. Dadurch stehen vielfältige Auswahlmöglichkeiten und -angebote der entsprechenden Dienste dem Kunden zur Verfügung.

Im modernen Leben zeigt sich die große Abhängigkeit von zahlreichen Telekommunikationsdiensten. So ist man z. B. täglich gefordert, diese Dienste zu nutzen, um den Kontakt zur Außenwelt zu erhalten. Die Beziehung zwischen dem Alltagleben des Individuums und den übertragenden Informationen ist sehr eng. Aus diesem Grund kann man sagen, dass die Gesellschaft heutzutage eine Informationsgesellschaft ist.

In dieser Phase ist das Grundrecht des Fernmeldegeheimnisses nach wie vor noch zu schützen. Darüber hinaus können einige bei der Anwendung des Dienstes anfallende Daten, die zur Strafverfolgung früher weniger eine Rolle spielten, an Bedeutung gewinnen; denn sie können das Leben- und Bewegungsprofil des Einzelnen präziser darstellen. Diese wegen des Bedarfs der

---

[1] BGBl. I, 1994, S. 2245.

technischen Steuerung anfallenden Daten können nach dem Vorliegen des Aufbaus der Kommunikation von dem Schutzbereich des Fernmeldegeheimnisses oder dagegen von dem des Rechts auf informationeller Selbstbestimmung erfasst werden (z. B. die Standortdaten des Handys im Standby-Modus und sonstigen darauf basierenden Dienste[2]).

Dabei scheint es notwendig zu sein, erneut festzustellen, wo der Ausgleichspunkt zwischen dem Interesse des Einzelnen am Fernmeldegeheimnis, dem Recht des Individuums auf informationelle Selbstbestimmung und dem Interesse des Staates an einer funktionsfähigen Strafverfolgung liegt.

In Deutschland lässt sich diesbezüglich mit der StPO-Reform des Jahres 2001[3] und 2002[4] sowie mit der zur technischen und organisatorischen Umsetzung erlassenen TKÜV[5] eine klare Tendenz entnehmen. Nach diesen Novellen kann man spüren, dass die Modernisierung der Institution der strafprozessualen Telekommunikationsüberwachung schon gestartet wird. Die Frage des Beweisverbots wird im Fall der verdeckten Ermittlungsmaßnahmen, zu denen auch die Telekommunikationsüberwachung zählt, seit langem ignoriert. Grund dafür ist, dass sich die Debatte auf den Fall der offenen Ermittlungsmaßnahmen, wie etwa Durchsuchung und Beschlagnahme, konzentriert. In der Tat können die verdeckten Ermittlungsmaßnahmen auch die von den offenen zu schützende

---

2 Der Bericht v. die Welt vom 01.11.2003 zufolge wird beispielweise ein neuer Handy-Dienst - „Track your Kid" präsentiert. Auf der Basis der Standortdaten des Handyinhabers (Kind) können seine Eltern per SMS ebenso wie per Web-Browser heimlich aufspüren, wo immer sein Kind steckt. In der Stadt kann die Genauigkeit wegen der höheren Abdeckungsdichte der Basisstation sogar bis 50 Meter erreichen. Außerdem wird das auf dem GPS-System basierende Autobahn-Mautsystem zukünftig in Deutschland eingeführt; zu den bezüglichen rechtlichen Fragen, vgl. Ulrich Göres, Rechtsmäßigkeit des Zugriffs der Strafverfolgungsbehörden auf die Daten der Mauterfassung, NJW 2004, Heft 4, S. 195-198.

3 §§ 100 g, h StPO sind in die StPO aufgenommen, vgl. BGBl. I, 2001, S. 3879-3880.

4 § 100 i StPO ist in die StPO integriert, vgl. BGBl. I, 2002, S. 3018.

5 Telekommunikations-Überwachungsverordnung – TKÜV, BGBl. I, 2002, S. 458-468.

Wert verringern. Um einerseits das Institut der strafprozessualen Telekommunikationsüberwachung zu komplettieren und anderseits eine einheitliche Theorie des Beweisverbots im Fall der verdeckten Ermittlungsmaßnahmen zu finden, ist die unverzügliche Durchsetzung der diesbezüglichen wissenschaftliche und gesetzgeberischen Diskussion erforderlich.

Aufgrund dieses rapiden Wandels hat man nach dem Lesen der vorhandenen Literatur möglicherweise den Eindruck, dass, mit der permanenten Entwicklung der Technik und der Regelung, das meiste vorliegende Schrifttum entweder veraltet oder nicht umfassend zu sein scheint[6]. Nach der jüngsten Novelle ist die Untersuchung über den Aufbau des Instituts der strafprozessualen Telekommunikationsüberwachung unter vielseitiger Berücksichtigung deshalb notwendig, um eine zeitmäßige Anwendung der Vorschrift im Zeitalter der Informationsgesellschaft zu finden.

---

[6] Jürgen Welp, Die strafprozessuale Überwachung des Post- und Fernmeldeverkehrs (1974), Axel Lützner, Strafprozessuale Zwangs- und Überwachungsmaßnahme im Recht der USA und der Bundesrepublik Deutschland (1999); zur Frage des Zugriffs auf E-Mail, Wolfgang Bär, Der Zugriff auf Computerdaten im Strafverfahren (1992) u. Ralph Matzky, Zugriff auf EDV im Strafprozess: Rechtliche und technische Probleme der Beschlagnahme und Durchsuchung beim Zugriff auf das Beweismittel „EDV" (1999); nach der Postreform zu der Auskunft über Verbindungsdaten, Jürgen Welp, Überwachung und Kontrolle: Telekommunikationsdaten als Gegenstand strafprozessualer Ermittlungen (2000); vor dem Beschluss des § 100 i StPO zu den Standortdaten des Handys, Björn Gercke, Bewegungsprofile anhand von Mobilfunkdaten im Strafverfahren: Zugleich ein Beitrag zur Kumulation heimlicher Observationsmittel im strafrechtlichen Ermittlungsverfahren (2002); zum Problem des Beweisverbots bei der strafprozessualen Telekommunikationsüberwachung, Gabriele Groß-Spreitzer, Die Grenzen der Telefonüberwachung nach §§ 100a, 100b StPO unter Berücksichtigung der Aussageverweigerungsrechte im Strafprozess (1987) u. Harald Brenner, Die strafprozessuale Überwachung des Fernmeldeverkehrs mit Verteidigern: zugleich ein Beitrag zu den Beweisverboten, auch im Zusammenhang mit neuen Formen der Telekommunikation (1994).

Außerdem ist Taiwan mein Heimatland. Es ist äußerst sinnvoll, zum einen hier die deutsche Rechtsordnung zu untersuchen und das Ergebnis zum anderen mit der taiwanesischen Gesetzgebungslage zu vergleichen. Mit der zunehmenden Dringlichkeit des Menschrechtsschutzes wurden die illegalen Umstände, dass die strafprozessuale Telekommunikationsüberwachung in Taiwan seit langem ohne gesetzliche Grundlage eingesetzt wurde, nach dem Beschluss des Gesetzes über den Schutz und die Überwachung der Kommunikation (GÜK) im Jahr 1998 beendet. Die vorliegende Arbeit möchte auch die aktuelle Lage ausführlich beschreiben und versuchen, einige Reformvorschläge für die Zukunft vorzustellen. Damit können die Ähnlichkeit und die Unterschiede beiden Rechtsordnungen aufgezeigt werden. Dies soll dazu führen, einen idealen Aufbau der strafprozessualen Telekommunikationsüberwachung zu begründen. Darin liegt das Ziel dieser Arbeit.

II. Gang der Untersuchung

Die vorliegende Arbeit gliedert sich in die folgenden fünf Teile. Im ersten Teil wird der zur Debatte benötigte Hintergrund beschrieben. Dazu wird mit der Liberalisierung des nationalen Binnentelekommunikationsmarkts, die durch die Globalisierung verursacht wird, begonnen. Damit soll ein Überblick über den neuen Inhalt der Dienstleistungstätigkeit der Telekommunikation und die neue Stellung der privaten Dienstanbieter im Strafverfahren gegeben werden. Dies dient zur Vorbereitung der späteren Debatte über Mitwirkungspflicht dieser Dienstanbieter. Anschließend wird ein Überblick über die aktuelle Entwicklungslage der Telekommunikationstechnik gegeben, welcher im wesentlichen dazu dient, den Begriff der Telekommunikation im Sinne des Strafprozessrechts zeitmäßig aufzuklaren. Auch wird eine Prognose für die zukünftige Entwicklung der Telekommunikationstechnik am Ende des Abschnitts vorgestellt, um für eine mögliche Nachbesserung in der Zukunft auf die Orientierung hinzuweisen.

Der zweite Teil wird auf der Basis des ersten Teils anschließen. Hierbei ist aus technischer Sicht darzustellen, bezüglich welches Gegenstandes es ein Interesse zur Überwachung durch die Strafverfolgungsorgane besteht. Durch die Erklärung der Theorie für die jeweiligen Medien ist es hilfreich, im kommenden dritten und vierten Teil den Begriff der Telekommunikation und ihrer Überwachung dem Strafverfahrensrecht entsprechend zu begreifen.

Von dem dritten Teil an wird die Debatte aus rechtlicher Sicht stattfinden. Im Prinzip wird sie nach folgendem Aufbau vorgestellt. Zuerst geht es um die Frage, welche Grundrechte von der strafprozessualen Telekommunikationsüberwachung betroffen werden. Dann wird beschrieben, was die gesetzliche Grundlage der strafprozessualen Telekommunikationsüberwachung ist. Anschließend wird von der Anordnung und der Durchführung der strafprozessualen Telekommunikationsüberwachung gesprochen. Da der Schwerpunkt dieser Arbeit in der Überwachung der Telekommunikation in der Informationsgesellschaft liegt, ist es notwendig, dass die Telekommunikationsüberwachungsmaßnahme, welche den materiellen Voraussetzungen ihrer Anordnung zugehört, in einem separaten Abschnitt behandelt wird. Zum Schluss wird das Beweisverbot bei der strafprozessualen Telekommunikationsüberwachung und die bezügliche Maßnahmen nach ihrer Beendigung behandelt.

In dem dritten Teil wird die strafprozessuale Telekommunikationsüberwachung in Deutschland zunächst dargestellt. Dies wird nach dem oben schon erwähnten Aufbau durchgeführt. Jedoch wird die Überwachung mittels neuer

Telekommunikationstechnik nach den Abschnitten über die materiellen und formellen Voraussetzungen der Anordnung der strafprozessualen Telekommunikation in einem extra Abschnitt (3. Teil, F.) behandelt. Damit soll die Notwendigkeit der tiefgreifenderen Darstellung dieser neuen Techniken formale Rechnung getragen werden. Es ist zu überprüfen, ob bei der Überwachung mittels neuer Telekommunikationstechnik, zum Zwecke der Strafverfolgung, die geltende Regelungen anwendbar sind.

Im vierten Teil wird dann die strafprozessuale Telekommunikationsüberwachung in Taiwan, die in Form eines Spezialgesetzes geregelt wird, dargestellt. Dies geschieht auch nach dem oben erörterten Aufbau.

Schließlich gibt es im fünften Teil eine zusammenfassende Gegenüberstellung der strafprozessualen Telekommunikationsüberwachung zwischen Deutschland und Taiwan. Es wird aufgezeigt, was die Ähnlichkeit und die Unterschiede der beiden Rechtsordnungen für die strafprozessuale Telekommunikationsüberwachung sind. Aufgrund der Ergebnisse der Untersuchung wird ein Ausblick für die zukünftige Entwicklung abschließend dargestellt.

1. Teil: Die Telekommunikation und ihre Grundlage in der Informationsgesellschaft

A. Die Ursache der schnellen Entwicklung der Telekommunikation

I. Globalisierung und Liberalisierung der Telekommunikationsmärkte

Der Begriff der sog. „Globalisierung“ wird ca. seit dem Jahr 1994 umfassend angewendet[7]. Aber die Umstände der Globalisierung sind schon seit langem begangen[8]. Die Globalisierung kann als „ein Prozess der vielfältigen Verflechtung od. Vernetzung der Welt “ definiert werden[9]. Die Globalisierung bezieht sich auf viele Bereiche, z. B. Wirtschaft, Politik[10] sowie Kultur[11]. Wenn man

---

[7] Malcolm Walters, Globalization, cÜ. Uei-Jie Xu, S. 3.

[8] Bisher gab es insgesamt zwei Globalisierungswellen. Die erste ist vor dem ersten Weltkrieg geschehen. In dieser Phase fand die Verflechtung der Welt aufgrund der Entdeckung und Anwendung von Dampfmaschine, Telegramm, Eisenbahn sowie Telefon statt. Nach dem Berliner Mauerfall im Jahr 1989 begann die zweite Globalisierungswelle. Im Vergleich zu der ersten Welle geht diese wegen des Endes des Kaltkriegs und der schnell sinkenden Transaktions- und Telekommunikationskosten (Chip, Satellit, sowie Internet) weiter als zuvor. Thomas L. Friedman, The Lexus and Olive Tree, cÜ. Ji-Guang Tsai/ Zhen-Chang Li/ Da-Uen Huo, S. 8 ff.; Die Welt vom 05.06.2002. Aber ein Autor ist der Meinung, dass „die Entwicklungsländer die treibende Kraft der Globalisierung sind“, Bernhard Fischer, Globalisierung und Entwicklungsländer, Wirtschaftsdienst, Heft 4, 1996, S. 164.

[9] David Held/ Anthony McGrew/ David Goldblatt/ Jonathan Perraton, Global Transformations: Politics, Economics and Culture, cÜ. Zueng-Ruei Shen/ Shao-Fan Gao/ Xang-Tao Xu/ Shu-Ling Chen, S. 35; Walters, a. a. O., S. 4; Friedhelm Hengsbach, Globalisierung aus wirtschaftlicher Perspektive, S. 7; Dirk Löhr, Globalisierung, Deregulierung und „dritte technologische Revolution“, Wirtschaftsdienst, Heft 2, 1999, S. 123; daneben z. B. die Herausforderung des traditionellen Gedankens des Sozialstaats, vgl. Wolf Schäfer, Europa in der Globalisierung, Wirtschaftsdienst, Heft 1, 2001, S. 33; dritte Berliner Rede vom Bundespräsident Johannes Rau, Die Welt vom 14.05.2002.

[10] Zu internationaler Politik, vgl. Franz Nuscheler (Hrsg.), Entwicklung und Frieden im Zeichen der Globalisierung. zu Justiz, vgl. Ralf Michaels, Standortwettbewerb als Rechtsfigur, kritische Justiz, Heft 4, 2001, S. 458 ff.

[11] Die sog. Globalisierung der Kultur bedeutet das „Verallgemeinern“ einzelner Kultur. NBA (National Basketball Association) und MLB (Major League Baseball) beispielsweise wenden ihre enormen Kapitale an. Dadurch werden die besten Spieler der Welt bewegt, in die USA zu ziehen. Mit Hilfe der Satellitentechnik und des Kabelfernsehnetzes kann jede Familie in der Welt die Spiele von NBA und MLB sehen. Deshalb wird Michel Jordan zu einem weltweit berühmten Sportsuperstar. Man kann das Finale der Baseball-Meisterschaft von MLB tatsächlich als „World Series“ bezeichnen, obwohl traditionell nur US-Klubs

den Prozess der Vernetzung der Welt in einem bestimmten Bereich findet, dann bedeutet das „die Globalisierung jenes Bereichs“. Jedoch ist zu beachten, dass die Zahl der oben aufgezählten Bereiche nicht abschließend, sondern offen ist[12]. Angesichts der Förderungskraft der Globalisierung gibt es die historische und technische Ursache. Die erste ergibt sich aus dem Ende des Kalten Kriegs, z. B. Russland, Osteuropa und China werden in den Weltmarkt integriertet. Die andere ist der Fortschritt der Telekommunikationstechnik und die Senkung der Transaktionskosten. Diese Ursachen führen zur Vernetzung der Welt. Da die früheren künstlichen und natürlichen Hindernisse schon beseitigt sind, können die Waren und das Kapital so grenzüberschreitend bewegt werden. Damit sind die Grenzen und Kontrollen des Nationalstaats relativiert[13]. Der an Globalisierung Beteiligte beschränkt sich nicht allein auf die Regierung. Die Nichtregierungsorganisationen und jeder einzelne haben nicht zuletzt die an Globali-

---

teilnehmen dürfen. Die beide Liga sammeln die besten Spieler der Welt, Friedmann, a. a. O., S. 310; Die Welt vom 13.11.2002.

[12] Löhr, a. a. O., S. 123; Rasul Shams, Liberalisierung, Globalisierung und Regionalisierung, S. 19. z. B. die Globalisierung der Dienstleistung wurde vor kurzem bemerkt, Nils A. Redmacher-Nottelmann, Wachsende Globalisierung deutscher Dienstleistungsunternehmen-Evidenz mikroökonomischer Daten, RWI – Mitteilungen 2001, Jg. 52(2), 73-93.

[13] Manche Leute nennen das „entnationalisieren“ oder „deterritorialisation“. In der Globalisierung gibt es keine Interessen, die sich nicht unmittelbar in individuell wirtschaftliche umsetzen lassen können. Da die Grenze des Nationalstaats leicht überwunden werden kann, belegt es, dass der Staat schon die Fähigkeit verliert, nur als Vertreter des Gemeinwohls aller inländischen Bürger aufzutreten. Einige Prinzipien, .z. B. Menschenrechte und faire Verfahren, müssten bei Gesetzgebung als den allgemeinen Kriterien umgesetzt werden, Armin von Bogdandy, Verfassungsrechtliche Dimension der Welthandelsorganisation 2. Teil: Neue Weg globaler Demokratie?, Kritische Justiz, Heft 4, 2001, S. 435 ff.; R. Michaels, a. a. O., S. 463 f; Christa Randzio-Plath, Vom GATT zur WTO – fairer Welthandel oder Macht des Stärkeren?, Wirtschaftsdienst, Heft 3, 1995, S. 160; Hennig Klodt, Internationale Regeln für den Wettbewerb, Wirtschaftsdienst, Heft 5, 1995, S. 556; Friedhelm Hengsbach, Ein erweiterter Gesellschaftsvertrag im Schatten der Globalisierung, in: Döring (Hrsg.), Sozialstaat in der Globalisierung, S. 76; Held/ McGrew/ Goldblatt/ Perraton, a. a. O., S. 36; Hengsbach, a. a. O., S. 8. Deswegen sind sowohl Kommunismus, Sozialismus, als auch Nationalsozialismus gegen die Globalisierung, denn sie wollen nicht auf die Kontrolle der traditionellen politischen Institution verzichten. Harold James, Linke und Rechte gegen Globalisierung, Die Welt vom 04.04.2002; Friedmann, a. a. O., S. 336.

sierung beteiligende Qualifikation[14]. Die Globalisierung bringt nicht nur Vorteile (z. B. Wirtschaftswachstum), sondern auch möglicherweise Gefahren. Aufgrund der Vernetzung der Welt kann sich eine Gefahr, die irgendwo auf der Welt gescheht, schnell oder schrittweise über die Verbindungswege, die vorher von Vorteil waren, verbreiten; z. B. Asienfinanzkrise im Jahr 1998, BSE-Krise, Terrorismus nach dem 11. September 2001, Arbeitslosigkeitsproblem, Treibhausgasproblem, sowie sonstigen Umweltschutzprobleme. Übrigens wurde die im Frühjahr 2003 ausgebrochene Lungenkrankheit – SARS (Severe Acute Respiratory Syndrome) - über Flugzeuge schnell weltweit ausgebreitet. SARS hatte einen umfassenden Einfluss auf vielen Branchen. Deshalb bedeutet dies die Gestaltung der „globalen Risikogesellschaft"[15]. Die sog. „Anti- Globalisierungskampagne" stammt aus solchen Sorgen[16]. „Nachhaltigkeit" wird zu einem der wichtigsten zukünftigen Themen der Globalisierung[17].

---

[14] Josef Esser, Der Kooperative Nationalstaat im Zeitalter der „Globalisierung", in: Döring (Hrsg.), a. a. O., S. 136. Daneben nach UN-Nachhaltigkeitsgipfel im Jahr 2002 ist eine Prognose: „in zehn Jahren werden die Industrieunternehmen der stärksten Antrieb für den Umweltschutz sein", Die Welt vom 03.09.2002. anderes Beispiel: der von George Soros geleitete „Quantum Fund" kann durch die international freie Mobilisierung des Kapitals einen großen Einfluss auf die Stabilität der dortigen Finanzmärkte von Großbritannien und Asien auslösen; ausführlich, Michael T. Kaufmann, Soros-The Life and Times of Messiunic Billionaire, cÜ. Bo-Hueng Wang.

[15] Fang-Shuo Nan, BSE verbreitet sich schnell. Die globale Risikogesellschaft bildet sich schrittweise, The Journalist, Nr. 728, 2001, S. 88 ff.; ders., Globale Risikogesellschaft kommt schon!, The Journalist, Nr. 762, 2001, S. 106; Manfred Schneider, Globalisierung der Angst, Frankfurter Rundschau vom 29.10.2002.

[16] Chinatimes vom 23.04.2000; Xian-Hao Liao, Taiwan braucht eine kritische Globalisierung, Chinatimes vom 25.04.2000; Die Welt vom 13.07.2002. Zur Geschichte der Antiglobalisierungsbewegung, James, Die Welt vom 04.04.2002.

[17] Der im Jahr 2002 in Johannesburg gestaltete „UN-Nachhaltigkeitsgipfel" zielt auf die folgenden, die Welt gefährdenden Probleme: Armut, Wasser, Energie, Gesundheit, Umwelt sowie Artenvielfalt; Die Welt vom 26., 29., 31.08.2002. Doch gehen die meisten beteiligenden Staaten noch von ihren eigenen Interessen aus. Die wichtige Entscheidung über die Nachhaltigkeit zu treffen; wird bewusst vermeiden, Die Welt vom 02., 03.09.2002; Jeffery D. Sachs, Die Herausforderung der Globalisierung, Die Welt vom 20.11.2002.

Im Hinblick auf den Zusammenhang mit meiner späteren Darstellung werde ich mich nur auf die Globalisierung im Bereich der Wirtschaft konzentrieren. Bisher ist das Ziel der Globalisierung lediglich im Finanzmarkt erreicht. Das Mittel zur Globalisierung im Bereich der Wirtschaft ist die „Liberalisierung". Die konkreten Maßnahmen der Liberalisierung sind die Befreiung von Befehl, Einschränkung, Status und Monopol[18]. In der Praxis kann man einige Beispiele als Vorbild der Beiträge zur Globalisierung finden; d. h. die EU und sonstige ähnliche regionale Wirtschaftsorganisationen können als Vorstufe der Integration in den Weltmarkt gesehen wurden. Die WTO strebt an, die Liberalisierung der Märkte zu fördern. Dadurch kann der Zweck der wirtschaftlichen Globalisierung verwirklicht werden[19].

II. Die Liberalisierung der Telekommunikationsmarkte

Wegen des schnellen Fortschritts der Telekommunikationstechnik spielt die Telekommunikation zunehmend die wichtigste Rolle bei geschäftlichen Handlungen. Deshalb wird sie nach den drei klassischen Produktionsfaktoren (Arbeit, Kapital und Boden) zwangsläufig zu dem Vierten. Nachdem die Informations- und Telekommunikationstechnik einander integriert haben, ist der Telekommunikationssektor selbst auch als eine Art Schlüsselindustrie anzusehen[20], die zum Wandel von der Industrie- in die Informationsgesellschaft führt. Die Tendenz zur Globalisierung steckt unvermeidlich den Telekommunikationsmarkt an. Wie wir Eingangs schon erwährt haben, wird die Globalisierung des

---

18 Waters, a. a. O., S. 252; Löhr, a. a. O., S. 123; Hans-Jürgen Vosgerau, Die Internationalisierung der Wettbewerbspolitik, Wirtschaftsdienst, Heft 2, 1995, S. 105.

19 Schäfer, a. a. O., S. 30; Hengsbach, a. a. O., S. 21; Randzio-Plath, a. a. O., S. 157; Hans-Jürgen Vosgerau/ Günther G. Schulz, Der Weg zu einem liberalen Welthandel, Wirtschaftsdienst, Heft 1, 1998, S. 14; Joachim Genosko, Netzwerke, innovative Milieus und Globalisierung – einige Anmerkung zu einer regionalökonomischen Diskussion, S. 16.

20 Wolfgang Bötsch, Liberalisierung der Telekommunikation nach 1998, Wirtschaftsdienst 1995, S. 347.

Telekommunikationsmarkts auch durch das Mittel der Liberalisierung vorgenommen. Damit ist ein „globaler, liberalisierter Telekommunikationsmarkt " vorstellbar[21]. Jeder nationale Telekommunikationsmarkt muss sich in diesen globalen Telekommunikationsmarkt integrieren, um viel davon profitieren zu können. Sowohl auf der Ebene der Welt, als auch auf der Ebene der regionalen Organisationen und Staaten ist es nötig, die geltenden Telekommunikationspolitiken erneut zu berücksichtigen.

In der Praxis wird die Globalisierung des weltweiten Telekommunikationsmarkts aufgrund der obigen Darstellung vorgenommen. In der Phase des GATT[22] ist der Dienstleistungssektor bei der Uruguay-Runde (1986-1994) durch „das allgemeine Abkommen über Handel mit Dienstleistung" (General Agreement on Trade in Service; GATS) in das Welthandelssystem einbezogen, um das multilaterale Welthandelssystem zu stärken und der Liberalisierung eine neue Dynamik zu verleihen[23]. Das bedeutet den offiziellen Beginn der Verwirklichung des weltweiten, liberalisierten Telekommunikationsmarkts[24].

---

21 Zu der zukünftigen Richtung der Liberalisierung nach der Begründung der WTO, Georg Koopmann, Konzentration auf Kernkompetenzen, Wirtschaftsdienst 1999, S.643 ff.; Peter Biesenbach, Neue Welthandelsrunde statt neuer Produktionismus, Wirtschaftsdienst 1999, S.646 ff.; Wilhelm Adamy, Für eine neue Strategie von Handel und Entwicklung – Zur Agenda der dritten WTO-Konferenz, Wirtschaftsdienst 1999, S.649 ff..

22 Der Überblick der Geschichte des GATT, Patrick Low/ Ludger Schuknecht, 50 Jahren GATT – eine Bilanz, Wirtschaftsdienst 1998, S. 9; zu der Aufgabe des GATT, Hans-Jürgen Vosgerau/ Günther G. Schulze, Der Weg zu einem liberalen Welthandel, Wirtschaftsdienst 1998, S. 10 ff.; dagegen, Ernst - Joachim Mestmäcker, Über den Einfluss von Ökonomie und Technik auf Recht und Organisation der Telekommunikation und elektronischen Medien, in: Kommunikation ohne Monopole II / Ein Symposium über Ordnungsprinzipien im Wirtschaftsrecht der Telekommunikation und der elektronischen Medien, S. 72; Thomas-Sönke Kluth, Telekommunikation als Regulierungsgegenstand des Europäischen Gemeinschaftsrechts, S. 52; Low/ Schuknecht, a. a. O., S. 9.

23 Low/ Schuknecht, a. a. O., S. 9.

24 Mestmäcker, a. a. O., S. 72; Low/ Schuknecht, a. a. O., S. 10.

Nach der Begründung der WTO (01. Januar 1995) wurde das „Abkommen im Bereich der Telekommunikationsdienstleistung" im Jahr 1997 unterzeichnet. Es kann GATS ergänzen[25].

Bezüglich der Liberalisierung aller regionalen Telekommunikationsmärkte ist der Fall der EU am bemerkenswertesten. Die Liberalisierung des Telekommunikationsmarkts der EU geht davon aus, dass von der Infrastruktur (z. B. Endgerät und Netz) bis hin zu den Telekommunikationsdienstleistungen schrittweise dereguliert wird. Als erstes verweist das im Jahr 1987 vorgestellte „Grünbuch über die Entwicklung des gemeinsamen Markts für Telekommunikationsdienstleistung und Telekommunikationsgeräte" auf das Ziel der Verwirklichung des Binnenmarkts im Bereich des Fernmeldewesens[26]. Jedoch wurde die rechtliche Grundlage zur Verwirklichung dieses Ziels erst mit der Anordnung der Richtlinie 90/387/EWG v. 28.06.1990 über die Einführung eines offen Netzzuganges (Open Network Provision; ONP) und der Richtlinie 90/388/EWG v. 28.06.1990 über den Telekommunikationsdienst (die Aufhebung der Monopole der Fernmeldeorganisationen für Telekommunikationsdienst mit Ausnahme - Sprachtelephondienst, Telexdienst, Mobilfunk) geschaffen. Bis zum Jahr 1994 wurden die weiteren Richtlinien über die Liberalisierung angeordnet: Richtlinie 94/46/EG v. 13.10.1994 (Satellitenkommuni-

---

[25] Zu der Aufgabe und Geschichte der WTO, Low/ Schuknecht, a. a. O., S. 9.; Christa Randzio-Plath, Vom GATT zur WTO – fairer Welthandel oder Macht des Stärkeren?, Wirtschaftsdienst 1995, S.156 ff..

[26] Klaus-Werner Schatz, Liberalisierung in der Telekommunikation: offene Märkte – Innovation, Wachstum und Beschäftigung, S. 5; Charles B Blankart, Was bringt das neue Telekommunikationsgesetz?, Wirtschaftsdienst 1995, S.355; ausführlich, Michael Rosenthal, Die Kompetenz der Europäischen Gemeinschaft für den rechtlichen Rahmen der Informationsgesellschaft, S. 153 f; Reinhard Schulte-Braucks, Europäisches Telekommunikationsrecht für den gemeinsamen Telematikmarkt – Das Grünbuch der EG – Kommission, in: Telekommunikation und Wirtschaftsrecht - Zivilrecht und Vertragsgestaltung, Unlauterkeitsrecht, Kartellrecht, Fernmelderecht, Datenschutz, Europa- und Völkerrecht, S. 35; zu der Funktion der Richtlinie, Konstantinos Goumagias, vgl. Die Stellung der Telekommunikation im Europäschen Vertrag.

kation), Richtlinie 96/19/EG v. 16.01.1996 (Mobilfunk) und Richtlinie 96/19/EG v. 13.03.1996 (Sprachtelephondienst - spätesten ab 01.01.1998 völlig für den Wettbewerb geöffnet)[27].

Zum Schluss begannen viele Staaten auch mit der Liberalisierung ihrer Binnenmärkte im Bereich der Telekommunikation. In der Regel werden die Abkommen der WTO bei der Reform des Binnentelekommunikationsmarkts umgesetzt, da das Land durch die Mitgliedschaft in der WTO dazu verpflichtet ist, z. B. in Taiwan. Außerdem sind bei EU-Mitgliedstaaten die oben dargestellten Richtlinien der EU neben den Abkommen der WTO die zweite, zur Liberalisierung beitragende Kraft, zu deren Einhaltung jeder Mitgliedstaat der EU vorrangig verpflichtet ist. Die folgenden zwei Abschnitte geben einen Überblick über die Situation der Liberalisierung der Telekommunikationsmärkte Deutschlands und Taiwans.

1. Liberalisierung der Telekommunikationsmarkte in Deutschland

a. Postreform I (seit dem Jahr 1989)

Nach dem am 1. Januar 1989 in Kraft getretenen Poststrukturgesetz (PoststruktG) werden Post- und Fernmeldewesen als „die politische und hoheitliche Aufgabe der Bundesrepublik Deutschland“ (§ 1 Abs. 1 PoststruktG) bezeichnet. Das zuständige Wahrnehmungsorgan dieser Aufgaben ist das Bundesministerium für Post und Telekommunikation (§ 1 Abs. 1 PoststruktG). Darüber hinaus gliedert die Bundespost sich in drei „öffentliche Unternehmen“: Postdienst, Postbank und Telekom. Da der Reformschwerpunkt sich allein auf die Struktur der Bundespost beschränkt, kann die diesmalige Reform als eine „rein organi-

[27] Schulte-Braucks, a. a. O., S. 4.

sationsrechtliche Reform der Bundespost“ bewertet werden, nämlich als die Reform der Bundespost[28].

Neben der Liberalisierung der Herstellung von Endgeräten handelt es sich bei dieser Reform nicht um die Regulierung der Einrichtung und Betreibung der Übertragungswege (z. B. Netz) sowie der Telekommunikationsdiensterbringung (z. B. der Mobilfunk und Sprachtelephondienst)[29], denn das Telekommunikationswesen gehört in dieser Phase noch zur Aufgabe des Staats.

b. Postreform II (seit dem Jahr 1994)

Der am 1. September 1994 in Kraft getretene Art. 87 f Abs. 1 GG besagt, dass der Staat dazu verpflichtet ist, flächendeckend angemessene und ausreichende Dienstleistungen im Bereich des Postwesens und der Telekommunikation zu gewährleisten. Es ist bemerkenswert, dass die Dienstleistung im Bereich der Telekommunikation als „privatwirtschaftliche Tätigkeit“ festgestellt wird (Art. 87 Abs. 2 GG). Vor allem hat jeder Anbieter der Telekommunikationsdiensterbringung die gleiche Rechtsstellung wie andere gemischtwirtschaftliche Unternehmen[30], solange die privatrechtliche Dienstleistung erbracht wird. Das entspricht auch der im Grünbuch Telekommunikation der EU-Kommission stehenden Empfehlung: Die Trennung von hoheitlichen und unternehmerischen Funktionen[31]. Daneben ist der gleichzeitig in Kraft getretene Art. 143 b

---

[28] Joachim Scherer, Postreform II: Privatisierung ohne Liberalisierung, CR 1994, S. 426; Charles B Blankart, Was bringt das neue Telekommunikationsgesetz?, Wirtschaftsdienst 1995, S. 355; Mestmäcker, a. a. O., S. 93.

[29] Joachim Scherer, Das neue Telekommunikationsgesetz, NJW 1996, S. 2953.

[30] Hans D Jarass/ Bodo Peroth, GG – Kommentar, § 87 f.

[31] Mestmäcker, a. a. O., S. 93; übrigens im Wortlaut des alten § 87 Abs. 1 GG steht die „Bundesrepublik“. Deswegen ist umstritten, ob der Staat ein Monopolrecht im Telekommunikationswesen hat. Nach dem Wegfall der „Bundespost“ und dem Inkrafttreten des Art. 87 f. GG ist dieser Streit nicht mehr vorhanden, BGBl. I 1994, S. 2245; zu dem Streit ausführ-

Abs. 1 GG die verfassungsrechtliche Grundlage für die Privatisierung der obigen drei öffentlichen Unternehmen[32] (vgl. a.). Art. 143 b Abs. 2 GG ist die Rechtsgrundlage der Umwandlung der drei der Deutschen Bundespost angehörigen öffentlichen Unternehmen in die Aktiengesellschaften. Anschließend nach dem am 1. Januar 1995 in Kraft getretenen Postneuordnungsgesetz (PTNeuOG) wurde die Bundesanstalt für Post und Telekommunikation Deutsche Bundespost (§ 1 PTNeuOG und § 3 Bundesanstalt - Post - Gesetz; BAPostG)[33] mit der Aufgabe der Förderung der Privatisierung der Deutschen Telekom AG beauftragt. Daneben werden die Einschränkungen bei der Einrichtung und Betreibung der Infrastruktur, sowie die Dienstleistungserbringung auf dem Telekommunikationsmarkt Deutschlands durch die Gesetzgebung weiterhin abgekoppelt. Nach der Telekommunikations-Verleihungsverordnung (TVerleihV) v. 19. Oktober 1995 (bis 31. Dezember 1997 gültig) wurden fünf Arten des Betriebs der Übertragungswege und des Sprachtelephondiensts (Teil III TVerleihV) liberalisiert. Dadurch wurden die Richtlinie 90/388/EWG v. 28. Juni 1990 über den Wettbewerb auf dem Markt der Telekommunikationsdienste für Sprachkommunikation und die Richtlinie 94/46/EG v. 13. Oktober 1994 zur Änderung der Richtlinie 88/301/EWG und 90/388/EWG (insb. die Satelliten-Kommunikation) [34] umgesetzt. Dann wurden gemäß Mobilfunk-Telekommunikations-Verleihungsverordung (MTVerleihV) v. 23. Oktober 1995 (bis 31. Dezember 1997 gültig) werden die Errichtung und der Be-

---

lich, vgl. Bernd Köbele, Fernmeldewesen und Telematik in ihrer rechtlichen Wechselwirkung, S. 257 ff..

[32] Klaus Riehmer, Organisation und Regulierung der Telekommunikation in Deutschland, in: Kommunikation ohne Monopole II / Ein Symposium über Ordnungsprinzipien im Wirtschaftsrecht der Telekommunikation und der elektronischen Medien, S. 371; zur Rechtsstellung der Deutsche Bundespost, Organisationsformen und Staatsaufsicht in der Telekommunikation (Staatsmonopol, delegierte Monopole, public utilities), in: Kommunikation ohne Monopole II / Ein Symposium über Ordnungsprinzipien im Wirtschaftsrecht der Telekommunikation und der elektronischen Medien, S. 351 ff..

[33] BGBl. I 1994, 2325, zitiert nach Riehmer, a. a. O., S. 371.

[34] BGBl. I 1995, S. 1434.

trieb des öffentlichen Mobilfunknetzes und Mobilfunkdiensts für die private Wirtschaft geöffnet[35]. Jedoch gelten diese beiden Verordnungen nur für die privaten Anbieter des Übertragungswegs und der Dienstleistung.[36]

c. Nach Postreform II

Das am 1. Januar 1998 in Kraft getretenen Telekommunikationsgesetz (TKG) ist der wichtigste Meilenstein in der Geschichte der Liberalisierung des Telekommunikationsmarkts in Deutschland. Diese Rechtsreform ist auch die Umsetzung der „Richtlinie 96/19/EG zur Einführung des vollständigen Wettbewerbs auf den Telekommunikationsmärkten“[37]. Das TKG verweist in erster Linie eindeutig auf seinen Zweck: „die Wettbewerbsförderung, Gewährleistung der flächendeckend angemessenen und ausreichenden Dienstleistungen“. Das TKG vereinheitlicht alle in und vor der Phase der Postreform II geltenden Regelungen und schließt die Feststellung der Frequenzordnung ein. Deshalb hat das TKG die Stellung als Grundgesetz der Liberalisierung des Telekommunikationsmarkts. Demnach wird die hoheitliche Aufgabe wie folgt erneut definiert: „(1) die Wahrung der Interessen der Nutzer, (2)die Sicherstellung eines chancengleichen und funktionsfähigen Wettbewerbs, (3) Universaldienstleistungen, die Förderung von Telekommunikationsdiensten bei öffentlichen Einrichtungen, (4) die Sicherstellung einer effizienten und störungsfreien Nutzung von Frequenzen sowie (5) die Wahrung der Interesse der öffentlichen Sicherheit (§ 2 Abs. 2 TKG)“. Mittels einigen Regulierungsmaßnahmen wollte der TKG-Gesetzgeber den Telekommunikationsmarkt liberalisieren. Die Regu-

---

35 BGBl. I 1995, S. 1446.

36 Jörn Kurtsiefer, Die Deregulierung der Mobilfunkmärkte Deutschlands – Geschichtliche Entwicklung und erste Wirkungsanalyse auf der Basis der Kollektivgütertheorie und des Koordinationsmängel-Diagnosekonzeptes, S. 41 ff.; Scherer, Postreform II, S. 418 ff..

37 M. Uwe Seidel, Liberalisierung des Telekommunikationsmarktes in Deutschland – Teil 1: Das Telekommunikationsgesetz (TKG), WiSt 1998,. S. 312 f.

lierungsmaßnahme besteht aus der Lizenzpflicht für den Betreiber der Übertragungswege und des Sprachtelephondienstes (Klasse 1: Mobilfunk, Klasse 2: Satellitenfunk, Klasse 3 und 4: Telekommunikationsdienstleistung und Sprachtelephondienst für die Öffentlichkeit außerhalb Klasse 1 und 2) und der allgemeinen Anzeigepflicht. Im Prinzip ist die Anzahl der Lizenzen nur zu beschränken, soweit es sich um die Knappheit von Frequenzen handelt (§ 10 TKG). Dadurch konnte der chancengleiche und funktionsfähige Wettbewerb auf dem Telekommunikationsmarkt vollständig verwirklicht werden. Das TKG gelten deshalb sowohl die privaten Anbieter als auch die Deutsche Telekom AG. Nach TKG ist die Regulierungsbehörde errichtet, um die Einhaltung des TKG und der sonstigen ähnlichen Regelungen zu überprüfen (§ 66 TKG ff.). Darüber hinaus musste das TKG unverzüglich durch zahlreiche Verordnungen konkretisiert werden, etwa die aufgrund des § 88 TKG erlassene Telekommunikations-Überwachungsverordnung (TKÜV) v. 22. Januar 2002[38]. Damit kann man sagen, dass der Rahmen der Liberalisierung des Telekommunikationsmarkts in Deutschland schon fertig begründet wurde. In Zukunft gibt es noch einige Arbeiten, die so schnell wie möglich erledigt werden sollten, um die Liberalisierung tatsächlich zu erreichen.

- Entgeltregulierung

Ob die am Anfang der Öffnung des Markts zur Bekämpfung gegen den Missbrauch der marktbeherrschenden Stellung eingeführte Entgeltregulierung (durch die sog. „asymmetrische Regulierung" § 25 TKG) weiter bestehen werden soll, ist alle zwei Jahre (§ 81 TKG Abs. 3 TKG) sorgfältig zu überprüfen. Kann der Wettbewerb tatsächlich als Herrschaftskraft auf dem Telekommunikationsmarkt wirken, soll diese Regulierung aufgehoben werden[39].

---

[38] BGBl. I 2002, S. 458.

[39] Hans-Willi Hefekäuser, Die Deutsche Telekom – ein reguliertes Unternehmen im Wett-

- Universaldienst

Nach der völligen Liberalisierung des Telekommunikationsmarkts wird der Universaldienst bald wichtig. Bei der Frage nach den Universaldienstleistungsarten soll der Lösungsversuch davon ausgehen, den besten Ausgleichspunkt bei der Kollision zwischen dem Interesse der öffentlichen Versorgung im Bereich der Telekommunikation und dem Interesse des Vorrangs des Wettbewerbs zu finden[40].

- Die Zusammenschaltung

Auf liberalisierter Telekommunikationsmärkte sind die Zusammenschaltungsrechte (§ § 35 – 39 TKG) eine Grundvoraussetzung für den Wettbewerb[41]. Aber dieses Ziel wurde bisher in Deutschland noch nicht realisiert, da die marktbeherrschende Deutsche Telekom AG mittels Entgelten bzw. technischer Hürden den anderen Anbieter dem Zugang zu ihren Telekommunikationsnetzen erschwert, z. B. im Fall des lokalen Netzes (Call-by-Call Ortsnetz) insb. „letzte Meile“[42]. Nach der Beseitigung der Zusammenschaltungsprobleme ist ein wirklich völlig liberalisierter Telekommunikationsmarkt zu erwarten[43].

---

bewerb, in: Die Dynamik der Telekommunikationsmärkte als Herausforderung an die Wettbewerbpolitik, S. 57; Jörn Kruse, Deregulierungsbedarf bei Ferngesprächen, Wirtschaftsdienst 2000, S. 409; Jörn Kruse/ Justus Haucap, Zuviel Wettbewerb in der Telekommunikation?, Wirtschaftsdienst 2002, S. 97, 98; Schatz, a. a. O., S. 10.

40 Dazu ausführlich, Klaus Cannivé, Infrastrukturgewährleistung in der Telekommunikation zwischen Staat und Markt: eine verfassungsrechtliche Analyse des Universaldienstkonzepts im TKG, Berlin, 2001; auf der europäischen Ebene, Markus Fredebeul-Krein, S. 461 – 467; H. Rolf Weber, Die Stellung deregulierter Kommunikationsmonopole im Wettbewerb, in: Kommunikation ohne Monopole II / Ein Symposium über Ordnungsprinzipien im Wirtschaftsrecht der Telekommunikation und der elektronischen Medien, S. 491.

41 Scherer, neu TKG, S. 2961.

42 Nach dem ursprünglichen Plan soll Call-by-Call im Ortsnetz ab Dezember 2002 eingeführt werden (Die Welt vom 28. 09. 2002). Aber dieser Plan wurde wegen des Problems der „letzten Meile“ (die Umschaltungsgebühr für den Zugang zur Verbindung zwischen dem Vermittlungsstelle und dem Telephonanschluss des Kunden) verzögert (Die Welt vom 13. 04. 2002 und 17. 12. 2002).

43 Scherer, neu TKG, S. 2962; Karl-Heinz Neumann, Marktzutrittsschranken und Markteintrittsstrategien im deutschen Telekommunikationsmarkt, in: Die Dynamik der Te-

- Integration der Techniken

Wegen der Integration der Techniken ist der klassische Unterschied zwischen den Telekommunikation- und anderen Branchen (etwa Online-Shoping oder Online-Banking) nicht mehr klar. In der Informationsgesellschaft ist der Datenverkehr wichtiger als der Gesprächsverkehr. Deshalb ist der Kapazitätsbedarf der Vermittelungswege viel größer als vorher. Einige Unternehmen, die traditionell nicht zum Telekommunikationssektor gehören (vor allem Energieversorgungsunternehmen, Kabel-TV Betreiber oder Die Bahn AG), sind mit ihren eigenen Netzen ist in der Lage, bei der Lösung obigen Schwierigkeiten und dem Ausbau der Infrastruktur mitzuhelfen. Der Staat sollte anstreben, die Einschränkungen der Teilnahme anderen Branchen an dem Telekommunikationsmarkt aufzuheben[44].

2. Liberalisierung der Telekommunikationsmarkte in Taiwan

a. Der historische Überblick der Telekommunikationsmarktsentwicklung Taiwans

Im Vergleich zu Deutschland ist die Telekommunikationsmarktsentwicklung Taiwans nicht lang. Dies kann man in dem taiwanesischen Verfassungsrecht entdecken. Nach dem am 25. Dezember 1947 in Kraft getretenen Verfassungsrecht Taiwans (VerfRT) sind nur das Postwesen und das Stromwesen aufgezählt im Art. 107 Nr. 5 VerfRT geregelt und zwar als „die Sache der zentralen Gesetzgebung und Ausführung“. Jedoch mit der damalig unvorhersehbar schnellen Entwicklung der Telekommunikationstechnik ist das Gewicht des Bereichs der Telekommunikation momentan so groß wie das des Postwesens. Deswegen gibt es im Bereich der Telekommunikation auch einen einheitlichen

lekommunikationsmärkte als Herausforderung an die Wettbewerbpolitik, S. 88.

[44] Rosenthal, a. a. O., S. 45 ff..

Regulierungsbedarf. Gemäß Art. 111 VerfRT gehört die Kompetenz der Gesetzgebung und der Ausführung der Zentralregierung, wenn die Sache einheitlich zu regeln ist. Danach bekommt die Zentrale eine Rechtsgrundlage für die Gesetzgebung und Ausführung im Bereich der Telekommunikation. Diese Kompetenz der Ausführung wird vom Verkehrsministerium ausgeübt (§ 3 TK G).

Art. 142 VerfRT ff. sind die Vorschriften über Volkswirtschaft. Art. 142 VerfRT besagt: „...das Kapital soll eingeschränkt werden, um zu einer gerechten Verteilung des Besitzes beizutragen", da das Volkswirtschaftsystem Taiwans von starker sozialistischer Farbe ist[45].

Nach der ersten Hälfte des Art. 147 VerfRT sind die der Öffentlichkeit dienenden Unternehmen und sonstige Unternehmen mit dem Charakter des Monopols prinzipiell vom Staat zu betreiben. Einerseits ist der Gegenstand der Telekommunikationsdienstleistung die Öffentlichkeit. Andererseits, wegen der damaligen Entwicklung der Technik, hat der Telekommunikationsdienst den Charakter eines Monopols. Deshalb wird er seit langem als „der Öffentlichkeit dienendes Unternehmen" angesehen und vom Staat betrieben. Die Telekommunikationsdienstleistungstätigkeit wird von der Behörde für Telekommunikation Verkehrsministerium ausübt und als „Leistungsverwaltungsakt" betrachtet; der Markteintritt von privatem Anbieter ist in dieser Phase unmöglich[46].

---

45 Tsung-Li Hsu, Die Privatisierung von Verwaltungsaufgaben (II), Judicial Weekly, Heft 1117, 2003.
46 Tsung-Li Hsu, Die Privatisierung von Verwaltungsaufgaben (I), Judicial Weekly, Heft 1116, 2003.

b. Reform des Telekommunikationsmarkts

Die Anbieter auf den liberalisierten Telekommunikationsmärkten können ihren Dienst mit günstigen Tarifen und bessere Qualität flexibel erbringen. Verglichen damit verliert die Dienstleistung der Behörde für Telekommunikation die Wettbewerbskraft. Die Welle der Globalisierung des Telekommunikationsmarkts kann diesen Fall verschärfen. Außerdem hofft der Kunden auch, dass die Behörde für Telekommunikation den Dienst mit erschwinglichen Preisen erbringen kann, um die Produktionskosten zu reduzieren und die Wettbewerbskraft des internationalen Handels zu stärken[47]. Der Druck der Öffnung des Telekommunikationsmarkts nimmt deswegen permanent zu. Anschließend möchte Taiwan in die WTO beitreten[48]. Um dem in GATS gezeigten Grundsatz – „Geist der Liberalisierung" zu entsprechen, ist die Öffnung des Innentelekommunikationsmarkts nur der Anfang[49]. Dann fördert die Welle der Globalisierung auch die Öffnung des Telekommunikationsmarkts Taiwans.

Im Jahr 1995 stellte Taiwans Regierung das sog. „asiatische und pazifische Transportzentrum - Projekt" vor. Dem nach wurde das unter diesem Projekt geplante „Telekommunikationszentrum" mit Hilfe der Liberalisierung verwirklicht, und gleichzeitig das politische Ziel der Liberalisierung des Telekommunikationsmarkts ankündigt[50]. Im Jahr 1996 durch Novelle des taiwanesischen Telekommunikationsgesetzes (TKG), des Organisationsgesetzes der

---

[47] Chien-hsun Tan, Die große Welle der Liberalisierung des globalen Telekommunikationsmarktes (I), Communications Magazine Heft 12, 1994, S. 61; ders. , Die große Welle der Liberalisierung des globalen Telekommunikationsmarktes (II), Communications Magazine Heft 1, 1995, S. 18.

[48] Taiwan ist schon am 01. Janurar 2002 in die WTO eingetreten.

[49] Te-Hsien Peng, Der Rechtsaufbau des Wiederverkaufs des Telesprachdienstes in Taiwan, Communications Magazine Heft 7, 2001, http://www.grandsoft.com/cm/090/ams901.htm

[50] Huan-Chien Hsieh, Die Liberalisierung des Telekommunikationsmarktes und die entsprechenden Regulierungsmaßnahmen, Ft Law Review Heft 12, 2000, S. 3.

Behörde für Telekommunikation (OrganGBT) sowie den Beschluss des Organisationsgesetzes der Chunghwa Telekom AG (OrganGCHTAG) bekam die Liberalisierung des Telekommunikationsmarkts in Taiwan die gesetzliche Grundlage. Danach wird die Behörde für Telekommunikation zu einer reinen Regulierungsbehörde des Telekommunikationsmarkts. Ihre Aufgaben sind die Feststellung der einheitlichen Telekommunikationsentwicklungsprojekte (§ 3 TKG) und die Förderung der Liberalisierung des Telekommunikationsmarkts. Ihre vorherige Dienstleistungsabteilung wird von der neu begründeten Chunghwa Telekom AG übernommen (§ 30 TKG)[51]. In Bezug auf die Reform des Markts teilt das veränderte TKG den Anbieter danach, ob ein Anbieter Netz oder Übermittelungsanlagen einrichtet, in 2 Gruppen der Klasse ein. Der Erste, der eigene Übermittelungsanlagen besitzt, (sog. Telekommunikationsunternehmen der 1. Klasse) kann diese erst mit der Verleihung der Zulassung und der Lizenz (§ 12 TKG) betreiben[52]. Anschließend ist der Telekommunikationsunternehmen der 2. Klasse gemäß § 11 TKGT der Anbieter, der von der 1. Klasse ausgeschlossen wird. Zu folgendem ist der Anbieter der 1. Klasse verpflichtet: Zusammenschaltung (§ 16 TKG) und Entgeltungsregulierung (§ 26 TKG). Danach gibt es noch die Frequenzregulierung und die Einschränkung des ausländischen Kapitals-Unternehmer, nach der sie die taiwanesische Staatsangehörigkeit besitzen müssen und der Anteil des ausländischen Kapitals auch beschränkt ist (direkte Intervention: 20 %, direkt + indirekt: 60 %) (§ 12 Abs. 2 TKG). Aufgrund dieser Rechtsgrundlage wurde der Mobiltelefonmarkt

---

[51] Hsieh, a. a. O., S. 4; Shao-Liang Liu, Die Wettbewerbspolitik und die Rechtsfrage der Liberalisierung des Telekommunikationsmarktes, Fair Trade Quarterly, Vol. 6 Nr. 3, 1998, S. 106; Chun-Chih Wu/ Wei-Ko Chien, Die nach dem Verwaltungsverfahrensrecht durchgeführte Überprüfung des Telekommunikationsmarktes in Taiwan, in: Das Symposium über Science and Technology Law 2001, S. 367.

[52] Die Einschränkung der Anzahl der Lizenzen ist noch gegeben: 2 Fernsprachdienstlizenzen und 3 Lizenzen vom internationalen Sprachdienst, zitiert nach Kung-Chung Liu, Die Debatte über die Eintrittsnormen in das Festnetz des Telekommunikationsmarktes, Science and Technology Law Journal, Heft 6, 2000, S. 39 f.

im Jahr 1996 geöffnet. Anschließend wurden die Satellitenkommunikation (Juni 1998) und das Festtelefonnetz (Juli 1999) liberalisiert[53]. Im Jahr 1997 veröffentlichte die Behörde für Telekommunikation das „Weißbuch über die Politik der Liberalisierung des Telekommunikationsmarkts“. Danach wurde auf „die Begründung der gerechten Wettbewerbslage für den Telekommunikationsmarkt“ als das politische Ziel hingewiesen[54]. Angesicht des gewaltigen Wettbewerbs nach der Öffnung des Mobiltelefonmarkts[55] schien das seit 1995 beschlossene TKG nicht zeitmäßig zu sein. Im November 1999 wurden die folgenden Vorschriften des TKG hinsichtlich der Probleme des liberalisierten Markts wieder geändert: Die Lockerung der Einschränkung des ausländischen Kapitals (erhöhte direkte Intervention bis 49 %), (§ 12 Abs. 2 TKG), die nähere Festlegung der Zusammenschaltung von Anbietern der 1. Klasse (§ 16 TKG), Universaldienst (§ 20 TKG) sowie die andere asymmetrische Regulierungsmaßnahmen für den Marktherrschenden Anbieter von 1. Klasse (§ 26–1 TKG)[56]. Die diesmalige Rechtsreform führte zu einer breiteren Öffnung des Telekommunikationsmarkts in Taiwan. Im Jahr 2002 wurde das TKG nochmals geändert. Jedoch handelte es sich nicht um die Öffnung des Markts, sondern um die Regulierung des Telecodes (§ 20-1 TKG).

---

[53] Hsieh, a. a. O., S. 4.

[54] Peter Pang, Das nächste politische Ziel der Liberalisierung des Telekommunikationsmarkts, Communications Magazine Heft 12, 2001, http:// www. grandsoft.com/cm/095/ asr951.htm

[55] Nach der bis April 2002 aufgestellten Statistik vom Verkehrsministerium erreicht die Dichte des Handys in Taiwan 96.6 %. Während Luxemburg mit 96.7 % auf dem weltweit ersten Platz liegt, ist Taiwan die Nr. 2 der Welt, China Times vom 19. Juni 2002.

[56] Kung-Chung Liu, Die Regulierungsreform im Bereich der Telekommunikation und die Normierung des Digitalnetzes, 2001, S. 4 ff.

c. Ausblick

(1) Definitionsbedarf für die Telekommunikationsdienstleistung

Die Liberalisierung des Telekommunikationsmarkts in Taiwan bringt schon in Gang. Leider wurde die Tätigkeit der Telekommunikationsdienstleistung bisher noch nicht definiert. Die verfassungsrechtliche Grundlage der Öffnung des Markts kann vielleicht bezweifelt werden. Wie eingangs erwähnt, wird die Telekommunikationsdienstleistung in Taiwan seit langem als Hoheitsaufgabe bezeichnet. Jedoch wird ihr in VerFRT bezeichneter Charakter des Monopols schrittweise wegen des Fortschritts der Technik entzogen. Daneben darf die Legitimität des Monopols des Staats nicht mehr nur aus dem Aspekt der Öffentlichkeit geleitet werden. Deshalb sind die Vorschriften des VerfRT erneut zu überprüfen[57]. Die Telekommunikation und sonstigen ähnlichen Dienstleistung sollen von vornherein als „privatwirtschaftliche Handlung " definiert werden, indem dies im VerfRT ausdrücklich geregelt wird. Aber das Verfahren der Änderung des taiwanesischen Verfassungsrechts ist gegenwärtig ziemlich schwer und die überparteiliche Einigkeit auch nicht leicht zu erhalten[58]. Momentan herrscht als Auffassung des Kompromisses die Meinung, dass nach der letzten Hälfte des Art. 144 VerfRT der Dienst von privaten Anbietern mit der

[57] Etwa handelt es sich im Bereich der Energieversorgung und des Postwesens auch um die Liberalisierung der Märkte, Wen-Jui Li/ Ming-Chueh Lin/ Chia-Chien Chang, Der Einfluss auf die Verkaufswege des Mobil-Telefonsektors nach der Liberalisierung des Telekommunikationsmarktes, Taiwan Economic Research Monthly, Vol. 22 Nr. 12, 1999, S.85; Peter Pang, Das ausgezeichnete Ergebnis der Liberalisierung des Telekommunikationsmarktes in Taiwan – Mobil-Telefonbranche, Communications Magazine Heft 7, 2000, http://www.grandsoft.com/cm/078/afo783.htm.

[58] Seit der taiwanesischen Verfassungsänderung im Jahr 1994 heißt das Verfassungsänderungsverfahren: der Entwurf wird auf Antrag eines Viertels der Abgeordneten von „The Legislative Yuan" gestellt. Dann wird er durch die Stimmen von dreiviertel der anwesenden Abgeordneten bestimmt. Anschließend wird der Entwurf vom nach dem Anteil der Abgeordneten obigen Parlaments jeder Partei gewählten „National Assembly" zugestimmt (Zweidrittel der anwesenden Mitglieder, die Stimmen des Dreiviertels ihrer anwesenden Mitglieder) (Art. 174 VerfRT; Art. 1 der Ergänzungs- und Nachbesserungsvorschriften des taiwanesischen Verfassungsrechts).

gesetzlichen Ermächtigung erbracht werden darf. Dadurch kann ein privater Anbieter aufgrund des TKG in den Telekommunikationsmarkt eintreten[59].

(2) „Die Förderung des Wettbewerbs" auch als der Zweck des TKG

Nach § 1 TKG ist der Zweck: „gesunde Telekommunikationsentwicklung, die Förderung der öffentlichen Wohlfahrt, der Schutz der öffentlichen Sicherheit sowie des Interesses des Nutzers". Jedoch ist das oben aufgezählte nur der Inhalt der Hoheitsaufgabe des Staats. Als rechtliche Grundlage der Öffnung des Markts soll das TKG durch Novelle „die Förderung des Wettbewerbs" auch als Regelungszweck in seinen Zweck integrieren[60].

(3) Privatisierung der Chunghwa Telekom AG

Obwohl die Chunghwa Telekom AG als eine „AG" errichtet wurde, ist sie in der Tat noch ein „öffentliches Unternehmen". Mangels unternehmerischen Geistes verliert die Chunghwa Telekom AG Effizienz und Wettbewerbkraft[61]. Deswegen sollte das Verkehrsministerium die Privatisierung der Chunghwa Telekom AG durch Börsengang beschleunigen.

(4) Aufhebung der untauglichen Regulierungsmaßnahmen

Der liberalisierte Telekommunikationsmarkt bedeutet keinen völlig rechtsfreien Wettbewerb, sondern einen „verwalteten Wettbewerb"[62].

---

[59] Hsu, Die Privatisierung von Verwaltungsaufgaben (II).

[60] Shao-Liang Liu, a. a. O., S. 109.

[61] Chieh-Ying Wu/ Chih-Chiang Chu, Die Reform und der Anstieg der Chunghwa Telekom AG, Communications Magazine Heft 12, 2001, http://www.grandsoft.com/cm/095/aen95 1.htm

[62] Yung-Chin Su, Liberalisierung, Deregulierung und das Gesetz des gerechten Geschäfts, The Taiwan Law Review Heft 3, 1997, S. 16.

Nach dieser Ansicht wird die Verzerrung des Wettbewerbs mit Hilfe der tauglichen Regulierungsmaßnahmen vermieden.

a) Die Einschränkung des ausländischen Kapitals

Die Einschränkung des ausländischen Kapitals und Humankapitals ist die Hürde des Imports von neuen Ideen und Techniken. Die Wettbewerbkraft der Innenanbieter wird deshalb nicht gestärkt[63]. Außerdem verletzt eine solche Marktseintrittshürde auch den im GATS gezeigten „Nicht-Diskriminierung -Grundsatz"[64].

b) Das Zulassungsverfahren von Anbietern der 1. Klasse

Theoretisch liegt die Voraussetzung für die Einführung einer Regulierungsmaßnahme in der Knappheit einer Ressource, etwa der Funkfrequenz. Im Fall des Festnetzes ist ein solcher Regulierungsbedarf nicht vorhanden. Das Zulassungsverfahren und die Einschränkung der Anzahl der Lizenzen führen zur Verzerrung des Wettbewerbs. Zukünftig sind die unbenötigte Regulierung aufzuheben, indem das Zulassungsverfahren von der Anzeigepflicht des Anbieters abgelöst wird[65].

---

[63] Sheng-Kai Kao, Die Überprüfung des Regulierungsinstituts der Mobil- Telekommunikation der 3. Generation (II), Communications Magazine Heft 8, 2001, http://www. grandsoft.com/cm/091/atr915.htm; Shao-Liang Liu, a. a.. O., S. 111.

[64] Yu-Lin Chou, Der Einfluss auf die Vorschriften der Telekommunikation in Taiwan und Deutschland nach dem Eintritt in die WTO (I), Communications Magazine Heft 1, 2002, http://www.grandsoft.com/cm/096/apr961.htm

[65] Kung-Chung Liu, Ein paar Fragen zur Öffnung des Festnetzes, Taiwan Economic Research Monthly, (Hrsg.) Taiwan Institute of Economic Research, Vol. 22 Nr. 6, 1999, S. 22; ders. , Die Debatte über die Eintrittsnormen in den Markt des Festnetzes, Science and Technology Law Journal, Heft 6, 2000, S. 42.

c) Die Überprüfung der Entgelt- und sonstige asymmetrischen Regulierungsmaßnehmen

Zu Beginn der Öffnung des Markts waren die asymmetrischen Regulierungsmaßnahmen notwendig, um einen gerechten Wettbewerb zu sichern. In Taiwan gilt diese Regulierungsmaßnahme jedoch nicht für Anbieter der 2. Klasse, sondern allein für Anbieter der 1. Klasse. Es fehlt den Zusammenhang zwischen Ziel und Mittel. Wenn ein Anbieter der 2. Klasse die marktbeherrschende Stellung hat, liegt die Gefahr des Missbrauchs seiner Stellung ebenfalls vor[66]. Damit ist permanent zu überprüfen, ob sich die Marktherrschaft im ganzen Telekommunikationsmarkt wirksam entfalten kann. Solange sich ein positives Ergebnis daraus entnehmen lässt, sind die untauglichen Regulierungsmaßnahmen, durch die das Institut des freien Wettbewerbs beeinträchtigt werden könnte, einzustellen.

d) Universaldienst

Nach der Öffnung des Markts wird der Universaldienst in Taiwan auch wichtiger. Um den „sozialen Wert des Netzes" zu entfalten[67], verpflichten sich der Anbieter der 1. Klasse (§ 20 TKG) und die vom Verkehrsministerium bestellten Anbieter der 2. Klasse (§ 4 Abs.2 Universaldienstverordnung) zur Universaldienstleistung. Nach § 20 Abs. 3 TKG müssen die beiden obigen Anbieter

---

66 Hsieh, a. a. O., S. 5.

67 Kung-Chung Liu, Neue Fragenstellungen für den Wettbewerb im Digitalübertragungssektor im Informationszeitalter, Taiwan Economic Research Monthly, (Hrsg.) Taiwan Institute of Economic Research, Vol. 22 Nr. 11, 1999, S. 31; Shih-Miao Liu, Die Gestaltung des Begriffs des Universaldienstes, Telesprachdiensts in Taiwan, Communications Magazine Heft 3, 2001, http://www.grandsoft.com/cm/086/aps861.htm; ders. , Der Charakter des Telenetzes (I), Communications Magazine Heft 7, 2001, http://www.grandsoft.com/cm/090/atr901.htm ; ders., Der Charakter des Telenetzes (II), Communications Magazine Heft 8, 2001, http://www.grandsoft.com/cm/091/atr911.htm ; ders., Kompromisse zwischen dem Universaldienst und dem Wettbewerb im Bereich der Telekommunikation, Communications Magazine Heft 9, 2001, http://www.grandsoft.com/cm/092/atr922.htm

auch für die Universaldienststiftung jährlich spenden. Das stellt sich auf Eingriffe des Grundrechts des Eigentums und der Berufsfreiheit des Bürgers dar. Indem einige Anbieter der 2. Klasse sich in Form der „Verordnung“ zur Universaldienstleistung verpflichten, wird das Prinzip des Gesetzvorbehalts verletzt, was verfassungsrechtlich bedenklich ist. Zukünftig sollen sie auch im § 20 TKG geregelt werden. Angesicht des Fortschritts der Technik soll der Umfang des Universaldienstes nicht allein auf Sprachdienst beschränkt werden, sondern sich auch auf Datenübertragungsdienste erstrecken. Deshalb sollte § 15 der Universaldienstleistungsverordnung dahingehend geändert werden, dass die derzeitigen Dienstleistungen für Schule und öffentlichen Bibliothek, also z. B. die Datenübertragung, auf die „unökonomischen Zonen“ erweitert werden, wie dies schon bei Sprachdiensten der Fall ist.

e) Zusammenschalten

Die Verwirklichung der Zusammenschaltung ist die Voraussetzung des liberalisierten Telekommunikationsmarkts. Dazu sollte die Regierung weiterhin anstreben, die möglichen technischen Schwierigkeiten der Zusammenschaltung zu beseitigen.

(5) Integration der Techniken

Mit dem Fortschritt der Technik wird die Grenze zwischen vorhandenen Medien schrittweise verschmolzen. Nicht konventionelle Telekommunikationsanbieter (z. B. Kabel- TV Betreiber od. Energieversorger) könnten auch mit überschüssiger Ressource (Frequenz) aus dem fürs Geschäft eingerichteten Festnetz den Telekommunikationsdienst erbringen. Umgekehrt gehört der vom konventionellen Anbieter erbrachten Dienst wahrscheinlich zum Bereich der Medien. Jedoch wird sowohl wegen der Einschränkungen anderer geltenden

Vorschriften (Kabel-TV-Gesetz), als auch wegen der verschiedenen zuständigen Behörden (Nachrichtensamt) der wechselseitige Markteintritt erschwert[68]. Die geplante sog. „Information-Technik-Rundfunk Kommission"[69] und der Entwurf zur Änderung des Kabel-TV-Gesetzes[70] entsprechen der Tendenz der Integration der Techniken.

III. Fazit

Die Welle der Globalisierung dehnt such auch auf den Telekommunikationsmarkt aus. Deutschland und Taiwan möchten auf dem weltweiten Telekommunikationsmarkt den besten Standort einnehmen, um davon so viel wie möglich profitieren zu können.

Durch die Liberalisierung der beiden Innenmärkte kann die Wettbewerbskraft der inländischen Betreiber verstärkt werden. Obwohl es den Regulierungsbedarf noch auf beiden Märkten gibt, ist doch optimistisch zu erwarten, dass die beiden Märkte zukünftig völlig vom Wettbewerb beherrscht und offener sein werden.

Die Dienstleistung auf dem liberalisierten Telekommunikationsmarkt ist eine privatwirtschaftliche Tätigkeit. Angesichts der Überwachung der Telekommunikation wird die Beziehung zwischen dem Strafverfolgungsorgan und dem Dienstanbieter deshalb nicht mehr als Beziehung zwischen Organen, sondern als solche zwischen dem Staat und dem Bürger angesehen. Zuerst liegt es auf

---

[68] Das taiwanesische Nachrichtsamt ist nun für die Regulierung des Kabelfernsehens zuständig.

[69] Yu-Chi Wang/ Chih-Hao Hsai, Die Debatte über die Entwicklung des Rechtssystems für Digitalmedien und die geplante „Information-, Kommunikation-, und Rundfunk- Kommission", The Taiwan Law Review, Heft 3, 1999, S. 59 ff.

[70] Business Times vom 10. Januar 2003.

der Hand, dass die Zahl der dem Staat gegenüber stehenden Anbieter ansteigt. Im Vergleich zu der früheren Durchführung der Überwachung, die als eine Amtshilfe zwischen staatlichen Organen angesehen werden kann, ist sie nun eine der Voraussetzungen, nach der der Anbieter seinen Dienst in Betrieb bringen darf, nämlich die Mitwirkungspflicht. Zwischen dem Strafverfolgungsinteresse, dem Interesse an der Geheimhaltung der Telekommunikation von Kunden und dem Grundrecht der Berufsfreiheit der Betreiber besteht ein Spannungsverhältnis und es liegt dazu ein zu vertiefender Erklärungsbedarf vor.

B. Die jüngste Entwicklungslage der Telekommunikationstechnik

Die rapide Entwicklung der Telekommunikationstechnik kommt unserem Leben zugute. Jedoch wird dieser Vorteil umgekehrt wegen ihrer Möglichkeit zum Missbrauch möglicherweise zum Nachteil! Deswegen unternimmt der Gesetzgeber alle Anstrengungen, um einerseits die Anwendung aller Telekommunikationstechnik zu regeln. Andererseits werden den Strafverfolgungsorganen auch die technisch entwicklungsgemäße Kapazität eingeräumt, um den Missbrauchverletzte ermitteln zu können. Die eingangs kurze Darstellung der Grundzüge neuer Techniken ist nötig, um zu wissen, welches die Herausforderung aufgrund der neuen Entwicklung der Telekommunikationstechniken für die geltenden strafprozessualen Vorschriften zur Telekommunikationsüberwachung ist. Solche Erkenntnis kann uns helfen, das geltende Gesetz auszulegen oder beim Novellierungsbedarf einen Vorschlag zu geben.

I. Das Zeitalter der völligen Digitalisierung

Die sog. Digitalisierung bedeutet, dass die Daten bei der Verarbeitung oder Kommunikation in ein digitales Signal umgewandelt werden. Das digitale Signal benutzt den Unterschied zwischen den Zuständen „Strom fließt“ und „Strom fließt nicht“, um die Daten zu codieren. Die Datenverarbeitung durch Computer beruht auf der Theorie des digitalen Signals, nämlich „0“ und „1“[71]. Umgekehrt benutzt das analoge Signal eine stuflose und dauerhafte Schwankung der Stromspannung. Bei analoger Daten- oder Telefonvermittelung wird eine stetig sich verändernde Größe der Schwankung als Übertragungsmedium für Datenverarbeitung. Die herkömmliche Telekommunikation benutzt das analoge Signal. Jedoch lösten der rapide Fortschritt und die Verbreitung des vernetzenden Computers den Bedarf für Massendatenübertragung aus. Früher mussten die in dem digitalen Signal codierte Daten zuerst per Analog-Modem[72] in ein analoges Signal umgewandelt und dann versendet werden. Das Analog-Modem des Empfängers wandelt dieses analoge Signal wieder in das digitale Signal um, das der Computer verarbeiten kann. Damit kann die Datenübertragung ohne Etappe der Umwandelung erheblich beschleunigt werden. Die Datenübertragung des analogen Signals ist von der elektrischen Spannung oder Stromstärke abhängig, und besetzt eine Leitung mit fester Bandbreite von Band. Jedoch ist das digitale Signal eine Schwankung von fester Größe. Durch die Schrittfolge des digitalen Signals können die Daten auch übertragt werden. Sein Vorteil besteht darin, dass bei Änderung der elektrischen Spannung oder Stromstärke übertragene Informationen nicht beeinflusst

[71] Lexikon Computer und Informationstechnik, S. 160 f.; Langenscheidts Internet- Wörterbuch, S. 57.

[72] Modem = Modulator/ Demodulator, eine Schnittstelle zwischen PC und der Telefonleitung, die die zu versendende digitale Daten in das analoge Signal verwandelt (mit Modulator). Das analoge Signal wird dann beim Empfänger wieder in digitalen Daten zurückgewamdelt; Lexikon Computer und Informationstechnik, S. 320, 324.

werden. Unter Nutzung der verschiedenen Frequenzbereiche können die Daten in großen Mengen schnell übertragen werden[73]. Deshalb kann man mit der Hilfe des digitalen Signals den Telekommunikationsdienst mit Hochgeschwindigkeit und -qualität genießen. Heutzutage wird eine schnelle Datenübertragung bereits über auf Glasfaser- und Digitalsignal-Technik basierende Backbones vorgenommen[74]. Das Zeitalter der Digitalisierung im Teilstück zwischen Backbone und Benutzer - die sog. „letzte Meile" - beginnt mit ISDN[75]. Die jüngste Haupttechnik - DSL[76] und zukünftige Infrastrukturtechniken - etwa Glasfaser verfolgen grundlegend die Tendenz dieser Digitalisierung der Datenübertragung. Trotz der Wandelung der Übertragungsmedien (Kupferleitung → Glaserfaser, oder Festnetz und drahtloses Netz) ist die Natur der Digitalisierung bei der Datenübertragung identisch.

II. Die rapide Entwicklung des Internets

1. Die technische Grundlage des Internets

„Netz" ist kein neuer Begriff. Im modernen Leben liegen zahlreiche Netze zum Transport von Materialien oder Informationen bereits vor, z. B. Wasser-, Stromversorgungsnetz sowie Post. Die Post ist das älteste, interaktive Kommunikationsnetz. Obwohl viele neue Kommunikationstechniken, etwa Telefonnetz oder Computernetz, erfunden wurden, hat sich deren Natur – Transport der Information – nicht geändert. Das Internet ist ein weltweiter Verbund von

---

[73] George Gilder, Telecosm: How infinite bandwidth will revolution our World, cÜ. Lai, Po-Chou/ Chi, Jui-Kuo, S. 598 ff; Gerhard Kafka, Hinghspeed multimediale Kommunikation mit xDSL, S. 57; Ralph Matzky, Zugriff auf EDV im Strafprozess: Rechtliche und technische Probleme der Beschlagnahme und Durchsuchung beim Zugriff auf das Beweismittel „EDV", S. 255.

[74] 30 Gbit/s im Kernbereich und 34 Mbit/s im Randbereich, Axel Petri / Andreas Göckel, Vertragsstruktur der Internet–Backbone–Betreiber: Backbone – Access, CR 5/2002, S. 330.

[75] ISDN = Integrated Services Digital Network

[76] DSL = Digital Subscriber Linen

Computerwerken. Seine Entwicklungsgeschichte kann in die folgende Phase eingeteilt werden:

- Die erste Phase: Militäranwendung

Im Jahr 1957 wurde das ARPA[77]-Netz vom Verteidigungsministerium der USA begründet. Durch die Vernetzung von Computern konnten die Daten „dezentral" gespeichert werden, um im Kriegsfall einen besseren Schutz bekommen zu können[78]. In dieser Phase wurde der Übertragungsstandard - Protokoll - festgestellt.

- Die zweite Phase: wissenschaftliche Anwendung

In den 70er Jahren wurde ein Computernetz zur wissenschaftlichen Anwendung entwickelt. In dieser Phase befanden sich die Computernetze ausschließlich an einigen Universitäten. Solche Computernetze sind „geschlossene" Netze. Deshalb dürfen sie noch nicht als Internet definiert werden[79]. In dieser Zeit wurde E-Mail erfunden.

- Die dritte Phase: kommerzielle Anwendung

Nach den 80er Jahren, während der Entwicklung des wissenschaftlichen Computernetzes, gehen Computernetze auch in Richtung kommerzielle Nutzung.

---

[77] ARPA = Advanced Research Project Agency

[78] Lexikon Computer und Informationstechnik, S. 257.; Langenscheidts Internet – Wörterbuch, S. 93.

[79] Langenscheidts Internet – Wörterbuch, S. 94.

In dieser Phase trat die Struktur des Internets wegen der Erfindung der Datenübertragungstechnik, die aus Telefonleitung, Modem und PC[80] besteht, vermehrt bei privaten Benutzern[81].

- Die vierte Phase: Anwendung zur Multimedia

Seit den 90er Jahren wurde die Internet-Technik reifer. Damit beschränkt sich deren Anwendung nicht mehr ausschließlich auf die Kommunikation, sondern auch auf Bereiche des Rundfunks, Fernsehens sowie der herkömmlichen Telekommunikation. In dieser Phase wurden viele über Internet bereitgestellte, neuartige Dienste (z. B. Multimediendienste) präsentiert. Der bekannteste heißt WWW[82].

Je nach Reichweite der Computernetze und der Möglichkeit zu Kommunikation mit der Außenwelt, können diese in folgende Varianten eingeteilt werden.

- LAN (Local Area Network)

LAN ist ein abgeschlossenes Computernetz, denen Benutzer in bestimmten Personenkreis eingeschränkt werden (z. B. innerhalb einer Uni oder einer Firma). In diesem Sinn gehört ein LAN nicht zum Internet.

- WAN (Wide Area Network)

Im Gegenteil zu LAN ist WAN offen. Jedoch befindet sich ein WAN nur innerhalb der Kontinentalgrenzen[83].

---

80 PC = Personal Computer

81 Langenscheidts Internet-Wörterbuch, S. 94; Stephan Bleisteiner, Rechtliche Verantwortlichkeit im Internet: unter besonderer Berücksichtigung des Teledienstgesetzes und des Mediendienste–Staatsvertrags, S. 17.

82 WWW = World Wide Web

83 Nach einer Ansicht liegt WAN über 25 Kilometer (innerhalb 25 Km ist LAN). Deshalb ist das Internet als WAN zu verstehen, vgl. Lexikon Computer und Informationstechnik, S.

- GAN (Global Area Network)

GAN ist ein staatgrenzenübertretendes Netzwerk. Die Anbindung von WAN von verschiedenen Ländern kann ein GAN begründen. Deshalb ist das Internet ein GAN.

2. Struktur des Internets - eine dezentrale Struktur

Für die Entwicklung der Infrastruktur des Internets, die Erbringung des Dienstes und die Verwendung durch Benutzer ist keine zentrale Organisation zuständig. Nur einige minimale Standards wurden beschlossen. Diese werden jedoch nur als unverbindliche technische Vorschläge angesehen und als stille Übereinkunft eingehalten[84]. Deswegen kann niemand das Internet lenken[85]. Es ist eine dezentrale und autonome Architektur der Netzwerke[86]. Diese wird seit dem ARPA-Netz von dem Jahr 1957 ständig verwendet.

3. Datenübertragung über Internet

a. Technische Vereinbarung (Protokolle)

Ein Protokoll ist ein technischer Standard, mit dem man Information über ein Netzwerk austauschen kann. Das Internet Protokoll (IP) wird seit der Phase vom ARPA-Netz schon benutzt, um Computer verschiedener Hersteller miteinander kommunizieren zu lassen[87]. Nach dem von ISO[88] veröffentlichten

506.; Langenscheidts Internet-Wörterbuch, S. 176. Aber ist hier der Meinung, dass WAN nicht weltweit vernetzungsfähig ist. Deshalb wird es von GAN unterschieden, auch Matzky, a. a. O., S. 308.

84 Lexikon Computer und Informationstechnik, S. 258.

85 Matzky, a. a. O., S. 329.

86 Lexikon Computer und Informationstechnik, S. 258.

87 Langenscheidts Internet-Wörterbuch, S. 93.

88 ISO = International Standards Organisation

OSI[89]-Schichtenmodell kann der Datenübertragungsvorgang im Computernetz in sieben Schichten dargestellt werden[90]. Jedoch bei der Datenübertragung über Internet werden anstatt des obigen Sieben-Schichten-Modells nur die folgenden vier Schichten definiert. Innerhalb jeder Schicht sind ein oder mehrere Protokolle für die Kommunikation der Datenübertragung verantwortlich.

- Anwendungsschicht

Diese Schicht besteht hauptsächlich aus Netz-Applikation, z. B. Telnet[91], FTP[92] sowie WWW[93]. Außerdem verfügt der Benutzer auch hier über die Daten.

- Transportschicht

TCP[94] ist die Basis dieser Schicht. TCP ist ein verbindungsorientiertes Protokoll, das für den fehlerfreien Transport zuständig ist[95].

- Internetschicht

Hier verpackt IP die zu versendenden Daten in Datagramme, deren Kopfteil die sog. IP-Adresse des Senders und Empfängers beinhaltet.

---

[89] OSI = Open System Interconnection.

[90] Application Layer (Anwendungsschicht), Presentation Layer (Darstellungsschicht), Session Layer (Sitzungsschicht), Transport Layer (Verbindungsschicht) sowie Physical Layer (physikalische Schicht), vgl. Bleisteiner, a. a. O., S. 22.

[91] Telnet ist ein Programm. Man muss zuerst eine Befugnis bekommen, durch die dann von einem bestimmten fernen Computer im Internet die Daten hinaufgeladen, herunterladen oder verarbeitet werden können. Langenscheidts Internet-Wörterbuch, S. 162.

[92] FTP = File Transfer Protocol; hier bedeutet FTP auch ein Programm, das nach FTP-Protokoll die Daten übertragen und empfehlen. Langenscheidts Internet-Wörterbuch, S. 76.

[93] WWW = World Wide Web

[94] TCP = Transmission Control Protocol

[95] Lexikon Computer und Informationstechnik, S. 478.

Dann wird dieses „Packet" in die nächste Schicht weitergeleitet[96]. Die Funktion von IP ist so ähnlich wie „ein (elektronischer) Umschlag"[97].

- Netzwerkschicht

Diese Schicht wird aufgrund der Netzwerkprotokolle begründet; Ethernet verpackt beispielsweise das TCP/ IP-Packet weiter und verschickt es dann über die „physikalischen" Netzwerke[98]. Das ist vergleichbar mit dem Vorgang, dass ein per Post verschicktes Packet in einen Container einer gewisser Schiffsgesellschaft oder Luftgesellschaft eingeladen und zum Zielort transportiert wird.

Bsp.: Benutzer A möchte von Web-Seite oder Server B Informationen abrufen, herunterladen oder E-Mails abholen. Der Datenübertragungsvorgang zwischen A und B ist wie diese Abbildung zeigt.

[96] Lexikon Computer und Informationstechnik, S. 477 ff.
[97] Gilder, a. a. O., S. 73.
[98] Lexikon Computer und Informationstechnik, S. 479.

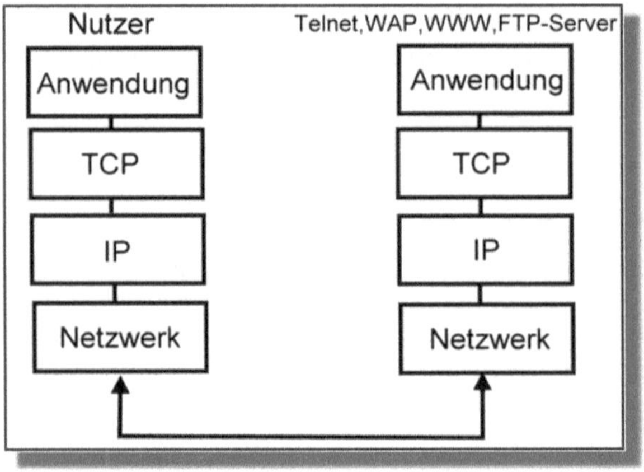

(Abbildung 1.: Der Aufbau der über
Internet durchgesetzten Datenübertragung)

Im Datenübertragungsvorgang kann man klar sehen, dass 4. von A schließlich mit der von B kommuniziert. Die einheitliche Standardisierung von 2. und 3. ist sehr wichtig, um die aus A und B stammende Information ablesen zu können. Deshalb ist TCP/ IP die Basis des Internets. Obwohl bei 1. und 4. die zahlreichen technischen Auswahlmöglichkeiten vorhanden sein können, werden sie als Träger von TCP/ IP-Packet dienen; es gibt z. B. bei 4. neben Ethernet noch andere Netzwerkprotokolle.

b. Paketvermittelung

Das herkömmliche Telefonat wendet die Leitungsvermittelung an, die eine „direkte Kommunikation“ zwischen Sendestation und Empfangstation darstellt[99]. Beim Telefoniervorgang muss eine Leitung deshalb innerhalb eines

[99] Lexikon Computer und Informationstechnik, S. 354.

bestimmten Zeitraums besetzt werden. Je größer der Abstand beider Seiten ist, desto teuer sind die Kosten der Verbindung. Die Datenübertragung über Internet wendet die sog. Paketvermittelung an. Vor dem Schicken der Daten werden sie in TCP/ IP-Protokolle in einige kleine Pakete geteilt. In jedem Paket stehen neben den zu verschickenden Daten noch die Zieladresse und Transportsteuerungsdaten[100]. Im Gegensatz zur Leitungsvermittelung braucht der Versender bei der Paketvermittelung keine vorherige Meldung vom Empfänger zu bekommen. Die Datenpakete können auf verschieden Kanälen über die Netzwerke transportiert werden. Der Vorteil einer solchen Technik besteht darin, dass die Leitung ausschließlich zum Zeitpunkt einer Datenpaketübertragung besetzt und der freie Kanal benutzt wird. Damit kann die Netzwerkressource besser genutzt werden[101]. Weil die Pakete durch die Zusammenarbeit zwischen Netzwerken weiterleitet werden, sind die Kosten der Verbindung bei Paketvermittelung günstig. Schließlich werden die vorherig geteilten Pakete beim Empfänger wieder zu einer kompletten Nachricht zusammengesetzt[102]. Jedoch wird dieser Vorteil möglicherweise zum Nachteil, da eine Verzögerung bei Paketvermittelung auftreten kann. Im Vergleich zur Leitungsvermittelung kann bei Echtzeit-Kommunikation von Paketvermittelung die vergleichbare Qualität nun noch nicht erreicht werden. Die Hoffnung auf Verbesserung liegt vielleicht darin, dass die Kapazität der Kanäle ausgebaut wird.

---

[100] Lexikon Computer und Informationstechnik, S. 354.

[101] Dan L. Burk, der Markt des von Digitalisierung verletzten Rechts, in: Borders in Cyberspace, S. 217.

[102] Lexikon Computer und Informationstechnik, S. 354.

c. Datenübertragungskomponenten

Möchte ein Benutzer derzeit im Internet surfen, muss er sich durch eine Standleitung oder Einwahlleitung mit ISP[103] anbinden, um einen Zugang zu bekommen. An einem solchen Zugang werden einige aufgrund TCP/ IP gebaute Komponenten eingesetzt, die für die Datenübertragung oder Netzwerkkommunikation zuständig sind.

- Router

Der Router ist eine Hardwarekomponente des Netzwerks, die zwei oder mehr getrennte Netzwerke miteinander verbinden kann. Die Aufgabe des Routers besteht darin, nach der im Paket stehenden IP-Adresse und der sog. Route-Tabelle für das Datenpaket den „bestmöglichen" Weg (Route) zum Zielort zu ermitteln[104]. Solch ein bestmöglicher Weg kann ein freier Raum oder ein bestimmter Zeitraum sein. Deswegen ist jeder Weg der Datenpaketübertragung im Prinzip immer geändert[105]. Normalerweise besitzt jeder ISP einen Router.

- Gateway

Das Gateway ist ein „Kommunikationscomputer", der ermöglicht, dass Netzwerke von unterschiedlichen Protokollen miteinander kommunizieren. Die Software vom Gateway kann die aus anderen Netzwerken kommenden Daten interpretieren, um sie im eigenen Netzwerk weiterleiten zu können. Deshalb spielt das Gateway die Rolle des „Dolmetschers". Das ist der wichtige Unterschied im Bezug auf die Arbeitsteilung zwischen Router und Gateway[106].

---

103 ISP = Internet Service Provider

104 Lexikon Computer und Informationstechnik, S. 417; Bleisteiner, a. a. O., S. 28.

105 Bleisteiner, a. a. O., S. 28.

106 Lexikon Computer und Informationstechnik, S. 222, 417.

- Proxy-Cache-Server

Die rasche Entwicklung von WWW verursacht großen Datenverkehr zwischen Netzwerken und die häufige Speicherungstätigkeit führt auch zur Überlastung der Netzwerke und zur Senkung der Datenübertragungsgeschwindigkeit. In diesem Zusammenhang wurde der Proxy-Cache-Server erfunden. Der Proxy-Cache-Server ist ein verbindungsloser Computer, der vor dem Gateway eingesetzt wird. Seine Funktion ist, die häufig abgerufene Information, z. B. eine Web-Seite oder ein Bild, für eine bestimmte Zeit zu speichern. Dadurch kann die Zugriffzeit des Benutzers stark verkürzt werden, denn im Vergleich mit dem Weg zu einem äußeren Server, ist der Weg zum Proxy-Cache-Server in der Regel kürzer[107]. Wegen dieser Datenspeicherungsfunktion kann Proxy-Cache-Server auch eingesetzt werden, um den Verkehr von und zu bestimmten Angeboten im Internet zu kontrollieren und zu überwachen[108].

4. Beteiligte des Telekommunikationsverhaltens im Internet

Wie eingangs schon erwähnt, ist das Internet die Institution der Computerkommunikation. Zudem beschleunigt WWW die Verbreitung des Internets. Neben der Vermittlung von E-Mails und dem Abruf von Informationen werden nun auch sog. „Online-Dienste" präsentiert. Es ist deshalb nicht schwer vorstellbar, dass man viele Sachen über das Internet erledigen kann (z. B. Banking, Reservierung sowie Bestellung...)[109]. Die Hardware und Software des physikalischen Netzwerks sind die Grundlage des Internets. Mit einer schnellen und stabilen physikalischen Netzwerk-Infrastruktur können die obigen Dienste verwirklicht werden.

---

[107] Lexikon Computer und Informationstechnik, S. 396.
[108] Bleisteiner, a. a. O., S. 28.
[109] Vgl. Matzky, a. a. O., S. 333.

Abhängig davon, wer die Infrastruktur oder die Dienste im Internet anbietet bzw. benutzt, gibt es die folgenden Beteiligten der Kommunikationstätigkeit im Internet.

a. Netzwerk-Provider

Das physikalische Netzwerk ist die Basis des Internets. Grundsätzlich besteht es aus der Infrastruktur des Netzwerks; z. B. Proxy-Cache-Server, Gateway, Router, Netzknotenrechner, Backbone, Kabelfernsehleitung, Telefonleitung sowie Fernmeldeanlage[110]. Der Netzwerk-Provider ist der Anbieter, der die Infrastruktur des Netzwerks betreibt. Der von ihm gelieferte Dienst gehört zur Netzwerk-Schicht. Jedoch erkennt der Router aufgrund der IP das Ziel des Datenpakets. Deshalb bezieht sich der vom Netzwerk-Provider erbrachte Dienst auch auf die Internet-Schicht. In der Regel sind die Kosten für die Einrichtung des Kommunikationscomputers (z. B. Gateway, Router) im Vergleich zu der Übertragungsleitung und der Vermittelungsstelle geringfügig. Letzte können ausschließlich die Betreiber von ehemaligen Monopolstellen (z. B. Deutsche Telekom, Chunhua Telekom) oder große Konzern betreiben. Aber die eigene Netzwerk-Infrastruktur ist keine notwendige Bedingung für den Netzwerk-Providers und auch unökonomisch. Durch eine angemietete Leitung und Bandbreite kann man auch als Netzwerk-Provider diesen Dienst erbringen. Nach dem Inhalt des Dienstes werden folgende zwei Netzwerk-Provider definiert:

- Netzwerk-Provider mit eigener Leitung

Ein solcher Provider hat das völlige Eigentum an der Netzwerk-Infrastruktur, nämlich von Backbone bis zur letzten Meile. Normalerweise ist die Anzahl

[110] Bleiseiner, a. a. O., S. 55.

dieser Anbieter sehr niedrig. Sie können anderen Anbietern ihre Leitung und unbenutzte Kapazität vermieten. Deshalb kann ein solcher Netzwerk-Provider nicht als ISP (Internet Service Provider) definiert werden, denn einerseits sind seine Kunden die anderen Anbieter und andererseits bietet er keinen Zugang zum Internet. Insoweit gehört dieser Netzwerk-Provider nur in die Klasse der herkömmlichen Anbietern des Telekommunikationswesens. In der Praxis wird die Internet-Service-Abteilung sowohl in Deutschland als auch in Taiwan von der Telekom abgetrennt. Dabei wird eine neue Gesellschaft begründet, wie etwa T-Online (von Deutsche Telekom AG) oder Hi-Net (von Chunhua Telekom AG)[111].

- Netzwerk-Provider mit teilweise oder völlig angemieteter Leitung

Von einem Provider mit eigener Leitung mietet dieser Netzwerk-Anbieter die Leitung an. Dann vermietet er möglicherweise diese Leitung an andere Anbieter oder Service-Provider weiter. Deshalb ist solcher Provider auch kein ISP.

b. Zugang-Provider

Dieser Provider bietet dem Benutzer Zugang zum Internet an, indem er im „Letzte Meile“-Abschnitt durch die Wahlverbindung oder Standleitungsverbindung (ADSL, Kabelmodem) seinen Dienst leistet. Beim Zugang-Provider bekommt der Benutzer ein IP, um im Internet die Daten auszutauschen:

- Im Fall der Wahlverbindung kann der Benutzer durch das Einwählen die Kommunikation mit dem Zugang-Provider schaffen. Gleichzeitig wird eine IP vom Zugang-Provider dy-

[111] Matzky, a. a. O., S. 333 f.

namisch zugewiesen.

- Im Fall der Standleitungsverbindung wird der Benutzer umgekehrt vom Zugang-Provider eine anhaltende IP-Adresse zugewiesen.

Der vom Zugang-Provider erbrachte Dienst liegt auf den TCP/ IP Ebenen (Internet/ Transportschicht)[112].

c. Service-Provider

Bezüglich des Schutzes des Kommunikationsgeheimnisses bietet der Service-Provider dem Benutzer eine bestimmte Speicherkapazität, um die nicht zu veröffentlichenden Daten zu speichern, z. B. E-Mail und Online-Festplatte-Dienst. Der Benutzer kann mit der Hilfe der Software von FTP, TCP/ IP, des WWW-Browsers sowie der ähnlichen Methoden[113] seine privaten Daten verarbeiten und übertragen. In der Regel bietet der Service-Provider dem Benutzer allerdings nicht den Zugang zum Internet. Umgekehrt sind viele Zugangs-Provider gleichzeitig als Service-Provider tätig. Der Dienst des Service-Providers bezieht sich auf die Anwendungsschicht des OSI-Modells. Jedoch werden die TCP/ IP-Schichten wahrscheinlich auch betroffen[114].

---

[112] Bleisteiner, a. a. O., S. 55.

[113] (1) WWW-Browser: Der Benutzer meldet beispielsweise beim Anbieter (z. B. Yahoo) ein E-Mail-Konto an, um dann eine E-Mail-Adresse (z. B. xxx@yahoo.de), zu bekommen. Deshalb kann der Benutzer überall durch einen WWW-Browser seine E-Mail checken, indem er seinen Erkennungsnamen und seine Geheimzahl eingibt. (2) Telnet: ein Computerkommunikationsprotokoll; der Benutzer muss zuerst die vom bestimmtem Rechnerbetreiber ermächtigte Befugnis bekommen. Dann kann er die Ressource dieses Rechners nach dem erfolgreichen Einloggen anwenden. Das BBS (Bulletin Board System), das in Taiwan innerhalb des Unicompus ziemlich populär ist, basiert auf Telnet. Nach verschiedenen Kategorien werden die tauglichen Nachrichten von Mitgliedern angezeigt. Der Betreiber stellt auch für den Benutzer ein E-Mail-Konto wie im Fall des WWW-Browsers bereit. Jedoch logt sich der Benutzer bei der Nutzung des Telnets nicht erst zum Check seiner E-Mails, sondern von Anfang an den Rechner erfolgreich ein; vgl. Matzky, a. a. O., S. 333; Langenscheidts Internet-Wörterbuch, S. 26.

[114] Bleisteiner, a. a. O., S. 56.

d. Internet-Benutzer

Der Internet-Benutzer benutzt den vom Zugang- und Service-Provider bereitgestellten Dienst, um seine nicht zu veröffentlichenden Daten zu verarbeiten und zu übertragen.

III. Das Zeitalter des Breitbands

1. Die Struktur und die aktuelle Entwicklungslage der Breitbandtechnik

Die Idee des Breitbands ist, die Datenübertragung im Internet mit Hochgeschwindigkeit realisieren zu können. Durch den Zwei-Etappen-Ausbau der Übertragungswege (die Vergrößerung der Kapazität der Leitung) wird das Ziel des Breitbands gegenwärtig schon schrittweise verwirklicht.

2. Die Verbindung zwischen Backbone und Vermittlungsstelle

Das Backbone ist die wichtigste Infrastruktur des physikalischen Netzwerks. Der Datenaustausch mit einem fremden WAN oder innerhalb des Netzwerks muss über Backbone durchgesetzt werden. Deshalb kann das Backbone mit großer Kapazität den Bedarf an einer schnellen Datenübertragung decken[115]. Dazu wird die neuste Technik - Glasfaser- umfassend bei der Einrichtung des Backbones eingesetzt. Darüber hinaus können eine effiziente Anwendung und Verwaltung der Netzwerkressource einen Datenverkehrsstau vermeiden; nämlich durch das sog. Projekt der Bandbreiteverwaltung[116]. Bisher wird die Breitband-Datenübertragung schon im Abschnitt zwischen dem Backbone und

---

[115] Langenscheidts Internet-Wörterbuch, S. 49.

[116] Hsin-Hui Wu/ Chi-Huang Yang/ I-Heng Lin, Breitband, Kabelmodem und ADSL: Entwicklungsanalyse der Technik und des Dienstes, Communications Magazine Heft 8, 2001, http://www.grandsoft.com/cm/091/atr912.htm.

der Vermittelungsstelle verwirklicht. Wann das Zeitalter des Breitbands beginnt, hängt davon ab, wann die Daten zwischen der Vermittelungsstelle und dem Benutzer (letzte Meile) auch mit Hochgeschwindigkeit übertragen werden können. Dazu kann man den Autoverkehr als ein Beispiel nennen: Ein Auto möchte ein Ziel schnell ereichen. Kein Stau auf der Autobahn ist dafür die erste Voraussetzung. Ist die Verkehrslage zwischen dem Kreuz und dem Ziel sehr schlecht, kann man insgesamt nicht zum Ergebnis kommen, dass diese Reise in Hochgeschwindigkeit geschieht. Deswegen ist die „letzte Meile" derzeit „die entscheidende Bedingung" für den Starttermin des Breitband-Zeitalters.

3. Die Verbindung zwischen Vermittelungsstelle und Benutzer

Die folgenden Techniken werden in dem Abschnitt zwischen der Vermittelungsstelle und dem Benutzer (letzte Meile) eingesetzt, um stabil und schnell das Backbone anzubinden. Der selbe Charakter dieser Techniken ist zur Datenübertragung die Verwendung von ungenutzten Frequenzbereichen bei herkömmlichen Medien. Auf dem Markt hat der Benutzer nun die folgenden Auswahlmöglichkeiten für die Datenübertragung mit Hochgeschwindigkeit:

a. DSL-Netz

DSL (Digital Subscriber Line) ist ein Sammelbegriff für die verschiedenen digitalen Datenübertragungstechnologien auf der vorhandenen Telefon-Kupferleitung, die beim Benutzer bereits vorhanden ist[117]. Deshalb kann der Benutzer nach der Einrichtung dieser Technik ohne großen Umbau der ursprünglich für den Gesprächdienst eingerichteten Ausrüstung die Datenübertragung mit Hochgeschwindigkeit durchführen. Insoweit ist DSL die wirt-

---

[117] Kafka, a. a. O., S. 13.

schaftliche und preisgünstige Lösung für den Netzwerkzugang mit Hochgeschwindigkeit[118]. Davon abhängig, ob die Geschwindigkeit von Up/Down-Stream identisch ist, gibt es bei DSL die folgenden zwei Varianten: asymmetric und symmetric DSL. Bei der Frage, welche Variante für den Benutzer die passende ist, hängt von „seinem Anwendungszweck“ ab[119].

- ADSL (Asymmetric Digital Subscriber Line)

Nach dem Gedanken von ADSL werden die freien, hohen Frequenzbereiche auf der herkömmlichen Kupferleitung zur Datenübertragung genutzt. Weil die niedrigen Frequenzbereiche zum Zweck des Telefonierens bestehen bleiben, kann der ADSL-Benutzer während seiner Datenübertragung auch telefonieren. Bei ADSL ist der Up-Stream langsamer als der Down-Stream. Insoweit ist ADSL preisgünstig für den Benutzer, der überwiegend nur Informationen abruft[120]. Grundsätzlich besteht ADSL aus folgenden Komponenten: (1) Frequenztrennanlage (Splitter), (2) DSLAM[121] sowie (3) ADSL Modem. Auf der Seite der Vermittelungsstelle werden (1) und (2) eingerichtet. Dann werden (1) und (3) beim Benutzer eingesetzt. In Empfangsrichtung wird das vom (2) empfangene Datensignal im Splitter der Vermittlungsstelle mit dem Telefonsignal kombiniert. Anschließend erreicht dieses Signal über die Telefonleitung den Benutzer. Zum Schluss wird es vom Splitter beim Benutzer wieder in Daten – und Telefonsignal aufgeteilt. Das Datensignal wird vom ADSL Modem erarbeitet. In der umgekehrten Sendungsrichtung wird das Datensignal vom ADSL Modem verschickt und vom DSLAM empfangen.

---

[118] Kafka, a. a. O., S. 31.

[119] Shinji Umeyama/ Tsuyoshi Hanzaka, xDSL: The high-speed internet access, cÜ: Ming-Hsien Chou, S. 53.

[120] Umeyama / Tsuyoshi, a. a. O., S. 53.

[121] DSLAM ist eine Komponente, mit der mehrere ATU–CS (ADSL Transmission Unit in der Vermittelungsstelle) zusammengefasst werden, Kafka, a. a. O., S. 67.

- SDSL (Symmetric Digital Subscriber Line)

Es gibt zurzeit zwei SDSL-Varianten. Zuerst bietet SDSL (Signal-pair DSL) die selbe Übertragungsgeschwindigkeit für die Sendungs- und Empfangsrichtung. Der Benutzer, der häufig Daten von großer Menge zu schickt, kann SDSL benutzen. Er kann jedoch während Datenübertragung nicht telefonieren[122]. Darüber hinaus bietet HDSL (High-bit-rate DSL)auch die selbe Datenübertragungsgeschwindigkeit für Up- und Down-Stream. Da HDSL preiswerte Qualität im Vergleich zum T1-Netz bereitstellen, gewinnt HDSL die meisten Kunden im Bereich der Unternehmer[123]. Während der Datenübertragung kann der Benutzer von HDSL außerdem nicht telefonieren.

b. TV-Kabel-Netz (Kabelmodem)

Das TV-Kabel kann auch für die Datenübertragung verwendet werden. Der Gedanken dabei ist folgender: das TV- und Radio-Signal benutzen nur die Hälfte der Frequenzbereiche auf dem TV-Kabel; deshalb kann die andere Hälfte zur Datenübertragung angewendet werden[124]. Die Entwicklung der Datenübertragung via TV-Kabel ist älter als ADSL[125], und vollzieht sich mit schneller Geschwindigkeit. Jedoch besitzt ADSL den größeren Marktanteil. Dafür sind die folgenden Gründe ausschlaggebend:

- Das Mangel eines einschlägigen Rückkanals[126]: Nach der aktuellen technischen Entwicklungslage muss das Kabelmodem (normalerweise vom Ka-

---

122 Umeyama/ Tsuyoshi, a. a. O., S. 53.

123 Kafka, a. a. O., S. 55;Umeyama/ Tsuyoshi, a. a. O., S. 53.

124 Holger Bleich/ Urs Mansmann, Breitband überall: schnelle Zugangstechniken im Vergleich, c't, 7/2002, S. 142.

125 Peter Pang, ADSL: die hauptsächliche Richtung der breitbandigen Technik, Communications Magazine Heft 6, 2001, http://www.grandsoft.com/cm/089/asr891.htm

126 Kafka, a. a. O., S. 33; Pang, ADSL, http://www.grandsoft.com/cm/089/asr891.htm.

bel-TV-Betreiber angeboten) zuerst beim Benutzer eingesetzt werden. In der Richtung zum Benutzer werden die Daten über das TV-Kabel transportiert. Mangels eines Rückkanals muss der Benutzer seine Daten nun in der Gegenrichtung noch über die Telefonfonleitung schicken. Damit muss er die Kosten für die Telefonverbindung bezahlen. Nach der Auflösung des Rückkanal-Problems wird das „rückkanalfähige TV-Kanal" eine interaktive Datenübertragung verwirklichen. Insoweit ist das TV-Kabel nicht nur die andere ideale Auflösung für die breitbandige Datenübertragung der letztern Meile, sondern auch der mächtigste Herausforderer gegen ADSL. In Deutschland wird 90 % des TV-Kabel-Netzes von der Deutschen Telekom AG betrieben. Sie möchte auf dem Markt der breitbandigen Datenübertragung momentan nur T-DSL präsentieren[127]. Deswegen ist es verständlich, wieso sie kein Interesse hat, einen Rückkanal zu bauen. Dies hat einen entscheidenden Einfluss auf die Verbreitung der Datenübertragung über das TV-Kabel. Umgekehrt wird das TV-Kabel-Netz in Taiwan von einigen privaten Anbietern betrieben. Ihre Tochter-Gesellschaften, die die Telekommunikationsdienstleistung und das Internet-Service erbringen, stellen nicht nur ADSL, sonder auch mittels der Übermacht der Kooperation mit ihren Muttergesellschaften das Kabelmodem-Angebot bereit. Nach der Erledigung ihres Rückkanals wird der Benutzer in Taiwan als weitere Alternative den breitbandigen Zugang haben[128].

---

[127] Bleich/ Mansmann, c't 7/2002, S. 140; Pang, ADSL, http: // www. grandsoft. Com /cm /089/asr891.htm.

[128] http:// www.giga.net.tw/cable_desc.asp; http://www.ethome-server.com.tw/apol/QA.htm. Daneben liegt der Statistik im Jahr 2001 zufolge die Anzahl des ADSL-Benutzers in Taiwan auf 500 000 und die des Kabelmodem-Benutzers auf 320 000.

Darüber hinaus ist die Anschlussdichte der Telefonleitung größer als die des TV-Kabels und die Investition für den Umbau des vorhandenen Netzes bei der ersteren günstiger. Das führt auch dazu, dass ADSL einen hohen Marktanteil besitzt[129].

c. Stromleitungs-Netz (Powerline)

Wegen der hohen Anschlussdichte können die freien Frequenzbereiche der Stromleitung auch zur Datenübertragung verwendet werden. Nach dem Gedanken des Powerlines wird das aus dem Internet stammende Datensignal nach der Transformation des Stroms auf der Niederspannung anschließend in der Art moduliert, um auf den freien Frequenzbereichen der Stromleitung übertragen werden zu können[130]. Auf der Seite des Benutzers muss ein PLC Modem (Powerline Communication Modem) eingesetzt werden, um das Datensignal zu empfangen[131]. Zurzeit gibt es in Deutschland einige Pilotprojekte über die Datenübertragung via Stromleitung. In Taiwan tritt eine diesbezügliche Debatte derzeit noch nicht auf.

d. Datenübertragung via Satellit

Auch mit Hilfe eines Satelliten kann der Zugang zum Internet ermöglicht werden. Nach dem Gedanken von der Datenübertragung via Satellit kann man an jedem Punkt der Erde eine Datenübertragung über den sog. LEO (Low Earth Orbit) -Satellit durchführen, um einen breitbandigen Zugang zum Internet zu realisieren[132]. Jedoch gibt es dazu noch viele technische Schwierigkeiten:

---

129 Wu/ Yan/ Lin, http://www.grandsoft.com/cm/091/atr912.htm.
130 Bleich / Mansmann, c't 7/2002., S. 142 f.
131 Bleich / Mansmann, c't 7/2002., S. 142 f.
132 Kafka, a. a. O., S. 45; Gilder, a. a. O., S. 114.

- Das Mangel eines einschlägigen Rückkanals[133] und zu langer Reaktionszeit: Nach der neusten Technik wird das Datensignal schließlich in der Richtung zum Benutzer via Satellit transportiert. Wenn der Benutzer seine Daten schicken möchte, muss das Signal zusätzlich noch über die Telefonleitung übertragen werden. Wegen der Entfernung von 36 000 Kilometern (Distanz zur Umlaufbahn des Satelliten) und unterwegs bestehenden, zahlreichen Zwischenstationen bedarf es bis zur Reaktion vom Satelliten mindestens zwei Sekunden[134].

- Der Installationsaufwand und die Einstiegskosten von Datenübertragung via Satellit sind sehr hoch. Obwohl die neuste Technik von Up-/ Down-Stream via Satellit bereits auf den Markt gebracht wurde, bleiben die beiden Kosten immer noch hoch[135].

- Die eingeschränkte Bandbreite müssen alle Benutzer miteinander teilen[136]. Das führt zu einer Senkung der Datenübertragungsgeschwindigkeit, wenn viele Benutzer gleichzeitig diese Art des Zugangs benutzen.

Schließlich kann die Technik der Datenübertragung via Satellit eine Position gewinnen, wenn keine einschlägige breitbandige Alternative zur Verfügung steht[137]. Darüber hinaus wird diese Technik im Falle einer niedrigen Anzahl von Benutzern eingesetzt. Insoweit kann die Datenübertragung via Satellit als

---

[133] Umeyama/ Tsuyoshi, a. a. O., S. 143.
[134] Johannes Endres/ Urs Mansmann, Himmlisches Vergnügen: Immer per Satellit soll Downloads beschleunigen, c't, 15/2002, S.107 f; Kafka, a. a. O., S. 45.
[135] Bleich/ Mansmann, c't 7/2002., S. 135; Endres/ Mansmann, c't 15/2002., S. 107; Kafka, a. a. O., S. 44.
[136] Endres/ Mansmann, c't 15/2002., S. 107.
[137] Bleich/ Mansmann, c't 7/2002., S. 135.

ergänzende Lösung für den Universaldienst im Schwellengebiet[138] oder die Deckung des Datenübertragungsbedarfs der Reisenden im Verkehrsmittel (etwa Flugzeug oder Schiff) angesehen werden[139]. In der Tat ist der drahtlose Zugang zum Internet keine neue Idee. Das durch ein Kabel mit dem Laptop verbundene Mobiltelefon kann als Modem für die Datenübertragung angenutzt werden. Durch die Wahlverbindung wird der Zugang zum Internet erreicht. Im Moment zeigt sich Tendenz, z. B. durch Mobiltelefonat, der die PC-ähnlichen Funktionen integriert, oder durch Mobiltelefongerät unmittelbar im Internet mit Hochgeschwindigkeit zu surfen. Dieser Sachverhalt wird später (1. Teil D. III) näher dargestellt.

IV. Fazit

Im Zeitalter des Breitbands kann der Benutzer schneller, stabiler und preisgünstiger den Zugang zum Internet erreichen. Neben den schriftlichen Daten, mit einer relativ kleinen Menge von Information können Bild, Ton sowie Filme von großen Datenmengen auch im Internet schnell transportiert werden. Genau dieses löst die revolutionäre Änderung für unser Leben aus. In Zukunft bedeutet Fernsehen oder Radiohören nicht mehr, dass man sich im Wohn- oder Schlafzimmer vor einem Fernseher oder Radio befindet, wie es heute oft der Fall ist. Stattdessen kann man auch beispielsweise durch sein Handy fernsehen. Deshalb werden zahlreiche neue Dienstanbieter auftreten, die über Internet die Dienste erbringen, die vorher im Bereich der herkömmlichen Mediendienste begrenzt waren: z. B. Internet Radio, MP3-Musik-Börse (Rundfunk), oder Internet-Fernsehen, MP3-Movie-Börse (Fernsehen), oder Nachrichten (Zeitung). Solche Entwicklungen in der Mediendienst-Branche kommen letztlich zum

[138] Endres/ Mansmann, c't 15/2002., S. 107; Gilder, a. a. O., S. 125.
[139] Die Welt vom 31.01.2003; Hans Dodel, Weltweite Satellitensysteme für die persönliche Telekommunikation, Unterhaltung und Funktion, CR 9/1997, S. 569.

Ergebnis, dass die Abgrenzung zwischen der Kommunikation und den Medien in dem Zeitalter des Breitbands schwer zu erkennen ist. Damit führt es dazu, dass immer mehr Leute das Internet benutzen bzw. es zu benutzen lernen. Die Bedeutung der Datenübertragung über Internet ist tatsächlich bereits größer als die des Sprachdienstes[140].

C. Die rapide Entwicklung der Mobiltelekommunikation

Die Digitalisierung ist auch eine der Standardisierungskategorien der Mobiltelekommunikation. Damit kann eine stabile, drahtlose Kommunikation verwirklicht werden[141]. Nun entwickelt sich das ursprünglich aus Europa stammende Mobiltelefonsystem, GSM, schrittweise zum globalen Standard. Wesentlich übernehmen die meisten Nachfolgemobiltelefonsysteme das GSM als ihre Grundlage[142].

I. Die Struktur der Mobiltelekommunikation

1. Die Komponenten

Das GSM-Netz besteht aus den nachfolgend aufgezählten Komponenten. Die anderen nachträglich entwickelten Mobil-Datenübertragungstechniken beruhen meisten auf der Basis des GSM-Netzes und nach ihren Zielsetzungen wird die neuere Komponente eingesetzt.

---

[140] Die Welt, vom 04.01.2003.
[141] Umeyama/ Tsuyoshi, a. a. O., S. 89.
[142] Lescuyer Pierre, UMTS: Grundlage, Architektur und Standard, S. 38.

a. Endgerät und SIM-Karte

Möchte jemand mobil telefonieren, muss er zuerst ein Endgerät (Handy) besitzen. Alleine, nur mit diesem Endgerät ist jedoch noch kein Telefonat möglich. Ins Endgerät muss die sog. SIM-Karte noch eingelegt werden. Die SIM (Subsriber Information Module) -Karte ist eine Chipkarte. Sie enthält Informationen über die vom Benutzer abonnierten Dienste. Die wichtigste Funktion der SIM-Karte ist, den Benutzer gegenüber dem Netzbetreiber zu identifizieren. Der Vorteil dieses Systems ist, dass der Benutzer sein Endgerät auf sehr einfache Weise selbstständig austauschen kann[143]. Nach den jetzigen Geschäftsgewohnheiten wird die SIM-Karte beim Kauf des Dienstes mit dem Endgerät vom Betreiber zur Verfügung gestellt[144].

---

[143] Pierre, a. a. O., S. 3, 28 f.

[144] Zur Zeit sind auf dem Markt zwei Vertragsorten vorhanden: Der Laufzeitvertrag und die Guthabenkarte (Prepaidcards). Bei beiden Verträgen bekommt der Benutzer nach dem Kauf des Dienstes ein Handy mit SIM-Karte. Jedoch gibt es zwei Unterschiede zwischen den beiden: (1) Die Gerät-Subvention: Die Handyhersteller kooperieren mit den Dienstbetreibern, um den Dienst mit dem Handy zu verkaufen. Nach einer solchen Vermarktstrategie bietet der Betreiber dem Benutzer die Gerät-Subvention an. Der Vorteil ist, dass der Benutzer wenig für das Handy bezahlt. In der Regel ist diese Subvention beim Laufvertrag mehr als bei der Guthabenkarte. Darüber hinaus kann der Benutzer des Laufvertrages auch die neueste Handytechnologie erwarten. (2) Der Inhalt der Verträge: Im Fall des Laufzeitvertrages abonniert der Benutzer innerhalb eines bestimmten Zeitraums (etwa 12 Monate) den Dienst des Betreibers. Damit muss der Benutzer eine monatliche Grundgebühr bezahlen. Zur Abrechnung lass er also beim Betreiber seine aktuelle private Information (z. B. Adresse und die ermächtigte Kontonummer in der Bank) registrieren. Umgekehrt braucht man im Fall der Guthabenkarte die monatliche Grundgebühr nicht zu bezahlen. In der Praxis muss man beim Kaufen von Prepaidcards im Voraus ein Guthaben von bestimmter Höhe (z. B. 20 EUR) bezahlen. Nach der Aufladung dieses Guthabens auf sein eigenes Konto kann man telefonieren. Weil es sich dabei nicht um die Frage der Abrechnung handelt, scheint die Richtigkeit der aktuellen personenbezogenen Daten des Kunden unnötig zu sein. Danach kann er jeweils direkt beim Betreiber oder am von ihm eingerichteten Automat (im Kino bzw. im Hauptbahnhof) die Karte für Guthaben kaufen; dazu ausführlich, Josef Hahn, Guthaben oder Laufzeitvertrag?, in: CHIP: Handy & PDA, S. 28–30.

b. HLR (Home Location Register)

Der HRL ist eine Datenbank[145], die die folgenden Informationen des Benutzers speichert:

- Benutzerdaten (Daten über Art und Umfang der abonnierten Dienste)
- Information des Endgeräts
- Rufnummer des Benutzers[146]

c. VLR (Visitor Location Register)

Der VLR ist eine mit einem oder mehren MSC (Mobil Service Switching Center) verbundene Datenbank, die die Information über den aktuellen Standort des Benutzers – LA (Location Area) – speichert. Das ist der Unterschied zwischen dem Mobiltelefon- und dem Festnetz. Wenn das Endgerät im Stand-by-Modus bewegt wird, muss die Änderung einer LA dabei den VLR informieren. Die Meldung einer solchen Aktualisierung ist notwendig, um beim hereinkommenden Anruf das Endgerät finden zu können[147].

d. MSC (Mobil Service Switching Center) und GMSC (Gateway MSC)

Das MSC ist ein Verteiler von Daten und Signalen. Es ist für die Steuerung des Verbindungsaufbaus zum Endgerät zuständig[148]. Daneben gibt es noch das sog. GMSC.

---

145 Umeyama/ Tsuyoshi, a. a. O., S. 64.
146 Pierre, a. a. O., S. 35.
147 Pierre, a. a. O., S. 35.
148 Pierre, a. a. O., S. 37.

Es dient als die Verbindung zwischen dem GSM-Netz und anderen öffentlichen Netzen[149]; z. B. im Fall der Verbindung zwischen dem GSM- und ISDN-Netz.

e. BTS (Base Transceiver Station)

Die BTS ist die Funkkomponente des GSM-Netzes. Die BTS ist für die Verarbeitung der von der Funksschnittsstelle kommenden Informationen (z. B. Kodierung/ Dekodierung oder Modulation/ Demodulation) zuständig[150].

f. BSC (Base Station Controller)

Der BSC ist eine Komponente, die eine oder mehrere BTS verwalten kann. Die Funktion von BSC ist:

- die Feststellung der Anruf – Routen zwischen BTS und MSC
- die Zuweisung der bei der Funkschnittstelle verwendeten Ressource (Funkkanal) einschließlich der Kontrolle der Funkressource im Fall von Handover
- und die Verwaltung des BTS[151].

2. Die Struktur des GSM-Netzes

Das GSM-Netz kann in zwei Bereiche geteilt werden: Kernnetz und Zugangsnetz. Insoweit gibt es auf der Ebene der Struktur keinen deutlichen Unterschied zwischen dem Mobiltelefon- und dem Festnetz (besteht aus Kernnetz und letzte Meile). Die Besonderheit des GSM-Netzes ist die wegen der steti-

149 Pierre, a. a. O., S. 37; Umeyama/ Tsuyoshi, a. a. O., S 64.
150 Pierre, a. a. O., S. 37.
151 Pierre, a. a. O., S. 37.

gen Bewegung des Endgerätes begründete Institution des „Mobilitätsmanagement“. Mit der zunehmenden Reife der Mobilkommunikationstechnik wird der Benutzer zukünftig sowohl über Festnetz als auch über Mobilfunknetz Daten schell und operationsfreundlich übertragen können.

a. Das Kernnetz

Das Kernnetz ist ein Teilnetz, das alle Benutzer und die gegenüber ihnen geleisteten Dienste verwaltet. Es besteht grundsätzlich aus VLR, HLR sowie MSC. Die Aufgabe des Kernnetzes ist das „Anrufmanagement“. Damit ist es für die Herstellung der Kommunikation und die Sicherung der Verbindung des GSM- Netzes mit fremden Netzen zuständig[152].

b. Das Zugangnetz

Das Zugangnetz ist ein Teilnetz, das die „Funkschnittstelle“ und die ihr zugeteilten Frequenzbereiche verwaltet. Das Zugangnetz besteht aus BTS und BSC. Seine wichtigste Aufgabe ist das sog. „Mobilitätsmanagement des Benutzers“. Mobilitätsmanagement bedeutet die Gewährleistung der Verbindung zwischen der BTS und dem Endgerät. Dadurch kann das Kernnetz erkennen, wo der aktuelle Standort des Endgeräts ist, um bei einem hereinkommenden Anruf das Endgerät im Standby-Modus zu erreichen. Außerdem begründen die Zellen von unterschiedlicher Größe den Einbezugbereich des Mobiltelefonnetzes. Jede Zelle enthält eine BTS.

Das Mobilitätsmanagement hat zusätzlich die Funktion, dass die Verbindung zwischen dem Kernnetz und dem Endgerät ohne Unterbrechung aufgebaut

[152] Pierre, a. a. O., S. 32.

wird, wenn das Endgerät von einer Zelle zur der anderen bewegt wird. Hier handelt es sich um die sog. Handover-Funktion[153].

3. Der Aufbau der Mobilkommunikation

a. Ohne Anruf: Standby-Modus (Inaktivmodus)

Standby-Modus heißt, dass das Endgerät eingeschaltet ist, aber keine Kommunikation herstellt, sondern eine Zelle auswählt. Beim Einschalten des Endgerätes gibt der Benutzer zuerst den PIN-Code ein. Es versendet die Information an die BTS. Über BSC erreicht sie dann MSC/ VLR. Nach dem entsprechenden Vergleich mit den in HLR gespeicherten Daten kann das Endgerät mit der SIM-Karte identifiziert werden. Danach wird der LA des Endgerätes registriert. Falls es bewegt wird, aktualisieren der MSC/ VLR nur die LA-Information. Deshalb kann MSC dann sofort das Signal dahin schicken, wo sich das Endgerät nun befindet, wenn ein Anruf hereinkommt. Während das Endgerät im Standby-Modus ist, zeigt sein Bildschirm „die Stärke des Signals" und „den Name des Betreibers" (z. B. D1, D2...) an.

b. Anruf (Aktivmodus)

Wenn ein Anruf hereinkommt, schickt MSC dem BSC nach der im VLR gespeicherten LA-Information des Endgeräts das Signal. Dann weist der BSC dem Handy einen bestimmten Kanal zu und dieses Signal wird zur BTS weitergeleitet. Zum Schluss erreicht das Signal das Endgerät im Standby-Modus. Ruft der Benutzer an, läuft dieser Vorgang in der umgekehrten Richtung.

---

[153] Pierre, a. a. O., S. 32; näher, vgl. 2. Teil, B, II, 1.

II. Die aktuelle technische Entwicklungslage

1. GSM-Familien: GPRS, UMTS

Auf der Basis des GSM-Netzes entwickeln sich GPRS (2.5G)[154] und UMTS (3.G). Das GPRS- und UMTS-Netz werden auch in zwei Bereiche geteilt: Das Kernnetz und Zugangnetz. Ähnlich wie beim Festnetz wird die Einrichtung für Datenübertragung im Kernnetz eingesetzt; Beispielweise ist SGSN (Serving GPRS Support Node; hat die selbe Rolle wie der VLR des GSM-Netzes) für die Lokalisierung des Endgerätes in einer RA (Routing Area) verantwortlich. Daneben gewährleistet GGSN (Gateway GPRS Support Node) die Verbindung mit einem fremden Netzwerk[155]. Insgesamt wird eine selbstständige Institution für die Datenübertragung durch den GPRS-Standard begründet. Außerdem wird auch die Paketvermittelungstechnik zum ersten Mal bei der drahtlosen Datenübertragung angewendet.

a. GPRS (General Packt Radio Service)

Nach dem GPRS-Standard wird die Institution der Datenübertragung, die aus SGSN und GGSN besteht, ins Kernnetz eingebaut. Gleichzeitig mit der Anwendung der Paketvermittelungstechnik kann die Frequenzressource effizient benutzt werden. Der Vorteil besteht darin, dass der Benutzer über das GPRS-Netz die Daten preisgünstiger als zuvor überträgt.

---

[154] G = Generation; das analoge Mobiltelefonnetz (1G), GSM-Netz (2G).
[155] Pierre, a. a. O., S.37.

b. UMTS (Universal Mobil Telekommunikation)

Der Schwerpunkt des UMTS-Netzes liegt darin, wie im Fall der Lösung des Problems der letzten Meile des Festnetzes, die Kapazität des Zugangnetzes auszubauen. Nach dem Gedanken des UMTS kann die drahtlose, breitbandige Datenübertragung durch die Ausweitung der Kapazität des Kern- und Zugangsnetzes verwirklicht werden. Das Kernnetz des UMTS übernimmt noch die Struktur des GPRS. Das Zugangnetz des UMTS besteht aus RNC (Radio Network Controller; hat die selbe Rolle wie BSC des GSM-Netzes) und NodeB (wie BTS). Die beiden werden an der Funkschnittstelle eingesetzt, um ausschließlich die Daten zu übertragen. Dies ist auch die andere selbständige Institution der Datenübertragung. Schätzungsweise kann die Datenübertragung über das UMTS-Netz die 200fache Geschwindigkeit des GSM-Netzes erreichen. Deshalb ist es für den Benutzer möglich, über das UMTS-Netz Multimediendienste zu genießen[156]. Doch da es sich beim Umbau des Zugangnetzes um eine riesige Investition handelt, wurde der Starttermin bereits wiederholt verzögert[157].

2. PHS (Personal Handyphone System)

Das PHS ist das in Japan entwickelte Mobiltelefonsystem der zweiten Generation. Momentan betreibt ein Anbieter in Taiwan ein solches System. Seine Dienstleistung beschränkt sich bisher nur auf einige große Metropolen. Das PHS-Netz besteht aus dem ISDN-Netz (Kernnetz) und dem Endgerät. Im Prinzip teilen das PHS und der Festnetztelefon das ISDN-Netz. Aber zum Zweck des Mobilitätsmanagements des PHS-Endgerätes wird die PHS- Verbindungs-

---

[156] Die Welt vom 11.02.2002.

[157] Die Welt vom 10.09.2002.

anlage am Ende des ISDN-Netzes eingerichtet, um die Lokalisierungsinformation des Endgerätes und die Verbindung mit dem Zugangsnetz zu verwalten. Das Zugangsnetz des PHS besteht aus der sog. CS (Cell Station). Im Vergleich zur GSM-Netz-Familien ist der Abdeckungsumfang der Zelle des PHS kleiner: Er beträgt ca. 50 Meter - 500 Meter[158].

Im folgenden werden die Vorteile des PHS vorgestellt:

- Weil das PHS das ISDN-Netz als sein Kernnetz benutzt und die Größe seiner Zelle relativ klein ist, kann dieser Zusammenhang mit folgendem Beispiel verglichen werden: Man telefoniert zu Hause durch das Festnetzendgerät mit einem kabellosen Hörer. Nun kann die Geschwindigkeit der Datenübertragung über PHS-Netz bis zu 64 kbps[159] betragen[160].
Darüber hinaus ist sein Tarif auch relativ günstig.

-Wegen des kleineren Abdeckungsumfangs der Zelle kann das PHS-Endgerät ziemlich genau lokalisiert werden[161].

III. Die neusten Dienste der Mobiltelekommunikation

- Nachrichtenmeldungsdienst

Außerhalb des klassischen Sprachdienstes - in Bezug auf das Telekommunikationsgeheimnis - wird der sog. Nachrichtenmeldungsdienst (z. B. Kurznachrichtendienst – SMS = Short Message System) im Moment auch vom Mobiltelefonbetreiber erbracht. Nach einer Umfrage im Jahr 2002 benutzen 79 von

---

158 Umeyama/ Tsuyoshi, a. a. O., S. 118.
159 kbps = Kilobit pro Sekunde (Einheit für die Geschwindigkeit der Datenübertragung)
160 Umeyama/ Tsuyoshi, a. a. O., S. 142.
161 Umeyama/ Tsuyoshi, a. a. O., S. 132.

100 Handy-Besitzern den SMS-Dienst[162]. Angesichts der Einschränkung der Zeilen des SMS, wird das EMS (Enhanced Messaging System) entwickelt. Das EMS ist ein Meilenstein des Multimediendiensts per Handy. Mit dem EMS kann man auch Töne und Bilder versenden. Die jüngste Technik - MMS (Multimedia Messaging System) - bietet die Übertragung von Fotos und Videos mit hoher Qualität[163]. In dieser Zeit präsentieren einige Handy-Hersteller das sog. multimediafähige Handy, z. B. mit dem eingebauten Digitalkamera, Digitalrekorder sowie Farbdisplay. Mit dem MMS-Endgerät kann der Benutzer per Handy Multimediadaten übertragen.

- E-Mail-Funktion

Das Ergebnis der oben erwähnten Umfrage zeigt auch, dass der Handy-Besitzer ungern die E-Mail-Funktion seines Handys benutzt. Die Operationsfeindlichkeit ist der mögliche Grund, denn es fehlt auf dem Handy an einer bequemen Tastatur. Obwohl das Produkt, das die Funktion des Handys und des PDA (Personal Digital Assistent) zusammenschließt, das obige Problem lösen kann, nimmt der Motivation zur Anwendung der drahtlosen E-Mail-Übertragungsfunktion wegen der sehr eingeschränkten Bandbreite noch nicht zu. Dieses Produkt kann somit nur als ein Übergangsprodukt bewertet werden. Vielleicht wird nach der Einführung des UMTS-Standards das Gewicht des drahtlosen E-Mail-Diensts wichtiger.

---

162 Die Welt vom 17.12.2002.
163 Focus 4/2002, S. 115.

IV. Satellitentelefon

Mit der Ausreifung der Satellitenkommunikationstechnik wird ihre kommerzielle Anwendung entwickelt. Das Satellitentelefonsystem kann auch in Kernnetz und Zugangnetz unterteilt werden. Jedoch besteht statt BTS und BSC des GSM-Netzes das Zugangsnetz des Satellitentelefonsystems aus LEO (Low Earth Orbit; auf einer Umlaufbahn von 1 500 Kilometer) oder MEO (Medium Earth Orbit; auf der Umlaufbahn von 10 000 Kilometer)[164]. Wenn der Benutzer mit einem Satellitentelefon anruft, wird das Signal mit dieser neuesten Technik vom Endgerät via Satellit bis zur Bodenstation geschickt. Dann wird es über das Kernnetz zum Empfänger weitergeleitet[165]. Da der Abdeckungsumfang des Satelliten größer ist als der BSC des GSM-Netzes, kann das Satellitentelefonsystem alle natürlichen, geographischen Blockierungen überwinden. Deshalb kann es bei der Telekommunikation in einem Verkehrsmittel oder Schwellengebiet als die ergänzende Lösung eingesetzt werden.

D. Die künftigen Trends

I. Fast völlig digitalisierte Telekommunikation

Die völlige Digitalisierung der Datenübertragung stellt den derzeitigen Trend dar; z. B. ein Foto mit einer Digitalkamera gemacht, ein Film mit dem Digitalvideorekorder oder Ton mit einem Digitalrekorder. Die digitalisierten Daten erleichtern ihre spätere Anwendung und Verarbeitung. Um sie schnell zu transportieren, bedarf es auch der völligen Digitalisierung der Übertragungswege.

---

[164] Umeyama/ Tsuyoshi, a. a. O., S. 221.
[165] Umeyama/ Tsuyoshi, a. a. O., S. 227.

II. Die zahlreichen Anwendungen der Paketvermittelungstechnik

Wie bereits erwähnt, kann die Paketvermittlungstechnik die Netzwerkressource effizient anwenden. Diese auf dem TCP/ IP Standard basierende Technik wird zukünftig voraussichtlich weitergehend in dem Bereich der Kommunikation verwendet werden[166]. Der Anwendungsbereich von TCP/ IP-Standard wird nicht mehr auf die Computerverbindung beschränkt. Zukünftig werden zahllose aufgrund des TCP/ IP gebaute Anlagen hergestellt werden wird[167]. Das wird dazu führen, dass der Benutzer die Kommunikationsdienste mit der höchsten Qualität und dem günstigen Preis genießen kann.

III. Der Bedarf erhöhter Bandbreite

Der zunehmende Paketvermittlungsverkehr verursacht einen enormen Bedarf an Bandbreite des Übertragungswegs.
Um den Stau auf der Übertragungswege zu vermeiden, sollen die Bandbereite ausgebaut und effiziente Projekte über die Verwaltung der Netzwerkressource zu gefördert werden.

IV. Drahtlose Kommunikation ist der Schwerpunkt der kommenden Technikentwicklung

In der Informationsgesellschaft ist es sehr wichtig, die Information allezeit benutzen zu können. Die drahtlose Kommunikationstechnik kann einen solchen Bedarf abdecken. Nach der Anwendung der Paketvermittelungstechnik

---

166 Yung-Yu Chen, Der Trend der Telekommunikation im 21. Jahrhundert, Communications Magazine Heft 5, 2000, http://www.grandsoft.com/cm/076/atr762.htm

167 In Japan wurde das sog. Internet-Telefon erfunden und auf den Markt gebracht. In Deutschland werden mehr IP-Telefone nach Einschätzungen bis zum Jahr 2006 als konventionelle Telefongeräte verkauft; Die Welt vom 04.03. 2003.

und dem Ausbau der Bandbreite wird man zukünftig mittels des Handys oder des Laptops über das drahtlos Netz (etwa Mobiltelefonnetz oder WLAN[168]), wie im Fall des Festnetzes, überall die schnelle, qualitativ hochwertige sowie preisgünstige Datenübertragung und Multimediadienst genießen können. Das Zeitalter der sog. „globalen mobilen Informationsgesellschaft" wird anfangen[169].

V. Die umfassende Anwendung der Datenverschlüsselungstechnik (Kryptographie)

Die Datenverschlüsselung (Kryptographie) ist eine Sicherheitsmaßnahme im Internet, um Daten vor unbefugten Zugriff zu schützen[170]. Die sog. Verschlüsselung bedeutet, mittels einer mathematischen Formell die Daten unsystematisch umzuordnen, um ein potenzielles Abhören und Abfahnden abzuwehren[171]. In der Regel verschlüsselt der Versender durch das Verschlüsselungsprogramm die zu verschickenden Daten. Im Gegenzug muss der Empfänger auch das entschlüsselungsfähige Programm besitzen, um die empfangenen Daten zu dechiffrieren und somit lesen zu können. Früher monopolisierte der Staat die Datenverschlüsselungstechnik. Doch seit den 70er Jahren wird wegen der Einführung der Automatik in der internationalen Finanzbranche die Datenverschlüsselungstechnik angewendet, um die Sicherheit des Zahlungs- und Abrechnungsvorgang zu gewährleisten.

---

168 WLAN = Wireless LAN. Chen, http://www.grandsoft.com/cm/076/atr762.htm

169 Zurzeit wird dieser Trend bereit bemerkt; zu der Computermesse – Cebit - im Jahr 2003 wird die mobile Datenübertragung beispielweise als Hauptthema diskutiert.

170 Langenscheidts Internet-Wörterbuch, S. 66.

171 Richard C. Barth/ Clint N. Smith, die internationale Norm über Verschlüsselung: die Technik wird die Politik betreiben, in: Borders in Cyberspace, S. 299.

Mit dem heutigen hochentwickelten Bewusstsein in Sachen Datenschutz wird die Datenverschlüsselungstechnik umfangreich beim Schutz des privaten Kommunikationsgeheimnisses eingesetzt[172].

Die verschlüsselten Daten erschweren den Sicherheitsbehörden oder Strafverfolgungsorganen die Überwachung von Daten. Deshalb sehen einige Staaten Beschränkungsbestimmungen für die Anwendung und die Verbreitung (z. B. Export) der Datenverschlüsselungstechniken vor; in den USA werde die Beschränkung beispielsweise jedoch im Bereich elektrischer Signatur oder individueller Geheimzahl gelockert, da beide im E-Commerce von Bedeutung sind. Jedoch bleibt das Datenverschlüsselungsverbot im Bereich der privaten Kommunikation noch erhalten[173]. Zudem stellte sich im Fall des Terrorangriffs in den USA vom 11. September 2001 heraus, dass die Terroristen damals vor dem Angriff mittels der Datenverschlüsselungstechnik Nachrichten übermittelten. Darüber hinaus konnte der Selbstmordbombeattentäter nach dem Bericht der Zeitung die Methode des Bombenbaus mit Hilfe verschlüsselter Daten erlernen.

Somit erscheint es, dass die Beschränkung der Datenverschlüsslungstechnik von den Staaten forciert wird. Allerdings scheinen diese Beschränkungsversuche gescheitert zu sein. Wegen der raschen Entwicklung der Internetdienste wird ein enormer Bedarf an Sicherheit des individuellen Geheimnisses verursacht. Damit wird die Datenverschlüsselungstechnik seit langem auf vielen Wegen geheim verbreitet. Kein Staat hat die Fähigkeit, diesen Trend zu verhindern[174]. Deshalb solle jeder Staat ernsthaft darauf hinwirken, dass eine an-

---

[172] Barth/ Smith, a. a. O., S. 299.
[173] Barth/ Smith, a. a. O., S. 399.
[174] Barth/ Smith, a. a. O., S. 301

gemessene Öffnung der Datenverschlüsselungstechnik und die internationale Zusammenarbeit hinsichtlich der Kontrolle ihrer Verbreitung das veraltete Totalverbot ersetzen.

VI. Die Integration der verschiedenen Medien

Die Integration von Funktionen ist der kommende Trend in der Informationstechnik. Z. B. wird „All-in-One-Prinzip" (bzw. der Einheitschip-Prinzip)[175] oder der Nanotechnologie[176] der Prozessor die Rechnen- Speicher- und Kommunikationsfunktion in einer Kompetente vereinen.

Das hat zur Folge, dass der Computer und das Handy der Zukunft weniger Gewicht, größere Speicherkapazität und stärkere Verbindungsfähigkeit besitzen werden. Außerdem können dann durch die Breitbandtechnik ansteigenden Geschwindigkeit Multimediadienste über Internet erbracht werden. Die herkömmlichen Grenzen zwischen verschiedenen Medien werden deshalb verschmelzen. Man kann mit dem Endgerät mit oder ohne Draht allezeit und überall Multimediadienste nutzen.

---

175 Barth/ Smith, a. a. O., S. 312

176 Jui-Kuang Ho, Die Tendenz der Integration von Telekommunikation-, Information- und Audio-Netzwerk, Communications Magazine Heft 3, 2000, http://www.grandsoft.com /cm/074/afo745.htm. Nano ist die Vorsilbe für physikalische Maßeinheiten, die den milliardsten Teil der Grundeinheit darstellen. Die Abkürzung für Nano ist „n", z. B. Nanosekunde = ns; Nanometer = nm. Alle aufgrund der Maßnahme dieser Vorsilbe vorgenommen Techniken können als Nanotechnologie bezeichnet werden. Deshalb könnte fast jedes gewünschtes Material durch Zerlegung der Atome und Moleküle herzustellen sein, Lexikon Computer und Informationstechnik, S. 344.

VII. Die Verbreitung der Lichttechnik und der Glasfaser

Eine ausreichende Bandbreite ist Voraussetzung für eine breitbandige Datenübertragung. Im Vergleich zu den klassischen Vermittelungstechniken können die Lichttechnik und die Glasfaser eine mehrfach größere Bandbreite zur Verfügung stellen. Insoweit können die derzeitig eingesetzten Techniken in dem letzte-Meile-Abschnitt des Festnetzes oder in der Funkschnittstelle des Zugangnetzes des drahtlosen Netzes wegen ihrer begrenzten Bandbreite nur als „die Übergangstechnik zum Breitband" bewertet werden. Künftig wird das Zeitalter der Lichttechnik und der Glasfaser sein[177].

VIII. Der leere PC

Mit der Breitbandtechnik kann man auch unmittelbar im Internet Daten verarbeiten. Bei der Datenverarbeitung kommt es somit nicht mehr auf einen PC mit starker Leistungsfähigkeit an, sondern lediglich auf die Bandbreite. Dies bedeutet, dass das Zeitalter des Chips schon vorbei ist. Jetzt ist das Zeitalter nach dem PC! Das Internet wird zum einem Großen Computer, da die meiste Datenverarbeitungen direkt über dieses Medium durchgeführt werden. Der PC und die auf ihm installierte Software dienen nur als die Elemente dieses großen PCs[178]. Schließlich wird der heimliche PC zu einem leeren Computer. Über Internet kann die Wissenschaft mehren Teilnehmer der Welt angesammelt werden. Durch die Zusammenarbeit von zahlreichen PCs kann der beste Erfolg hergestellt und geteilt werden; ein erfolgreiches Beispiel hierfür ist die Entwicklungserfahrung der Software des Arbeitssystems - Linux[179].

---

[177] Gilder, a. a. O., S. 67, 37; Chen, http://www.grandsoft.com/cm/076/atr762.htm

[178] Gilder, a. a. O., S. 309.

[179] Näher bei Glyn Moody, Rebel Code: the inside story of Linux and the open source revolution, cÜ: Mo Tu.

2. Teil: Die möglichen Gegenstände der Telekommunikationsüberwachung

A. Inhalt der Telekommunikation als Gegenstand der Telekommunikationsüberwachung (Inhaltsdaten)

„Strafprozessuale Telekommunikationsüberwachung“ ist der Sammelbegriff der zur Strafverfolgung vorgenommen Kenntnisnahme von nicht öffentlichem Telekommunikationsinhalt und -Vorgang. Das sog. „Abhören“ bzw. „Mithören“ ist lediglich eine Variante von ihr. Im Ermittlungsverfahren spielt diese Maßnahme eine wichtigere Rolle als in der Hauptverhandlung. Nach §§ 100 a StPO ff. trägt die angeordnete Telekommunikationsüberwachung dazu bei: (1) den Sachverhalten zu ermitteln oder (2) sonstige Tatsachen (beispielsweise den Aufenthaltsort des Täters oder des Opfers beim Entführungsfall) aufzuklären.

Im Hinblick auf den Gegenstand der Telekommunikationsüberwachung kann man nach Inhalt und Umstand des Telekommunikationsvorgangs unterscheiden. Mittels der Überwachung des Telekommunikationsinhalts kann das Strafverfolgungsorgan durch die Analyse der Inhaltsdaten den Sachverhalt oder die Ermittelungsrichtung finden. Daneben kann es mit Hilfe der Überwachung des Umstands des Telekommunikationsvorgangs (nämlich Ereignisdaten) das Personen- oder Bewegungsprofil des Täters zum oben genannten Zweck erfassen. Der Begriff der Inhalts- und Ereignisdaten ist nicht fest definitiv. Mit der technischen Entwicklung kann er zeitgemäß interpretiert werden.

Dieser Abschnitt möchte ausschließlich aus technischer Sicht jene Daten behandeln, die das Strafverfolgungsorgan zur Analyse nutzt. Dadurch kann man die aktuelle Techniklage der Telekommunikationsüberwachung überblicken.

Die Debatte um ihre Legitimationsgrundlage wird in einem späteren Abschnitt geführt.

I. Das echtzeitige Gespräch als Inhalt der Telekommunikation

Das echtzeitige Gespräch ist der über technischen Medien vorgenommene, sofortige, interaktive Nachrichtenaustausch zwischen dem Absender und dem Empfänger. Trotz des technischen Fortschritts (z. B. von der herkömmlichen Leitungsvermittlung bis zur Paketvermittlungstechnik oder von analoge hin zu digitale Übermittlungstechnik) wird die Natur der „Echtzeitigkeit" nicht geändert. Mit der Verbreitung des Telefonanschlußes wird die Überwachung des Telekommunikationsinhalts schrittweise wichtiger im Strafverfolgungsbereich. Sie wird etwa angeordnet: zur Ermittlung des Sachverhalts (z. B. die Identität des Täters, die Aufklärung der Tatsache sowie Aufenthaltsorte des Täters und Opfers im Entführungsfall).

Bei der Vornahme der Überwachung des echtzeitigen Gesprächs ist das Strafverfolgungsorgan auf die Hilfe der Betreiber angewiesen, bei denen der Observierte den Dienst abonniert. Der jeweilige Betreiber wird aufgefordert, die Stelle und die Anlage für die Überwachung in seinem Kernnetz offen zu legen. Von dort aus wird der bestimmte Anschluss überwacht. Das ist das derzeit standardisierte Verfahren. Zur Überwachungshandlung des echtzeitigen Gesprächs zählt sowohl das Abhören (während das Gespräch geführt wird, wird dessen Inhalt unmittelbar mitgehört) als auch die Aufnahme des Gesprächsinhalts, der auf den Träger gespeichert wird, um zukünftig wiederholt abgespielt werden zu können.

II. Daten als Inhalt der Telekommunikation

Neben dem Gesprächdienst kann man auch über das Telekommunikationsnetz die Daten übermitteln. Die technische Entwicklung forciert die mengenmäßige Zunahme schnellerer und preisgünstigerer Datenübertragung. Damit werden viele neue Bezugsdienste auf dem Markt präsentiert. Selbstverständlich interessiert sich das Strafverfolgungsorgan auch für den Inhalt dieser Daten.

1. Fax

Das Fax ist eigentlich eine sog. „Fernkopie-Technik". Zuerst wird das übertragene Dokument durch das Faxgerät gescannt und in ein über Netz transportierte Signal umgesetzt. Dann wird dieses Signal über das Netz zum Empfänger weitergeleitet. Der Empfänger benötigt noch eine faxempfangsfähige Maschine, um das Fax-Signal wieder umzusetzen und auf das Papier zu drucken. Man kann theoretisch annehmen, dass auch Straftäter per Fax miteinander kommunizieren. Technisch gesehen ist das Strafverfolgungsorgan jedenfalls in der Lage das über eine bestimmte Leitung vermittelte Fax zu überwachen, indem es eine Überwachungsstelle im Kernnetz des Betreibers begründet; doch in der Praxis werden die Daten in der Form eines Fax selten erhoben und deshalb gibt es dafür auch keine Statistik.

2. Nachrichten per Handy

Mit dem Fortschritt der mobilen Telekommunikation kann man jetzt auch über Mobiltelefonnetz – nämlich per Handy – Daten übertragen. Seitdem die SMS (Short Message Service; der kurze Nachrichtendienst) zum Standard zählt, kann dieser Gedanke verwirklicht werden. Mittels SMS schickt der Absender die Nachricht per Handy oder durch den vernetzten Computer (über den ISP-Anbieter, der mit dem Mobiltelefonbetreiber den Vertrag unterzeichnet, nach welchem die Verbindung zwischen dem Server des ISP-Anbieters und dem SMS-Server des Mobiltelefonbetreibers eingeschaltet werden soll) dem SMS-Server des eigenen Betreibers oder ISP. Anschließend wird diese Nachricht zum im Kernnetz liegenden SMS-Server des Betreibers weitergeleitet, dessen Dienstleistung vom Empfänger abonnierte wird. Schließlich erreicht die Nachricht über das Zugangsnetz das eingeschaltete Handy des Empfängers. Der SMS-Dienst ist ein Meilenstein in der Entwicklung des Mehrwertdienstes der Mobiltelekommunikation. Allerdings können mittels SMS ausschließlich schriftliche Nachrichten übertragen werden. Bei der Anwendung des SMS-Dienstes kann der Benutzer unmittelbar am Handy, durch die eingeschränkte Tastatur, die Nachricht eingeben, weil eine Software mit Wörterbuchfunktion im Handy eingebaut wird[180]. Auch wegen der Zeicheneinschränkung von SMS (bis 160 Zeichen) wird an der Entwicklung neuer Technik gearbeitet. Der neuste Stand der Technik heißt MMS (Multimedia Message Service; der Multimedia-Nachrichten-Dienst). Auf der vorhandenen Basis der SMS-Technik benutzt die MMS-Technik die Paketvermittlungstechnik. Indem die Daten in einige kleine Pakete geteilt und dann übertragen werden, kann der Benutzer per Handy unbeschränkt die Datenübertragung vornehmen. Da die Paketvermittelungstechnik die Netzressource effizienter nutzt, können große Datenmengen schneller und preisgünstiger transportiert werden. Deshalb kann man per Handy die Vorteile des Multimediadienstes genießen (z. B. Wort, Audio, Video sowie Animation).

---

[180] Vgl. Langenscheidts Internet-Wörterbuch, S. 154.

Den Inhalt der Handy-Nachrichten sollten die Strafverfolgungsorgane zunehmend Aufmerksamkeit schenken, denn zurzeit gibt es diesbezüglich weder statistische Daten noch eine spezifische Rechtssprechung dazu, möglicherweise wegen technischer Schwierigkeiten oder unübersichtlicher Datenmengen. Theoretisch kann jedenfalls auf die im Nachrichten-Server oder Handy gespeicherten Nachrichten der Betroffenen zugegriffen werden.

3. E-Mail

In Hinsicht auf die Anwendung der E-Mail-Dienste kann der Benutzer vom ISP eine E-Mail-Aderesse (entweder vom ISP zugewiesen oder selbst durch Domain registriert) und im Server vom ISP eine Speicherungskapazität (nämlich E-Mail-Konto) bekommen, nachdem er beim ISP bezahlt oder kostenlos diesen Dienst abonniert hat. Wenn man jemand eine E-Mail schicken will, muss er zuerst die E-Mail-Adresse des Empfängers wissen. Die übertragene E-Mail wird zuerst im SMTP-Server[181] gespeichert. Anschließend wird sie das E-Mail-Konto des Empfängers erreichen, das sich hinter der Adresse verbirgt. Dann wird diese E-Mail im POP-Server[182] (E-Mail-Konto) vorläufig gespeichert bis zur Abholung durch den Empfänger. Bei der Abholung der E-Mail am eigenen Computer muss der entsprechende Benutzername und die Geheimzahl eingegeben werden, die während des Abonnements des Diensts beim ISP installiert wurde.

---

181 Der SMTP (Simple Mail Transfer Protocol) -Server ist der aufgrund des SMTP-Protokolls gebaute Rechner, der für die Versendungsverwaltung der E-Mails verantwortlich ist. Man kann den SMTP-Server als Briefkasten der Post verstehen. Lexikon Computer und Informationstechnik, S. 443.

182 Der POP (Post Office Protocol) –Server ist der aufgrund des POP-Protokolls begründete Rechner, der für die Abholungsverwaltung der E-Mails zuständig ist. Er funktioniert wie ein Briefkisten. Marit Köhntopp / Kristian Köhntopp, Datenspuren im Internet, CR 4/2000, S.254.

Daneben bieten einige ISP auch diese Möglichkeit an, dass der Benutzer mit dem WWW-Protokollunterstützten Browser überall seine E-Mails lesen kann (z. B. der E-Mail-Dienst von Yahoo oder MSN).

Mit der Verbreitung des Internet-Protokoll-Standards und der Zunahme der vernetzten Computer steigt die Anzahl der E-Mail-Benutzer schnell an. Die E-Mail wird neben dem Telefonieren zum wichtigsten Medium der Kommunikation. Im Rahmen der Tatsachenaufklärung hat auch die Strafverfolgung großes Interesse an Inhalten der E-Mails. Zum einen wegen des Einsatzes der Paketübermittlung wird eine E-Mail in kleine Pakete geteilt und dann auf unterschiedliche Wegen übertragen, den kompletten Inhalt kann der Empfänger erst bei Erhalt aller Paketteile entschlüsseln. Zum zweiten wird der Übertragungsweg ausschließlich bei Paketübertragung besetzt und die Route der einzelnen Paketteile ist divers. Dadurch unterscheidet sich die Paketübermittlungstechnik vom Fall der Leitungsvermittelung (der Übertragungsweg muss während der Datenübertragung dauerhaft besetzt werden). Deshalb ist das für die konventionelle, auf bestimmte Leitung oder Telefonnummer gezielte Überwachungsmaßnahme, eine extrem große Herausforderung. Im Fall der Überwachung der E-Mails wird der Übertragungsweg bereits verlassen, wenn die E-Mail im Server gespeichert wird[183]. Um schließlich den Inhalt der E-Mails lesen zu können, muss das Strafverfolgungsorgan entweder auf die Festplatte des Servers von ISP oder des Computers der Betroffenen (wenn die E-Mail bereits vom Server abgeholt wurde) zugreifen, auf der die E-Mail gespeichert wurde.

---

[183] Matzky, a. a. O., S. 328, Fn. 1188.

4. Die über Internet übertragenden und gespeicherten Daten

Die E-Mail wird von sonstigen über Internet übertragenen Daten (z. B. Bild, Tone, Animation und sonstigen multimediaunterstützten Daten) unterschieden. Die Strafverfolgung kann auch den Inhalt solcher Daten überwachen. Die Durchführungsweise gleicht grundsätzlich der der E-Mail.

B. Die bei Telekommunikation anfallenden Informationen (Ereignisdaten)

I. Verbindungsdaten

Zur Abrechnung speichern sowohl Festnetz- als auch Mobiltelefonnetzbetreiber die sog. „Verbindungsdaten". Diese Daten beschreiben zumindest die Umstände des Telekommunikationsvorgangs, indem die folgenden Posten registriert werden: (1) Datum (am „Tag/Monat/Jahr" wählt der Benutzer jemanden an), (2) Uhrzeit und Dauer (seit wann findet ein Anruf statt und wie lange dauert er), (3) Zielnummer (wen ruft der Benutzer an), sowie (4) Tarifeinheiten (Angabe über Beginn und Ende sowie Umfang des jeweiligen Anrufs). Abhängig davon, ob der Anruf und der Abruf vollständig in den Verbindungsdaten der Telefonnummer aufgezählt werden, können die Daten in „einseitige" und „wechselseitige" eingeteilt werden. Die einseitigen Daten zeigen nur den aus einer bestimmten Telefonnummer stammenden Abruf. Man kann sich an die Betreiber wenden, um die wechselseitigen Verbindungsdaten zu bekommen, welche die aus einer bestimmten Telefonnummer kommenden Anrufe und Abrufe darstellen[184]. In Deutschland gehört 96% der Netze von „Letzte Meile" zur Deutschen Telekom AG[185]. Deshalb holt jeder Abonnent monatlich die

[184] Ming-Haw Chan/ Shao-Chou Chiu/ Shu-Chung Yi, Application of Call Detail Record to Criminal Investigation–Dynamic and Static Analyses of Mobil User, Police Science Quarterly, Vol. 33, Nr. 2, 2002, S. 112.
[185] Bis Mai, 2003, die Welt vom 06.05.2003.

Rechnung im Namen der Deutschen Telekom AG ab. Zur Abrechnung enthält diese Rechnung auch die einseitigen Verbindungsdaten, die ausschließlich die aus einer bestimmten Telefonnummer stammenden Abrufe registrieren. Außerdem kann man diesen Daten zufolge auch die Nutzungsumstände der von anderen Dienstanbietern erbrachten Dienstleistung erfahren, etwa bei der Nutzung der Call-by-Call-Dienste des Ortsnetz- und Fernnetzbetreibers. Durch die Analyse der wechselseitigen Verbindungsdaten kann die Strafverfolgung das sog. Persönlichkeitsprofil des Anschlussbenutzers erstellen und z. B. Beweise für die Abwesenheit oder Anwesenheit zum Zeitpunkt der Tat faktisch belegen.

II. Standortsdaten von Mobiltelefonsgeräten

Wie schon skizziert, ist das Mobilmanagement das Besondere für die Charakteristik der Beweglichkeit des Mobiltelefongeräts. Unter dieser Berücksichtigung sind die drei folgenden Standards vom GSM-System entwickelt.

1. IMSI (International Mobilstation Identity)

Abonniert ein Kunde bei dem Betreiber einen Mobiltelefondienst, wird eine IMSI-Nummer zugewiesen. Die IMSI wird auf der SIM-Karte gespeichert und besteht aus drei Teilen: MCC (Mobile Country Code; bezeichnet das Herkunftsland des Abonnenten), MNC (Mobile Network Code; identifiziert den Netzbetreiber, etwa D1-die Deutsche Telekom AG) sowie MSNI (Mobile Station Identifikation Nummer; die Teilnehmernummer innerhalb des Betreibernetzes)[186]. Nach dem Identifikationsverfahren wird ein gewisser IMSI des Handys von einer Funkzelle registriert, in welcher sie sich befindet.

---

[186] Pierre, UMTS, S. 29 f.

Wenn das Gerät mit dieser IMSI sich von einer Funkzelle zur anderen bewegt, wird dieses Verfahren wiederholt, nämlich die „Handover-Daten".

2. IMEI (International Mobile Equipment Identity)

Die IMSI ist auch der nach der Einführung des GSM-Systems entwickelte Standard. Jedes GSM-Telefongerät hat eine eigene und „im Prinzip" fälschungssichere IMSI-Nummer[187]. Die IMEI besteht aus TAC (Type Approval Code), FAC (Final Assembly Code; dem Code der Fertigungsfabrik) sowie SNR (Serial Number; der Seriennummer des Geräts). FAC und SNR werden vom jeweiligen Gerätehersteller festgestellt. Dem Einsatzzweck der IMEI liegen drei Sachverhalte zugrunde: (1) der Kampf gegen Diebstahl des Handys, (2) der Ausschluss von störenden und unsicheren Handys. Um dieses zu erreichen, begründete der Betreiber eine Sammlung von Daten verbotener Handys - sog. EIR (Equipment Identity Register). Der EIR ist ein Rechner. Möchte ein Handy mit dem Kernnetz eine Verbindung aufbauen (einschließlich der Etappe des Einloggens nach dem Einschalten des Handys), wird das Kernnetz zuerst die IMEI des Handys abfragen. Soweit diese IMEI im EIR steht, wird der Verbindungsantrag dieses Handys verweigert[188].

---

[187] Durch das vom Kommunikationskonzern – Motorora - hergestellte Produkt, FMMI BOX (ca. 15 000 EUR), kann beispielweise die IMEI des Handys geändert werden. Übrigens kann man nach der Eingabe von „*#06# " die IMSI über den Bildschirm des Handys erfahren. vgl. Chan Ming-Haw/ Shao-Chou Chiu, Application on Criminal Investigation Using Call Detail Records of Base Station and International Mobil Equipment Identy, Forensic Science, Nr. 54, 2002, S. 96.

[188] Pierre, UMTS, S. 30 f.

3. Der aufgrund der Standortsdaten erbrachte Dienst: LBS (Location Based Service)

Nach der Einführung des Internetzugangsprotokolls für das Handy - WAP[189]- werden einige Navigationsdienste des Handys präsentiert. Der Gedanke des LBS stammt aus dem Zusammenschluss zwischen der elektrischen Landkarte und der Datenbank der Funkzellenposition. Mit der auf WAP-Standard basierenden Software kann man per Handy den Navigationsdienst nutzen, z. B. die Suche nach einer Tankstelle oder einem Restaurant in der Nähe[190]. Zur Ermittlung des Aufenthaltsorts eines Täters kann das Strafverfolgungsorgan die obigen Daten benutzen. Im Hinblick auf die Anwendung der Standortsdaten unterscheidet sich LBS von dem IMSI-Catcher.

4. Die Vornahme der Überwachung - IMSI-Catcher

Der IMSI-Catcher ist eine spezielle Messtechnik. Theoretisch simuliert ein IMSI-Catcher unterstützendes Gerät mittels dieser Technik die Basisstation einer regulären Funkzelle innerhalb eines Mobilfunknetzes.

Eingeschaltete Handys im Einzugsbereich dieser vermeintlichen „Basisstation", die mit einer SIM-Karte des simulierten Netzbetreibers ausgestattet sind, bu-

---

[189] WAP (Wireless Application Protocol) macht den Zugang ins Internet auf dem Handy einfach, welches den Mikro-Browser besitzt, Langenscheidts Internet – Wörterbuch, S.177.

[190] Zu LBS ausführlich, siehe Jens Eckhardt, c't 22/2001, S. 178. Bei LBS wird die Lokalisierung durch das aus dem Handy stammende Signal vorgenommen. Umgekehrt wird sie im Fall des GPS (Global Positioning System) durchgeführt, indem das GPS-Empfangsgerät das vom GPS-Satellit ausstrahlende Signal empfängt. Zu GPS ausführlich deutschsprachig, siehe Klaus Bernsmann, Anmerkung zu BGH (StV 2001, S.216), StV 07/01, S. 382 f; Kühne, Anmerkung zu BGH (JZ 22/2001, S. 1144-1148), JZ 22/2001, S. 1148; chinesischsprachig, Jiuan-Yih Wu, Die Debatte über die Rechtfertigung des Einsatzes von GPS im Strafprozessverfahren angesichts einer deutschen BGH-Rechtssprechung, The Law Monthly, Vol. 53, Nr. 6, 2002, S. 453 ff; dagegen, Bernhard Kramer, StPO, Fn. 198.

chen sich automatisch bei diesem IMSI-Catcher-Gerät ein[191]. Hinsichtlich des Einsatzes des IMSI-Catchers gibt es drei Schritte.

a. Die Ermittelung der IMSI

Bei der Ermittelungsdurchführung versucht das Strafverfolgungsorgan zunächst, die vom mutmaßlichen Täter benutzte Telefonnummer zu finden. Damit können die entsprechende IMSI und wie bereits oben erwähnt, weiterhin ihr zugehöriger Betreiber herausgefunden werden. Danach können übrigens die weiteren personenbezogenen Daten dieses IMSI-Inhabers, die Nutzungsdaten, die bei dem Abonnement des Dienstes registriert wurden, genutzt werden. Um festzustellen, in welchem Bereich und welcher Basisstation die gesuchte IMSI momentan auftritt, bedarf es der „Verbindungsdaten der Basisstation" von dem zugehörigen Betreiber. Diese Daten registrieren alle IMSI, die über jene Basisstation zum Verbindungsaufbau benötigt und auch den Umstand ihres Verbindungsvorgangs[192]. In der Regel wird der Einbezugsbereich einer Basisstation in einige (drei) Richtungswinkelen geteilt. Während des Verbindungsaufbaus kann das Handy nur einen Richtungswinkel verwenden. Dann braucht es nur auf das Auftreten der gesuchten IMSI zu warten. Mit der Orientierung dieser Verbindungsdaten kann das Strafverfolgungsorgan den Ermittelungsbereich effizient eingrenzen.

b. Die Ermittlung der IMEI

Tritt eine IMSI an einer simulierten Basisstation auf, zeigt die IMEI des verwendeten Handys gleichzeitig auch obige Verbindungsdaten der Basisstation

---

[191] Dirk Fox, Der IMSI-Catcher, DuD 26, 2002, S. 213.
[192] Ausführlich, vgl. Chan/ Chiu, a. a. O., S. 88.

an. Deshalb ist es unerheblich, wie viele IMSI der Benutzer wechselt, trotzdem kann der Aufenthaltsort seines Handys durch IMEI lokalisiert werden.

c. Lokalisierung eines Handy-Benutzers

Man kann das aus dem Schritt (a) und (b) stammende Simulierungsereignis mit den in den Verbindungsdaten der Basisstation stehenden Posten vergleichen. Z. B. neben den in diesen Verbindungsdaten stehenden allgemeinen Posten gibt es noch einen speziellen: „Die Richtungswinkel der Basisstation". Nach aktuellem Stand der Entwicklung der Technik wird die Reichweite einer Basisstation in drei Richtungswinkels geteilt. Mit Hilfe dieses Vergleichsergebnisses können sowohl der mutmaßliche Aufenthaltsort des Handy-Benutzers festgestellt als auch das sog. „Bewegungsprofil" dargestellt werden. Wegen der Reichweiteunterschiede des Ballongebiets[193] zwischen Stadt und Land muss das Strafverfolgungsorgan, trotz der Feststellung des Aufenthaltsorts des Handys, noch weitere Beweismittel sammeln, um die Tatsachen zu belegen oder das Gesuchte heraus zu finden.

Seit dem Verwenden des GSM-Systems kann das Handy unter der Einführung verschiedener SIM-Karten angewendet werden[194]. Theoretisch kann die Strafverfolgung bei dem obigen Schritt (a) auch die anderen persönlichen Informationen eines IMSI-Inhabers nachfragen, z. B. die zur Abrechnung ermächtigende Kontonummer, postalische und E-Mail Aderesse, sowie sonstige Abonnementinformationen. Um die Ermittlungstätigkeit der Strafverfolgung zu erschweren, macht der Verdächtige unter Umständen bereits im Vorfeld unrichtige Angaben, um seine wahre Identität zu verschleiern, etwa nennt er einen

---

[193] Im Vergleich mit dem unter hundert Meter liegenden Ballongebiet der Basisstation in der Stadt kann es auf dem Land bis mehrere Kilometer sein.

[194] Hans Hilger, Gesetzgebungsbericht: Über den neuen § 100 i StPO, GA 2002, S. 557.

falschen Namen, oder lässt das Abonnement von anderer Person beziehen. Wegen des Problems der monatlichen Abrechnung bedienen sich Verdächtige deshalb gerne der anderen Mobiltelefondienstvariante: Guthabenkarte oder Prepaidcard. Wegen der wenig aktuellen Abonnementdaten entsteht dadurch eine Überwachungslücke[195].

Der IMSI-Catcher hat eine wichtige Schwachstelle: das gesuchte Handy muss sich im Standby-Modus befinden[196]. Die Standortsdaten können den Verbindungsdaten beim Vorliegen des Verbindungsaufbaus gleichgestellt werden. Die Analyse der Standortsdaten hängen aber nicht davon ab, ob der Verbindungsaufbau gegeben ist, denn beim Stabdby-Modus des gesuchten Handys telefoniert der Benutzer nicht!

III. IP-Adresse und sonstige Verbindungsdaten im Internet

Die IP-Adresse besteht aus einer Reihe von Ziffern (z. B. 136.199.219.xx) und weist bei der über Internet durchgeführten Kommunikation auf den Standort des vernetzungsfähigen Rechners hin. Anhand der IP-Adresse registriert der Computer, wohin die Daten vermittelt werden sollen. Das funktioniert ähnlich wie bei der postalischen Adresse. Man kann die IP-Adresse in statistische (anhaltende) und dynamische Segmente einteilen. Um Zugang zum Internet zu erhalten, wählen sich die meisten Benutzer zuerst in den ISP ein. Nach dem erfolgreichen Verbindungsaufbau werden sie von ISP wahlweise auf eine

---

195 Hans-Dieter J, in: neue TKÜV, S. 75. Bisher gibt es noch keine einheitliche Reaktion auf die Frage der Guthabenkarte in Deutschland. Umgekehrt bedrohen das Verkehrsministerium und Innerministerium in Taiwan mit der Aufhebung der Lizenzen und dem Bußgelds, dass trotz der Zweifel an dem Erfolg dieser Anordnung ab 01. Mai. 2003 die Mobiltelefonbetreiber zur Bereitstellung der Kundendaten von Prepaidcard verpflichtet sind, Commercila Times vom 22. 04. 2003.

196 Fox, a. a. O., S. 4.

IP-Adresse verwiesen (die dynamische IP-Adresse). Deshalb ist die IP- Adresse jedes Mal unterschiedlich. Aber mit der Entwicklung und Verbreitung von ADSL und Kabelmodem kann der private Benutzer auch eine „anhaltende" IP-Adresse bekommen (die statistische IP-Adresse). Das ist so ähnlich wie eine Telefonnummer. Zur Verwaltung oder Abrechnung kann der ISP auch die sog. „Verbindungsdaten" speichern wobei zwei Fälle unterschieden werden können:

(1) im Fall des eingewählten Verbindungsaufbaus: seine Verbindungsdaten sind ebenso wie die des Gesprächsdienstes enthalten, aus denen man die Telefonnummer des ISP-Server erkennen kann.

(2) im Fall des Breitbandes: wegen der kontinuierliche anhaltenden Verbindung mit dem ISP wird die Datenstatistik aus verwaltungstechnischen[197] oder abrechnungstechnischen Gründen gespeichert.

Bei Anwendung des Internet-Diensts fallen diverse Informationen zur Abrechnung oder effizienten Datenübertragung an. Für die Speicherung dieser Informationen unterscheidet man mehrere Rechner.

- WWW-Protokoll

(1) Terminal-Server

Der Terminal-Server ist ein Zugangsrechner. Beim Einwählen zum Verbindungsaufbau muss der Surfer seinen Benutzernamen und sein Passwort eingeben, um Zugang zum Internet zu bekommen.

---

[197] Zur Verwaltung der Netzwerkressource dürfen die an jedem Anschluss (IP-Adresse) Up- und Download-Daten im Studentenwohnheim an der Uni-Trier die Höhe von 1,5 Gigabite/Monat nicht übersteigen. Der Benutzer kann es durch die Statistik der jeweiligen IP-Adresse über LAN selbst überprüfen.

Der Terminal-Server ist für die Speicherung folgender Daten zuständig: die IP-Adresse, Logname, Datum sowie Uhrzeit[198].

(2) CLF (Common Logfile Format)

Am Web-Server funktioniert CLF als der Terminal-Server. Hier wird auch die IP-Adresse des Surfers gespeichert. Daneben werden an dieser Stelle noch Logname, Username, Request, Status der Anfrage sowie Länge der übertragenen Webseite gespeichert[199].

- E-Mail-Dienst

(1) POP-Server

Neben dem Inhalt der E-Mails werden die weiteren Informationen, die die E-Mail enthält, gespeichert: die Länge der Nachrichten, E-Mail-Adresse des Absenders und des Empfängers, Datum und Uhrzeit der Erstellung sowie den Pfad, welchen die E-Mail zurückgelegt hat. Außerdem registriert der POP-Server noch die Login-Daten des Empfängers, den Zeitpunkt des Mail-checkens, sowie die Anzahl der ungelesenen und gesamt vorhandenen Nachrichten auf der Seite des Empfängers[200].

(2) SMTP-Server

Die im SMTP-Server gespeicherten Posten sind mit denen des Pop-Servers identisch[201].

Der Gedanke der Überwachung der IP-Adresse und der sonstigen Verbindungsdaten im Internet liegt darin, dass (a) bei der Verbindung zum Internet die sog. „Protokolldaten“ wie oben bereits skizziert hinterlassen werden (z. B.

---

198 Köhntopp, a. a. O., S. 250.
199 Köhntopp, a. a. O., S. 251.
200 Köhntopp, a. a. O., S. 254.
201 Köhntopp, a. a. O., S. 254.

im Fall des Surfens auf einer Web-Seite kann diese die Merkmale ihrer Besucher registrieren, etwa deren IP-Adresse, Datum und Uhrzeit, Browserversion sowie Arbeitssystem des Surfers), (b) die Bestimmung des Herkunftslandes und anschließend die Feststellung der zugehörigen Organisation, was mit der anhaltenden IP-Adresse möglich ist. Der Urheber kann im Fall des Hacker-Angriffs[202] oder der mittels E-Mail vorgenommenen Erpressung, die beide beispielsweise in dem Internet-Kaffee oder der Bibliothek mit Hilfe des öffentlichen Computers begangenen wurden, ermittelt werden, indem die oben erwähnten Daten mit den durch die dort eingerichtetenen Überwachungskameras aufgenommenen Bildern verglichen werden können[203].

IV. Die Telefonnummernanzeige des ankommenden Anrufs

Handy und einige neuartige Festnetzgeräte besitzen die Funktion der sog. „Telefonnummernanzeige des ankommenden Anrufs". Anhand dieser Anzeige kann man vor Aufnehmen des Hörers wissen, wer anruft. Bei der Ermittlung zahlreicher Straftaten sind diese Telefonnummern wichtige Spuren[204].

---

[202] Johann Bizer, Verpflichtung zur Herausgabe von TK-Verbindungsdaten an den Staatsanwalt, DuD 26, 2002, S. 237; Gerald Spiegel, Spuren im Netz, DuD 27, 2003, S. 266.

[203] In Taiwan benutzten die Ermittler in der Praxis häufig diese Methode, um Computerverbrecher zu identifizieren.

[204] Das Innerministerium in Taiwan erwartet durch die Novelle des TKG, dass die Telefonnetzbetreiber zu diesem Dienst verpflichtet sind, um gegen die Betrugskriminalität per Kurznachrichten effizient zu kämpfen, http://tw.news.yahoo.com/2003/02/21/society/udn/3825749.html.

3. Teil: Telekommunikationsüberwachung in Deutschland

A. Die verfassungsrechtliche Zulässigkeit der strafprozessualen Telekommunikationsüberwachung

I. Das System der betroffenen Grundrechte und ihre Schutzbereiche

Bei der Vornahme der strafprozessualen Telekommunikationsüberwachung scheinen die folgenden Grundrechte auf den ersten Blick betroffen zu sein: (1) das Fernmeldegeheimnis (Art. 10 I GG), (2) die Meinungsfreiheit und Kommunikationsfreiheit (Art. 5 I GG), (3) die Unverletzlichkeit der Wohnung (Art. 13 I GG), (4) das Eigentum (Art. 14 I GG), (5) die Berufsfreiheit (Art. 12 I GG) sowie (6) das dem allgemeinen Persönlichkeitsrecht unterliegende Recht auf informationelle Selbstbestimmung (Art. 2 I iVm. Art. 1 I GG). Jedoch kann es wegen der sich überschneidende Schutzbereiche zu Kollision zwischen den einzelnen Grundrechten kommen.

1. Grundrechtkonkurrenz

a. Das Fernmeldegeheimnis (Art. 10 I GG) im Verhältnis zu den sonstigen betroffenen Grundrechten

(1) Die Meinungs- und Kommunikationsfreiheit wird nach Art. 5 Abs. 1 GG gewährleistet. Im wesentlichen werden diese beiden Freiheiten auch vom Fernmeldegeheimnis geschützt. Im Fall des Schutzes des Fernmeldegeheimnisses wird der Empfänger der vermittelten Botschaft aber von vornherein vom Absender bestimmt. Damit wird die Kenntnisnahme ihres Inhalts durch Dritte nach dem Willen der beiden Seiten bewusst ausgeschlossen. In dieser privaten Sphäre, die durch elektrische Medien ausgemacht wird, können sich sowohl die nach Art. 5 Abs. 1 GG gewährleistete Mei-

nungs- und Kommunikationsfreiheit als auch sonstige Grundrechte völlig entfalten. Deshalb ist Art. 10 Abs. 1 GG gegenüber Art. 5 Abs. 1 GG lex specials[205]. Bei der Anwendung des Art. 10 Abs.1 GG wird Art. 5 Abs. 1 GG daher ausgeschlossen.

(2) Das allgemeine Persönlichkeitsrecht kann den Schutzbereich des Art. 10 Abs. 1 GG völlig erfassen, weil der Schutzbereich des Art. 10 Abs. 1 GG den Kommunikationsinhalt und die Kommunikationsumstände betrifft, bei denen der Berechtigte das Recht zur Entscheidung hat, ob und wieweit diese beiden Informationen veröffentlicht werden. Es gibt Überschneidung zwischen dem Fernmeldegeheimnis (Art. 10 I GG) und dem aufgrund der Volkszählung-Rechtsprechung des BVerfG[206] aus dem allgemeinen Persönlichkeitsrecht entwickelten Recht auf informationelle Selbstbestimmung (Art. 2 I iVm. Art. 1 I GG). Art. 10 Abs. 1 GG ist das spezielle Grundrecht und hat den Vorrang bei der Anwendung[207]. Aber die außerhalb der Kommunikation gespeicherten Daten werden nur von dem Recht auf informationelle Selbstbestimmung erfasst.

(3) Art. 13 Abs.1 und Art. 10 Abs. 1 GG gewährleisten die Privatsphäre, in denen die Einzelperson die Nachrichten austauschen kann. Art. 13 Abs. 1 GG schützt deshalb auch die in der echten, räumlichen Privatsphäre vorge-

---

[205] Bodo Pieroth/ Bernhard Schlink, Grundrechte Staatsrecht II, Rdn. 561; Thomas Groß, Die Schutzwirkung des Brief-, Post- und Fernmeldegeheimnisses nach der Privatisierung der Post, JZ, 7/1999, S. 328; dagegen Christoph Gusy, in: v. Mangoldt/ Klein/ Starck, GG I, Art. 10, Rdn. 102.

[206] BVerfGE 65, 1-72.

[207] Pieroth/ Schlink, a. a. O., Rdn. 369; Schmidt, in: Dieter C. Umbach (Hrsg.), GG, Art. 10, Rdn. 19; Gusy, in: v Mangoldt/ Klein/ Starck, GG I, Art. 10, Rdn. 103; Schmidt, in: Dieter C. Umbach (Hrsg.), GG, Art. 10, Rdn.23; Pieroth/ Schlink, a. a. O., Rdn. 781; Knut Amelung/ Stefan Wirth, Die Rechtsprechung des Bundesverfassungsgerichts seit 1990 zum Schutz der materiellen Grundrechte im Strafverfahren, StV 3/2002, S. 166.

nommene Kommunikation. Im Hinblick auf die in der Privatsphäre vorgenommene Kommunikation schützen Art. 10 Abs. 1 GG mit Art. 13 Abs. 1 GG das gleiche Rechtsgut. Denn die Kommunikation, die mittels bestimmter Medien erfolgen kann, gestaltet die rechtlich besonders geschützte sog. „Privatsphäre". Insoweit ist das über Telefonnetz geführte Gespräch von dem räumlichen und sonstigen ähnlichen Situationen (z. B. das mittels abschließender Nebentelefonanlage geführte Gespräch zwischen den Familieangehörigen oder den Mitgliedern der Firma) zu unterscheiden. Damit handelt es sich beim großen Lauschangriff nur um das Grundrecht nach Art. 13 Art. 1 GG. Dazu wird später weiteres gesorgt. Nach der h. M. liegt keine tatbeständliche Überschneidung zwischen diesen beiden Vorschriften vor[208].

(4) Im Fall des Zugriffs auf die auf der Festplatte gespeicherten Daten handelt es sich nicht um das Fernmeldegeheimnis[209], sondern um einen Angriff auf das Eigentum (Art. 14 GG) und die Unverletzlichkeit der Wohnung (Art. 13 GG), soweit er durch die Untersuchung und die Beschlagnahme der Festplatte gestartet wird. Die räumliche Privatsphäre und die Nutzungsfreiheit des Eigentums werden beeinträchtigt und eingeschränkt.

b. Das allgemeine Persönlichkeitsrecht

Die oben bei der Telekommunikationsüberwachung betroffenen speziellen Grundrechte können schließlich auf das Recht zur Entfaltung der Persönlichkeit nach Art. 2 Abs. 1 GG zurückgreifen. Art. 2 Abs. 1 GG wird als das sog. „Auffanggrundrecht" angesehen, soweit keine Schutzbereiche der speziellen

---

[208] Gusy, in: v Mangoldt/ Klein/ Starck, GG I, Art. 10, Rdn. 101.

[209] Dagegen ist der Meinung, dass hier nicht das Fernmeldegeheimnis, sondern das Recht auf informationelle Selbstbestimmung betroffen ist, Matzky, a. a. O., S. 247.

Grundrechte einschlägig sind[210], insbesondere bei der nicht im Fall der Telekommunikation von den Betreibern gespeicherten Daten. Hier handelt es sich hauptsächlich um das vom BVerfG nach Art. 2 Abs. 1 iVm. Art.1 Abs. 1 GG entwickelte Recht auf informationelle Selbstbestimmung, das als die Konkretisierung des allgemeinen Persönlichkeitsrechts angesehen wird.

c. Die Berufsfreiheit und das Eigentum

Wie bereits skizziert, werden die Diensterbringung im Bereich der Telekommunikation nach der Privatisierung der Bundespost als privatwirtschaftliche Tätigkeit (Art. 87 II GG) und die Deutsche Telekom AG mit ihren privaten Konkurrenten als private Unternehmen betrachtet (Art. 143 I GG). Fordert der Staat von Gesetzes wegen die Betreiber auf, die Hilfeleistung zur Telekommunikationsüberwachung zu liefern, wird diese Beziehung zwischen dem Staat und den Betreibern nicht mehr wie früher als Amtshilfe, sondern als die Erfüllung der gesetzlichen Pflicht bezeichnet[211]. Hier werden die Berufsfreiheit (Art. 12 GG) und das Eigentum (Art. 14 GG) der Betreiber betroffen[212].

Insgesamt wird also bei der Vornahme der strafprozessualen Telekommunikationsüberwachung hauptsächlich das Fernmeldegeheimnis des Benutzers (Art. 10 I GG) betroffen. Bei der nicht im Fall der Telekommunikation von den Betreibern gespeicherten Daten geht es um das Recht auf informationelle Selbstbestimmung (Art. 2 I iVm. Art. 1 I GG). Schließlich, bei der Erfüllung der gesetzlichen Mitwirkungspflicht der Betreiber zur Telekommunikations-

---

210 Pieroth/ Schlink, a. a. O., Rdn. 369.

211 Groß, a. a. O., S. 332.

212 Kay Waechter, Bereitstellungspflicht für Fernmeldeanlagenbetreiber, VerwArch 1996, S. 71 f.; Chan Chen-Jung, Der verfassungsmäßige Zweifel an der Einrichtungspflicht der Telefonüberwachungsanlage ohne staatlichen Zuschuss, The Taiwan Law Review, 9/2000, Nr. 98, S. 105 ff.

überwachung, sind ihre Berufsfreiheit (Art. 12 I GG) und ihr Eigentum (Art. 14 I GG) betroffen.

2. Die Schutzbereiche der betroffenen Grundrechte

a. Das Fernmeldegeheimnis

Das Fernmeldegeheimnis gewährleistet die Vertraulichkeit der Telekommunikation. Dieses Ziel wird durch den Schutz des Kommunikationsinhalts (Inhaltdaten) und der Vertraulichkeit der Kommunikationsumstände (Ereignisdaten) erreicht. Der Gehalt des Fernmeldegeheimnisses (Art. 10 I GG) erfasst auch das Recht auf die freie Entfaltung der individuellen Persönlichkeit und informationelle Selbstbestimmung gemäß Art. 2 Abs. 1 GG, wobei Art. 10 Abs. 1 GG insoweit lex specialis ist. Danach hat der Grundrechtträger selbst zu entscheiden, „ob“ und „wieweit“ seine obigen Daten der Kenntnisnahme durch Dritte zugänglich gemacht werden.

Seit der Privatisierung der Bundespost hat sich die Grundrechtsfunktion des Fernmeldegeheimnisses geändert. Früher wurde das Grundrecht des Fernmeldegeheimnisses als Abwehrrecht gegen die staatliche Bundespost und den Staat bezeichnet. Damals waren beide „nach dem Grundgesetz“ zum Schutz des Fernmeldegeheimnisses verpflichtet. Wie schon gesagt, schützt das Fernmeldegeheimnis auch die freie Entfaltung der individuellen Persönlichkeit. Nun ist die deutsche Telekom AG als das private Unternehmen mit ihren Konkurrenten „nach einfachem Gesetz“ weiterhin dazu verpflichtet. Der Staat hat das Recht und unter Umständen auch die Pflicht dazu, dieses durch einfaches Gesetz zu beschließen, und zwar in Ausübung seiner Schutzpflicht[213].

---

[213] Pieroth/ Schlink, a. a. O., Rdn.762-764; Ludwig Gramilch, Art. 10 GG nach der zweiten Postreform 1994, CR 2/1996, S. 110; Groß, a. a. O., S. 335; Jörn Ipsen, Staatsrecht, § 6,

Deswegen spielt der Staat für das Fernmeldegeheimnis nicht allein die Rolle des potenziellen Angreifers, sondern auch die des aktiven Förderers oder Hüters.

b. Das Recht auf informationelle Selbstbestimmung

Der Schutzbereich des Rechts auf informationelle Selbstbestimmung nach Art. 2 Abs. 1 iVm. Art. 1 Abs. 1 GG bezieht sich auf die personenbezogenen Daten und die individuelle Entscheidung über ihre Kenntnisnahme durch Dritte. Nach der Liberalisierung des Telekommunikationsmarkts und der Privatisierung der Deutschen Telekom AG werden die personenbezogenen Daten der Benutzer wegen der Anwendung der Telekommunikationsdienste nicht mehr vom Staat, sondern von zahlreichen privaten Anbietern erhoben. Deswegen steht der Staat nun nicht in der Stellung des Grundrechtadressaten. Als der Förderer des Schutzes des Rechts auf informationelle Selbstbestimmung ist er durch die Verabschiedung des einfachen Gesetzes auch zum Schutz verpflichtet.

Nach einfachem Gesetz kann der Dienstanbieter zu bestimmten Zwecken die personenbezogenen Daten seines Benutzers speichern und muss sie geheim halten. Ist die Speicherung dieser Daten unzulässig, hat der Dienstbenutzer die folgenden Anspruche gegen seinen Anbieter - (1) Unterlassung: wenn der Anbieter nicht berechtigt ist, die personenbezogenen Daten des Benutzers zu erheben, muss er damit aufhören und darf sie nicht zu anderen Zwecken benutzen; (2) Folgenbeseitigung – wenn die Speicherung dieser Daten zu dem ges-

---

Rdn. 289; die Gegenmeinung in der Überganszeit, zitiert nach Schmidt, in: Dieter C. Umbach (Hrsg.), GG, Art. 10, Rdn. 49a.

tatteten Zweck nicht erforderlich ist, muss der Anbieter sie unverzüglich löschen[214].

Bei dem Betreiber werden die Standortdaten des Handys beispielsweise gespeichert, die auch das Bewegungs- und das Lebensprofil des Einzelnen darstellen können. Diese Daten gehören teilweise zum Schutzbereich des Fernmeldegeheimnisses (Ereignisdaten), wenn sie infolge des Verbindungsaufbaus gespeichert werden. Soweit sie nicht damit gespeichert werden, wird lediglich das Recht auf informationelle Selbstbestimmung betroffen.

c. Die Berufsfreiheit und das Eigentum

Die Betreiber, die zum Beistand für die Vornahme der Telekommunikationsüberwachung gesetzlich verpflichtet sind, werden dadurch in ihrer Berufsfreiheit. Um diese Mitwirkungspflicht zu erfüllen, müssen die Betreiber zur Umsetzung der vorhandenen Telekommunikationsanlage oder ihren nachträglichen Erhalt investieren. Deshalb wird die im Schutzbereich des Eigentums liegende Eigentumsnutzungsfreiheit betroffen.

II. Die Grundrechtseingriffe

1. Die Kenntnisnahme des Telekommunikationsinhalts (Inhaltdaten)

Die vom Strafverfolgungsorgan vorgenommene

Telekommunikationsüberwachungsmaßnahme verursacht die Offenbarung des Telekommunikationsinhalts. Nach dem Schutzbereich des Fernmeldegeheim-

[214] Amelung Kunt, Normstruktur und Positivität strafprozessualer Beweisverbote, in: FS für Hans Hilger, S. 334.

nisses (Art. 10 I GG) wird die Vertraulichkeit der Telekommunikation dadurch beeinträchtigt und zwar stellt sie einen Eingriff dar.

2. Die Kenntnisnahme der Verbindungsdaten (Ereignisdaten)

Die beim Verbindungsaufbau anfallende Verbindungsdaten gehören auch zu den personenbezogenen Daten, da sie das Benutzungs- und sogar das Lebensprofil des Dienstbenutzers darstellen. Ob diese Daten von Dritten gespeichert werden dürfen, hat der Grundrechtsträger selbst zu entscheiden. Greift ein Strafverfolgungsorgan ohne seine Genehmigung auf diese Daten zu, wird diese Tätigkeit auch als Eingriff in das Fernmeldegeheimnis bezeichnet.

3. Die Kenntnisnahme der Standortdaten

Die im Mobiltelefonnetz zum Mobilitätsmanagement von den Betreibern gespeicherten Standortdaten des Mobilendgeräts stellen auch das Bewegungs- oder das Lebensprofil des Endgerätsinhabers oder -besitzers dar. Zu diesen Daten hat der Grundrechtträger das Recht auf informationelle Selbstbestimmung. Aber es ist fraglich, ob der Schutzbereich des Fernmeldegeheimnisses auf diese Daten auch ohne bestehenden Verbindungsaufbau (nämlich im Standby-Modus) noch betroffen ist. Dabei werden zwar keine Kommunikationsinhalte oder Umstände des Telekommunikationsverkehrs, sondern nur die Standortdaten des Handys gespeichert. Aber auch die Speicherung dieser Daten wird als Eingriff in das Recht auf informationelle Selbstbestimmung (Art. 2 I iVm. Art. 1 I GG) bewertet[215].

[215] Dagegen Schmidt, in: Dieter C. Umbach (Hrsg.), GG, Art. 10, Rdn. 67.

4. Die Mitwirkungspflicht der Betreiber zur Telekommunikationsmaßnahme

Nach den Bestimmungen der StPO sind die Betreiber zum Beistand bei der Vornahme der Telekommunikationsüberwachung verpflichtet. Um dies umzusetzen, darf der Betrieb einer Telekommunikationsanlage gemäß § 88 Abs. 2 S. 4 TKG erst aufgenommen werden, wenn der Betreiber der Telekommunikationsanlage sie nach den in der TKÜV verankerten Vorschriften über die technische Umsetzung dieser Einrichtungen, mit denen die Strafverfolgungsorgane die Telekommunikationsüberwachung durchsetzen können, mit der Genehmigung der Regulierungsbehörde für Telekommunikation und Post eingerichtet hat. Bei Nichterfüllung dieser Pflicht droht der Staat mit enormem Zwangsgeld (§ 91 II TKG) bzw. sogar der Untersagung des Betriebs (§ 91 III TKG). Damit wird die Berufsausübungsfreiheit der Betreiber betroffen. Insgesamt wird die Berufsfreiheit der Betreiber nach Art. 12 Abs. 1 GG bei der Erfüllung der Mitwirkungspflicht zur strafprozessualen Telekommunikationsüberwachung eingeschränkt.

Außerdem schränkt die Umsetzung der vorhandenen geschäftsmäßigen Telekommunikationsanlage zur Vornahme der Telekommunikationsüberwachung die Nutzungsfreiheit des Eigentums der Betreiber ein. Deswegen kann sie als Eingriff in das Eigentum der Betreiber bezeichnet werden[216].

5. Eingriffe in die Unverletzlichkeit der Wohnung

Wie bereits skizziert (3. Teil A. 1., (3) u. (4)) kann die Untersuchung und die Beschlagnahme der in privater Wohnung befindenden Festplatte als Vorfeld-

---

[216] Hans-Ullrich Paeffgen, Überlegungen zu einer Reform des Rechts der Überwachung der Telekommunikation, in: FS für Claus Roxin, S. 1308; Chan, a. a. O., S. 105 ff.

maßnahme angeordnet werden, um den Zugriff auf die auf ihnen gespeicherten Daten vorzubereiten. Dies stellt einen Eingriff in die Unverletzlichkeit der Wohnung (Art. 13 I GG) dar. Deswegen bedarf diese Durchsuchung auch einer Anordnung, und wird insofern nicht von der der Telekommunikationsüberwachung umgefasst.

III. Verfassungsrechtliche Rechtfertigung

1. Das Fernmeldegeheimnis

Nach Art. 10 Abs. 2 GG kann der Eingriff in das Fernmeldegeheimnis durch einfaches Gesetz gerechtfertigt werden (einfacher Gesetzesvorbehalt). Jedoch um die freiheitliche demokratische Grundordnung, oder der Bestand oder die Sicherung des Bundes oder eines Landes zu schützen, wird die Intensität des Eingriffs verschärft, indem die Benachrichtigungspflicht gegen den Betroffenen entfallen werden darf. Eingriffe in das Fernmeldegeheimnis in diesem Fall unterliegen der Kontrolle des Parlaments (Art. 10 II S.2 GG).

2. Das Recht auf informationelle Selbstbestimmung

Art. 1 Abs. 1 GG gewährleistet das höchste Rechtsgut – die Menschenwürde. Sie wird absolut geschützt. Deshalb darf jeder Eingriff in sie nicht gerechtfertigt werden. Art. 2 Abs. 1 GG garantiert auch die Grundrechte ohne Gesetzvorbehalt. Aber die nach Art. 2 Abs. 1 GG geschützten Grundrechte können der verfassungsmäßigen Ordnung entsprechend (Schranken) eingeschränkt werden. Der Eingriff in Art. 2 Abs. 1 GG muss sich auf eine formell und materiell verfassungsmäßige, rechtliche Grundlage berufen. Daneben muss der Gesetzgeber die Entscheidung der Rechtfertigung des Eingriffs in die allgemeine

Persönlichkeit selbst treffen (Parlamentvorbehalt)[217]. Insoweit sind die Voraussetzungen der Rechtfertigung strenger als beim Eingriff in die allgemeine Handlungsfreiheit.

Das Recht auf informationelle Selbstbestimmung wird vom BVerfG aus Art. 2 Abs. 1 iVm. Art. 1 Abs. 1 GG entgenommen. Nun ist die Frage, „ob" dieses Recht eingeschränkt werden darf. Dazu ist die h. M. der Auffassung, dass Art. 1 Abs. 1 GG ausschließlich die Wirkung des Rechts auf informationelle Selbstbestimmung verstärkt. Das Recht auf informationelle Selbstbestimmung bezieht sich nicht völlig auf die Unbeschränkbarkeit von Art. 1 GG, sondern lediglich partiell. Hauptsächlich basiert das Recht auf informationelle Selbstbestimmung auf Art. 2 Abs. 1 GG. Deswegen ist es beschränkbar[218].

Die weitere Frage ist, „inwieweit" dieses Recht eingeschränkt werden darf. Infolge des Menschenwürde-Bezuges von Art. 1 Abs. 1 GG sind die Anforderungen für die Schranken von Art. 2 Abs. 1 GG erheblich höher zu erfassen[219]. Der Schrankengehalt des Rechts auf informationelle Selbstbestimmung besteht aus den nachfolgenden Faktoren: (1) Unantastbarkeit des Bereichs privaten Lebensgestaltung, (2) Ob ein Eingriff zulässig ist, ist auch durch die Abwägung zwischen den kollidierenden Interessen zu entscheiden. Nur um das „überwiegende Interesse" zu schützen, kann er gerechtfertigt werden. Diese „Überwiegen" ist nicht abstrakt, sondern im konkreten Einzelfall zu bestimmen[220].

---

[217] Pieroth/ Schlink, a. a. O., Rdn. 383.
[218] Matzky, a. a. O., S. 195, 201.
[219] Matzky, a. a. O., S. 202.
[220] Matzky, a. a. O., S. 202; Philip Kunig, Der Grundsatz informationeller Selbstbestimmung, Jura, Heft 11, 1993, S. 596.

Bei der Vornahme der strafprozessualen Telekommunikationsüberwachung handelt es sich um die Kollision zwischen dem Recht auf informationelle Selbstbestimmung und dem Interesse der staatlichen Strafverfolgung. Die Frage, ob ein Eingriff in das Recht auf informationelle Selbstbestimmung gerechtfertigt werden darf, sind die Umstände im Einzelfall (z. B. die Schwere der Straftat im Vergleich mit der Intensität des Eingriffs) umfassend zu berücksichtigen. Das überwiegende Interesse der (effizienten) Strafverfolgung (z. B. die wirksam funktionstüchtige Strafrechtspflege und die Wahrheitsfindung) muss dadurch betracht werden[221]. Daneben sind die Bestimmtheit der Norm und das Verhältnismäßigkeitsprinzip freilich bei der Abwägung auch zusammen zu beachten[222] (wieweit das Recht auf informationelle Selbstbestimmung eingeschränkt werden darf).

3. Die Unverletzlichkeit der Wohnung

Die Durchsuchung zum Zugriff auf den auf der Festplatte gespeicherten Daten stellt gemäß Art. 13 Abs. 1 GG einen Eingriff in die Unverletzlichkeit der Wohnung dar. Nach Art. 13 Abs. 2 GG darf die Durchsuchung aufgrund Anordnung des Richters und nur in der gesetzlich vorgeschriebenen Form durchgeführt werden. Obwohl das Grundrecht nicht regelt, aus welchen Gründen der Richter die Durchsuchung und Beschlagnahme anordnen darf, können sie aus den entsprechenden einfachen Gesetzen abgeleitet werden, denen zufolge der Voraussetzungen der Durchsuchung festgelegt werden müssen[223]. Ausnahmsweise wird die Durchsuchung nach Art. 13 Abs. 2 bei Gefahr im Verzuge auch

---

[221] Christoph Degenhart, Das allgemeine Persönlichkeitsrecht, Art. 2 I i. V. mit Art. 1 I GG, JuS, Heft 5, 1992, S. 363.
[222] Matzky, a. a. O., S. 206.
[223] Pieroth/ Schlink, a. a. O., Rdn. 882; Reinhard Riegel, Befugnisse zur Informationsverarbeitung für Zwecke der Strafverfolgung, in: Klaus Geppert (Hrsg.), Gedächtnisschrift für Karlheinz Meyer, 1990, Berlin, S. 347

durch die gesetzlich vorgesehenen nicht-richterlichen Organe angeordnet. Zu der Gefahr im Verzuge wird später näheres ausgeführt.

4. Die Berufsfreiheit

Bei der Erfüllung der Mitwirkungspflicht der Betreiber wird ihre Berufsfreiheit eingeschränkt. Dieser Grundrechteingriff bedarf einer gesetzlichen Grundlage zur Rechtfertigung (Art. 12 I, S. 2 GG).

5. Das Eigentum

Bei der Erfüllung der Mitwirkungspflicht der Betreiber handelt es sich um einen Eingriff in das Eigentum. Nach Art. 14 Abs. 1 S. 2 GG ist er im Rahmen des einfachen Gesetzes auch zulässig (Schranken).

B. Die gesetzliche Grundlage und die Systematik der strafprozessualen Telekommunikationsüberwachung

I. StPO

Wie schon erwähnt, stellt die strafprozessuale Telekommunikationsüberwachung einen Eingriff in das Grundrecht des Fernmeldegeheimnisses gemäß Art. 10 GG und das Recht auf informationelle Selbstbestimmung nach Art. 2 Abs. 1 iVm. Art. 1 Abs. 1 GG dar. Die StPO deckt in erster Linie den gesetzlichen Rechtsgrundlagebedarf ab, indem das im GG verankerte Gebot des „Gesetzesvorbehalts“ bei diesem Fall (Art. 2 I und Art. 10 II S. 1 GG) in StPO konkretisiert wird[224]. Hinsichtlich der materiellen und formellen Voraussetzungen

224 Hans-Ullrich Paeffgen, Überlegungen zu einer Reform des Rechts der Überwachung der Telekommunikation, in: Roxin-FS, S. 1301.

der strafprozessualen Telekommunikationsüberwachung, der Verwertung der dadurch erlangten Informationen[225], der nachträglichen Benachrichtigungspflicht gegenüber den Betroffenen (wegen der Heimlichkeit dieser Maßnahme) sowie des Rechtsschutzes (etwa durch Beschwerde) werden die allgemeine Vorgaben in §§ 100 a, b, g, h und § 101 StPO geregelt.

II. TKG und sonstige auf ihm erlassenen Verordnungen

Einige Vorschriften des TKG werden zur Verwirklichung der Schutzpflicht des Fernmeldegeheimnisses beschlossen, die nach Art. 10 GG dem Staat obliegt. Laut TKG wird das Fernmeldegeheimnis in Inhalt der Telekommunikation und nähere Umstände des Telekommunikationsvorgangs eingeteilt und seine Reichweite sogar auf den Fall des erfolglosen Verbindungsversuchs erstreckt (§ 85 I TKG). Für die sonstigen personenbezogenen Daten des Benutzers, die nicht den Verbindungsaufbau angehen, findet die Vorschrift des Datenschutzes Anwendung (§ 89 TKG). Deswegen ist das TKG nicht zuletzt die Realisierung des Rechts auf informationelle Selbstbestimmung nach Art. 2 Abs. 1 iVm. Art. 1 Abs. 1 GG.

Nach der Legaldefinition des Fernmeldegeheimnisses kann einerseits die Reichweite der Fernmeldegeheimhaltungspflicht des Betreibers abgegrenzt (§ 85 I TKG) und andererseits der Umfang der zur Telekommunikationsüberwachung erforderlichen Mitwirkungsverpflichten festgestellt werden. In der TKÜV[226], die aufgrund der gesetzgeberischen Ermächtigung des § 88 TKG

---

[225] Deshalb bezieht die Frage, ob auch die durch strategische und gefahrpräventive Telekommunikationsüberwachung erlangte Information zum Strafverfolgungszweck verwertet werden kann, sich nicht auf die Anordnung und Durchführung der strafprozessualen Telekommunikationsüberwachung, sondern auf die Debatte der Beweisverwertung.
[226] BGBl. I, 2002, S. 458 f.

erlassen wird, werden die technischen Einrichtungen und die organisatorische Umsetzung der Telekommunikationsüberwachungsmaßnahme ausführlich geregelt. Die Reichweite der Mitwirkungspflicht des Telekommunikationsdienstanbieters wird auch hier präzise bestimmt[227]. Darüber hinaus dürfen bei der Anwendung der Telekommunikationsdienste die sonstigen personenbezogenen Daten ausschließlich zum bestimmten gesetzlichen Anwendungszweck (z. B. zur Abrechnung) gespeichert werden. Da sich diese Daten nicht auf Telekommunikation beziehen, findet die Vorschrift des Datenschutzes nach § 89 TKG hier Anwendung. Nach der aufgrund seiner Ermächtigung erlassenen TDSV[228] wird der Rahmen der Erhebung, Verarbeitung und Nutzung der personbezogenen Daten, die nicht bei Telekommunikation angefallen wird, im Detail abgegrenzt.

III. Die Systematik der strafprozessualen Telekommunikationsüberwachung

Die strafprozessuale Telekommunikationsmaßnahme ist unter dem Dach der StPO anzuordnen und vorzunehmen[229]. Das TKG und die auf ihm beruhenden, in verschiedene Richtungen zielenden Gesetze oder Verordnungen (TKÜV, TDDSG[230] sowie TDSV) legen allein den Umfang der Geheimhaltungspflicht des Telekommunikationsdienstanbieters fest. Deswegen kann man klar sehen, wo die Grenze der strafprozessualen Mitwirkungspflicht im Rahmen von Telekommunikationsüberwachungsmaßnahmen liegt.

---

227 Eisenberg, Beweisrecht, Rdn. 2450 a; ausführlich, Jens Eckhardt, Telekommunikations-Überwachungsverordnung – Ein Überblick, CR 10/2001, S. 670 ff; Welp, Überwachung und Kontrolle, S. 140.

228 BGBl. I, 2000, S. 1740 ff.

229 Eckhardt, CR 10/2001, S. 673; Ralf P. Schenke, Exekutive Rechtssetzung bei der strafprozessualen Überwachung der Telekommunikation – ein Verstoß gegen den Vorbehalt des Gesetzes?, MMR 1/2002, S. 9.

230 BGBl. I, 1997, S. 1870 f.

Doch ist es dabei zu beachten, dass die TKÜV keine gesetzliche Grundlage der strafprozessualen Telekommunikation ist.

Daneben ist im Telekommunikationsverfahren jedem der Beteiligten untersagt, über das Recht seines gegenseitigen Partners zu verfügen (z. B. der Anspruch auf die Vertraulichkeit der Telekommunikation), obwohl eine Seite gegenüber der anderen nach TKG zur Fernmeldegeheimnishaltung nicht verpflichtet ist[231]. Deshalb kann eine einseitige Einwilligung eine rechtliche Grundlage im Sinne der StPO nicht ersetzen[232]. Die Strafverfolgungsorgane können die Telekommunikation nur aufgrund der Ermächtigung der StPO überwachen[233]. Doch in einigen Fällen, beispielsweise beim Kidnapping[234] und die bedrohende Deponierung von Sprengstoff, ist es noch umstritten, ob die Telekommunikationsüberwachung allein mit der Einwilligung des Opfers durchgeführt werden kann. Bei dieser Frage handelt es sich um die Kompetenz des Gesetzgebers. Es ist nicht zu leugnen, dass es bei diesem Fall nicht nur um das Strafverfolgungsinteresse geht, sondern auch um das Interesse an dem Schutz der gegenwärtigen Gefahr für Leben ,Leib und Freiheit des Opfers oder sogar der öffentlichen Sicherheit. Insofern können die Polizeigesetze der Länder diesen Bedarf zur Abwehr einer gegenwärtigen Gefahr abdecken, weil die heutigen Polizei-

---

231 Amelung, Probleme der Einwilligung in strafprozessuale Grundrechtsbeeinträchtigungen, StV 6/1985, S. 260; Knut Amelung/ Gerhard Pauli, Einwilligung und Verfügungsbefugnis bei staatlichen Beeinträchtigungen des Fernmeldegeheimnisses i. S. d. Art. 10 GG, MDR 10/1980, S. 802.

232 Dagegen, Volker Krey, StPO II, Rdn. 472.

233 Anders die h. M., dazu auch, Eisenberg, Beweisrecht, Rdn. 2405 f; , Ralf Neuhaus, Die strafprozessuale Überwachung der Telekommunikation (§§ 100 a, 100b, 101 StPO): zum gegenwärtigen Stand der Erosion eines Grundrechts, in: Rieß-FS, S. 391; dagegen, Kühne, StPO, S. 269; Pfeiffer, StPO § 100 a, Rdn. 2; Rudolphi, SK-StPO, § 100 a, S. 9; das Opfer von Schutzgelderpressungen als der „Nachrichtenmittler“ in Sinne des § 100 a StPO angesehen, vgl. Hans-Jürgen Mahnkopf/ André Döring, Telefonüberwachungsmaßnahmen bei Opfern von Schutzgelderpressungen ohne deren Einwilligung, NStZ 1995, Heft 3, S. 112 f.

234 Nach einer Meinung kann § 32 StGB hier als gesetzliche Grundlage angesehen werden, Ursula Nelles, Telefonüberwachung bei Kidnapping, in Stree/ Wessels-FS, S. 719.

gesetze außerhalb der polizeilichen Aufgabenerfüllung auch der Vorbeugung und Abwendung von Gefahren dienen. Darüber hinaus haben die Polizeigesetze wegen der neuen polizeilichen Aufgabe der Vorfeldermittlung auch unverkennbare Bezüge zur Strafverfolgung[235]. Auf der Ebene des Bundesgesetzes kann man in erster Linie § 39 AWG[236] als Vorschrift über die Telekommunikationsüberwachung zur Gefahrabwehr finden. Nach § 39 AWG ist das Zollkriminalamt nur zur Verhütung von Straftaten nach dem AWG oder Kriegswaffenkotrollgesetz berechtigt, die Telekommunikation der Beschuldigten und ihre Nachrichtenmittler zu überwachen und aufzuzeichnen. Darüber hinaus gibt es die Subsidiaritätsklausel auch in § 39 Abs. 3 AWG. Es bedarf dabei einer richterlichen Anordnung (§ 39 IV S. 2 AWG). Und bei Gefahr im Verzug wird die Anordnung vom Bundesministerium der Finanzen getroffen (§ 39 IV S. 2 AWG). Auf der Ebene der Polizeigesetze der Länder fehlt seit langem die Grundlage für die Telekommunikationsüberwachung zum Zweck der polizeilichen Gefahrabwehr, während der Große Lauschangriff zu demselben Zweck bereits in den Polizeigesetzen einiger Länder geregelt ist[237]. Nach der überwiegenden Meinung ist die Telekommunikationsüberwachung zur polizeilichen Gefahrabwehr wegen fehlender entsprechender Grundlage in den Polizeigesetzen der Länder nicht zulässig[238]. Deshalb wird von dieser Auffassung die Gegenmeinung, der zufolge bei Telekommunikationsüberwachung zur Gefahrabwehr die Vorschrift über polizeilichen Großen Lauschangriff übertragbar ist, abgelehnt, da es sich einerseits hier um unterschiedliche betroffene Grundrechte des Art. 13 und Art. 10 GG handelt und andererseits beim Eingriff in

235 Vgl. Kühne, StPO, Rdn. 378.

236 AWG = Außenwirtschaftsgesetz

237 Dazu ausführlich, vgl. Kühne, StPO, Rdn. 384; Wolf-Rüdiger Schenke, Polizei- und Ordnungsrecht, Rdn. 195 ff.

238 Kühne, StPO, Rdn. 386; Schenke, Polizei- und Ordnungsrecht, Rdn. 197a.

Grundrecht nach Art. 10 GG der Gesetzesvorbehalt einzuhalten ist[239]. Durch die Ergänzung des § 34 a ThürPAG (Thüringer Polizeiaufgabengesetz)[240] gewinnt die überwiegende Meinung zum ersten Mal die Befürwortung aus der Gesetzgebungspraxis. Nach § 34 a Abs. 1 ThürPAG ist die Telekommunikationsüberwachung zur Vorbeugung der Gefahr der Straftaten im Sinne des § 100 a StPO und zur Abwehr der Gefahr für Bestand oder Sicherheit des Bundes und eines Landes oder für Leben, Gesundheit oder Freiheit einer Person zulässig[241]. Diese Telekommunikationsüberwachung bedarf einer richterlichen Anordnung. Bei Gefahr im Verzug wird sie von leitenden Beamten der Polizei angeordnet (§ 34 a II ThürPAG). Diese Anordnung muss binnen dreier Tage vom zuständigen Richter bestätigt werden. § 34 a ThürPAG ist ein gutes Beispiel für die polizeiliche gefahrpräventive Telekommunikationsüberwachung. Er besteht aus den noch unbeendeten Katalogtaten, die auf der Tatsache basie-

---

239 Schenke, Polizei- und Ordnungsrecht, Rdn. 197a.

240 Thüringer Gesetz zur Änderung des Polizei- und Sicherheitsrechts v. 20. Juni 2002, GVBl. 7/2002, S. 249 f.

241 § 34 a ThürPAG (Datenerhebung durch Telekommunikationsüberwachung): "(1) Die Polizei kann von einem Betreiber, der geschäftsmäßig Telekommunikationsdienste erbringt, Auskunft über den Inhalt einschließlich der innerhalb des Telekommunikationsnetzes in Datenspeichern abgelegten Inhalte und die näheren Umstände der Telekommunikation einschließlich der Daten über den Standort nicht ortsfester Telekommunikationsanlagenverlangen, 1. soweit Tatsachen die Annahme rechtfertigen, dass Personen Straftaten im Sinne des § 100a StPO begehen wollen, 2. über die für eine Gefahr Verantwortlichen, wenn dies zur Abwehr einer Gefahr für den Bestand oder die Sicherheit des Bundes oder eines Landes oder für Leben, Gesundheit oder Freiheit einer Person erforderlich ist, 3. über Kontakt- oder Begleitpersonen zu den in Nummer 1 genannten Personen; die Datenerhebung ist insoweit auf die Gewinnung von Hinweisen bezüglich der angenommenen Straftaten beschränkt und muss zu deren vorbeugenden Bekämpfung zwingend erforderlich sein... Die Anordnung ist nur zulässig, wenn die Erforschung des Sachverhalts auf andere Weise aussichtslos wäre und die Maßnahme nicht außer Verhältnis zur Bedeutung des aufzuklärenden Sachverhalts steht... (2) Die Auskunft bedarf der Anordnung eines Richters. Soweit lediglich eine Auskunft über die näheren Umstände der Telekommunikation erforderlich ist, kann bei Gefahr im Verzug der Leiter des Landeskriminalamtes oder einer Polizeidirektion die Anordnung treffen. Die Anordnung eines Behördenleiters tritt außer Kraft, wenn sie nicht unverzüglich, jedoch spätestens binnen drei Tagen, durch den Richter bestätigt wird…".

rende Annahme der Straftatgefahr, die Subsidiaritätsklausel zur Ermittlung des Sachverhalts und des Standorts des Opfers und Sprengstoffs besteht sowie die richterliche Anordnung und bei Gefahr im Verzug die nachträgliche Bestätigung des Richters binnen drei Tage. In anderen Ländern, die bisher die Telekommunikationsüberwachung zur Gefahrabwehr nicht ausdrücklich regeln, ist die Polizei nicht befugt, solche Maßnahme anzuordnen. Damit muss die Telekommunikationsüberwachung in solchen Ländern nach der StPO angeordnet und vorgenommen werden.

Schließlich ist zu verdeutlichen, dass bei der Auskunft über die nach TDSV bezeichneten Bestanddaten ihre gesetzliche Grundlage nicht aus der Telekommunikationsüberwachungsvorschriften der StPO, sondern aus anderen Ausschreibungsvorschriften stammen, etwa §§ 131 ff StPO[242], denn hier handelt es sich nur um den Bereich des allgemeines Datenschutzes.

C. Die Durchführung der Telekommunikationsüberwachungsmaßnahme

I. Der Gegenstand der Telekommunikationsüberwachungsmaßnahme

1. Der Telekommunikationsinhalt (§ 100 a StPO)

Nach § 100 a StPO ist die „Telekommunikation" Gegenstand der Überwachungsmaßnahme[243]. In § 3 Nr. 16 TKG wird der Begriff der Telekommunikation definiert. Augrund der in dieser Vorschrift beschriebenen Legaldefinition

[242] Edda Weßlau, Gefährdung des Datenschutzes durch den Einsatz neuer Medien im Strafprozess, ZStW 2001, Heft 4, S. 685.

[243] Nach dem vorherigen Wortlaut von § 100 a Abs. 1 S. 1 und § 100 b Abs. 1 S.1 StPO ist der Fernmeldeverkehr der Gegenstand der Telekommunikationsüberwachung. Doch nach Art. 2 Abs. 9 Nr. 2 und Nr. 3 des Begleitgesetzes zum Telekommunikationsgesetz (BegleitG, BGBl. I, 1997, S. 3113) wird der Fernmeldeverkehr durch „Telekommunikation" abgelöst. Es ist verwundert, dass der im Wortlaut des §§100 a und 100 b StPO befindende „Fernmeldeverkehr" damals nicht gleichzeitig geändert wurde.

bedeutet die Telekommunikation den technischen Vorgang des Aussendens, Übermittelns und Empfangs von Nachrichten jeglicher Art in der Form von Zeichen, Sprache, Bilden oder Tönen mittels Telekommunikationsanlage. Diese Telekommunikationsanlage wird § 3 Nr. 17 TKG zufolge als technische Einrichtungen bzw. Systeme definiert, die als Nachrichten identifizierbare elektromagnetische oder optische Signale senden, übertragen, vermitteln, empfangen, steuern oder kontrollieren können. Mit anderen Worten ist die Telekommunikation im Verhältnis zur Post so vereinfacht zu verstehen: der Vorgang des Nachrichtenaustauschs mittels technischen Medien. Der Inhalt der zu vermittelnden Nachrichten ist zuerst präzise als Telekommunikation zu verstehen. Nach der obigen Legaldefinition der Telekommunikation können sowohl das herkömmliche Gespräch als auch die über Internet vermittelten Daten dem Gegenstand der Telekommunikationsüberwachung angehören. In diesem Zusammenhang ist es unerheblich, in welcher Form die zu vermittelnden Nachrichten schließlich zu zeigen sind (z. B. Fax, E-Mail, Ton, Bild oder Animation). Deshalb ist der Begriff des Inhalts der Telekommunikation nicht abschließend, sondern durch technische Entwicklung zeitgemäß zu erweitern. Diese Tendenz kann man auch auf den Fall seiner Überwachung erstrecken.

2. Die Verbindungsdaten (§§ 100 g, i StPO)

Die „Voraussetzungen der Überwachung des Fernmeldegeheimnisses“ wurden vom Gesetzgeber in § 100 a StPO vorgeschrieben. Nach dem Inkrafttreten der BegleitG[244] wird der zuvor „Fernmeldeverkehr“ genannte Bereich, der nach § 100 a Abs. 1 S.1 StPO den Gegenstand der Überwachung und Aufzeichnung vorschreibt, von Telekommunikation abgelöst. Nach der in TKG verankerten Legaldefinition des Fernmeldeverkehrs und der Telekommunikation (§ 3 Nr.

[244] BGBl. I., 1997, S. 3018 ff.

16, und § 85 I TKG) sollen die näheren Umstände des Telekommunikationsvorgangs neben den zu vermittelnden Nachrichten (Inhalt) auch von dem Begriff der Telekommunikation umfasst werden. Deshalb kann gemäß § 100 a StPO der Gegenstand der Überwachung und Aufzeichnung nicht nur den Inhalt, sondern auch die Verbindungsdaten der Telekommunikation einbeziehen. Doch wird sein Anwendungsbereich in der Praxis seit langem ausschließlich auf den Fall der Überwachung des Telekommunikationsinhalts beschränkt. Damals beruhte die Auskunft über Telekommunikationsverbindungsdaten auf § 12 FAG[245]. Aber als die gesetzliche Grundlage der strafprozessualen Auskunft über Telekommunikationsverbindungsdaten ist § 12 FAG immer verfassungsrechtlich zweifelhaft gewesen[246]. Durch die Novelle der StPO im Jahr 2001[247] wurde § 12 FAG durch §§ 100 g, h StPO abgelöst. Dadurch wird die Grundlage für die strafprozessuale Auskunft über die Telekommunikationsverbindungsdaten erstmals in der StPO integriert. Anders als § 12 FAG erstreckt die Reichweite der Auskunft nach § 100 g StPO sich auch auf die Telekommunikationsverbindungsdaten der Zukunft. Im Vergleich zum § 100 a StPO ist § 100 g StPO die speziellere Regelung. Außerdem sind die im § 100 g Abs. 3 StPO aufgezählten Kategorien der Telekommunikationsverbindungsdaten abschließend. Die Auskunft über die Telekommunikationsverbindungsdaten außerhalb dieser Kategorien oder über andere personbezogene Daten darf weder nach § 100 g StPO noch nach § 100 a StPO angeordnet werden. Es bedarf hier einer neuen gesetzlichen Ermächtigung. Deswegen darf erst nach dem jüngst in Kraft getretenen § 100 i StPO[248] die Auskunft über die Standortinformation des Mobiltelefongeräts im Standby-Modus angeordnet werden. Infolge der

---

245 FAG = Fernmeldeanlagegesetz

246 Mangels sinnvollen Anwendungsbereichs, Hans-Ullrich Paeffgen, Roxin-FS, S. 1302; zur Verfassungsmäßigkeit des § 12 FAG, ausführlich, Welp, Überwachung und Kontrolle, S. 77 ff.

247 BGBl. I., 2001, S. 3879-3880.

248 BGBl. I, 2002, S. 3018.

Annäherung der Telekommunikationsverbindungsdaten wird die Standortinformation „im Fall keines Telekommunikationsaufbaus" auch in diesem Abschnitt behandelt.

a. Regelfall – die im Fall eines Verbindungsaufbaus anfallenden Telekommunikationsverbindungsdaten

Nach § 100 g Abs. 3 StPO werden die Kategorien der Telekommunikationsverbindungsdaten ausführlich aufgezählt. Darüber hinaus kann man auch in § 2 Nr. 4 TDSV eine Legaldefinition der Verbindungsdaten finden: Hiernach sind Verbindungsdaten die personenbezogenen Daten eines an der Telekommunikation Beteiligten, die bei der Bereitstellung und Erbringung von Telekommunikationsdiensten erhoben werden. Anschließend gibt es im § 6 TDSV eine beinahe der Kategorien der Verbindungsdaten des § 100 g StPO entsprechende Aufzählung. Doch ist die Anzahl der Kategorien der Verbindungsdaten nach § 100 g StPO im Vergleich mit § 6 TDSV geringer[249] und abschließend. Hier handelt es sich um die Frage, wie weit vom Telekommunikationsdienstanbieter verlangt werden kann, die Verbindungsdaten zum Strafverfolgungszweck mitzuteilen. Zu der Auflösung dieser Frage muss man von dem Unterschied zwischen den beiden Normzwecken ausgehen. Nach § 6 TDSV hat der Anbieter die Befugnis, die Verbindungsdaten zum bestimmten Anwendungszweck (z. B. Abrechung) zu erheben. Doch muss der Rahmen der Auskunft über Telekommunikationsverbindungsdaten zum Strafverfolgungszweck nach § 100 g Abs. 3 StPO bestimmt werden.

Nach § 100 g Abs. 3 StPO ist Voraussetzung der Erhebung der Telekommunikationsverbindungsdaten das Bestehen einer Verbindung. Zudem müssen diese

[249] Welp, GA 2002, S. 552.

Verbindungsdaten während einer erfolgreich aufgebauten Verbindung hergestellt werden[250]. Deshalb, im Fall keines Verbindungsaufbaus, bedarf es einer anderen strafprozessrechtlichen Ermächtigung, um die Auskunft über sonstige personenbezogenen Daten anzuordnen, etwa die Standortdaten des Handys im Standby-Modus im Sinne des § 100 i StPO.

aa) Die Kennung des Anschlusses

Nach § 3 Nr. 10 TKG besteht die Kennung des Anschlusses aus der Zeichenfolge (z. B. eine Zahlen- oder Buchstabenreihe), die in Telekommunikationsnetzen den Zwecken der Adressierung dienen. Unter Anschluss werden alle Netzzugänge verstanden[251]. Aufgrund dieser Legaldefinition werden die folgenden Kennungen des Anschlusses in § 100 g Abs. 3 Nr. 1 StPO aufgezählt vorgeschrieben: die „im Fall einer Verbindung" gespeicherten Berechtigungskennung, Kartennummern, Standortkennung, Kennung des anrufenden und angerufenen Anschlusses oder Endeinrichtung.

In der Literatur wurden die IP-Adresse und IMEI-Nummern früher für eine Kennung des Anschlusses nach § 100 b Abs. 2 S. 2 StPO gehalten[252]. Doch nach dem Inkrafttreten der §§ 100 g, h StPO können die IMEI-Nummern als Kennung der Endeinrichtung interpretiert werden. Darüber hinaus ist der Anschluss nicht auf die Hardware der Telekommunikation zu beschränken. Nach § 3 Nr. 9, 17 TKG kann er sich auch auf die von Software oder Systeme unter-

---

[250] Deshalb ist der Fall auszuschließen, in dem trotz erfolgreiches Verbindungsaufbaus keine Antwort erfolgt. Doch ist der Verbindungsaufbau gegeben, solange ein Anrufantworter oder eine Mail-Box bei persönlicher Abwesenheit oder Unerreichbarkeit eingeschaltet wird, vgl. Wolfgang Wohlers/ Daniela Demko, Der strafprozessuale Zugriff auf Verbindungsdaten (§§ 100 g, 100 h StPO), StV 4/2003, S. 243.

[251] Wohlers/ Demko, a. a. O., S. 243.

[252] Wolter, SK-StPO, 100 g, Rdn. 19; Kleinknecht/ Meyer-Goßner, StPO, § 100 g, Rdn. 4.

stützte Kennung erstrecken, die in Netzen zur Adressierung beiträgt. Deswegen gehören die IP-Adresse, die Rufnummer der Mail-Box (für Tonmail) sowie die Adresse sonstiger elektronischen Mail-Box zur Berechtigungskennung im Sinne des § 100 g StPO. In herkömmlichen Festtelefonnetzen kann die Lokalisierung eines Anschlusses durch seine Kennung wahrgenommen werden. Doch darf dieser Gedanke nicht direkt aufs Mobiltelefonnetz übertragen werden. Seit der Einführung des GSM-Standards besteht ein Mobiltelefonanschluss aus der Gerät (IMEI)- und Kartenummer (IMSI). Nach dem erfolgreichen Login der IMEI- und IMSI-Nummer im Kernnetz des Mobiltelefonnetzes wird von Basisstation registriert. In diesem Fall handelt es sich um drei in § 100 g Abs. 3 Nr. 1 StPO vorgegebene Kennungen des Anschlusses, nämlich Kartenummer (IMSI- oder SIM-Kartenummer), Kennung der Endeinrichtung (IMEI-Nummer) sowie Standortkennung.

bb) Nähere Umstände des Telekommunikationsvorgangs

Nach § 100 g Abs. 3 Nr. 2 StPO haben die Strafverfolgungsorgane einen Auskunftsanspruch auf diese Daten gegen Telekommunikationsdienstanbieter: Beginn und Ende der Verbindung nach Datum und Uhrzeit. In der Regel ist der Anbieter befugt, diese Daten zur Abrechnung zu speichern (§ 6 I Nr. 2 TDSV). Unter dieser Voraussetzung können sie nach § 100 g StPO mitgeteilt werden.

cc) Vom Kunden in Anspruch genommene Telekommunikationsdienstleistung

Nach der Liberalisierung des Telekommunikationsmarkts treten zahlreiche Telekommunikationsdienstanbieter auf. Der Benutzer hat mehr Auswahlmöglichkeiten bei der Anwendung der Telekommunikationsdienste, etwa kann er im Ortnetz und Fernnetz die verschiedenen Angebote benutzen, die von vielen

Anbietern mit unterschiedlichen Tarifen präsentiert werden, indem er eine bestimmte Vorwahlnummer einwählt (Call-by-Call-Service) oder den „letzte-Meile-Anschluss“ des Anbieters außerhalb der Deutschen Telekom AG wechselt, um zu telefonieren oder den Zugang ins Internet zu erhalten. Diese Daten sind für die Vorbereitung der Telekommunikationsüberwachung auch erforderlich. Einerseits können durch die Erkennung der Telekommunikationsdienste sowohl die Dienstleistungsanbieter als auch die Dienstsorte (z. B. Gespräch- oder Datenübertragungsdienst) bestimmt werden. Anderseits kann dadurch auch der zu überwachende Anschluss festgestellt werden. Nach dem Gedanken der Zusammenschaltung gemäß TKG werden diese Daten zur Abrechung nun normalerweise auf die selbe Rechnung gedruckt. Deshalb werden diese Daten auch legal hergestellt (nach § 6 I Nr. 3 TDSV), so dass gemäß § 100 g Abs. 3 Nr. 3 StPO die Auskunft über diese Daten angeordnet werden kann.

dd) Endpunkte festgeschalteter Verbindung, ihr Beginn und Ende nach Datum und Uhrzeit

Mittels der jüngsten „letzte-Meile-Anschluss“ Technik für Datenübertragung (z. B. ADSL oder Kabelmodem) kann jeder vernetzte Computer eine breitere Bandbreite als zuvor genießen, und sein Anschluss einer anhaltenden IP-Adresse zugeordnet werden. Wenn solch ein Computer (mit Netzwerkkarte oder Modem) eingeschaltet wird, kann er schnell die Verbindung zum Internet aufbauen und wegen der Einführung und Verbreitung der Pauschaltarife dauerhaft im Internet bleiben. Ein solcher Anschluss kann als Endpunkt festgeschalteter Verbindungen im Sinne des § 100 g Abs. 3 Nr. 4 StPO verstanden werden. Nach derartiger Vorschrift dürfen Beginn und Ende der Verbindung nach Datum und Uhrzeit gespeichert und erteilt werden. Doch die Rechtsmäßigkeit der Speicherung solcher Daten ist einerseits bei Pauschaltarife zweifelhaft, da es entsprechenden Anwendungszwecken hier bedarf. Der Dienstanbieter ist nicht berechtigt, die Verbindungsdaten in diesem Fall zu speichern. Deswegen können die Strafverfolgungsorgane nicht nach dieser Vorschrift von ihm eine Mitteilung verlangen.

b. Ausnahmefall – Standortdaten des Handys im Standby-Modus (§ 100 i StPO)

Unter den Voraussetzungen des § 100 i Abs. 1 Nr. 1 und 2 StPO wird die Auskunft über Standortdaten (einschließlich Gerät– und Kartenummer) des Handys im Standby-Modus abgefragt.

II. Telekommunikationsüberwachungstätigkeit

Die ganze Telekommunikationsüberwachungsmaßnahme gliedert sich in die drei folgenden Etappen.

1. Die Ermittlung der Kennung des Anschlusses

Das Fernmeldegeheimnis besteht aus dem Inhalt und dem Vorgang der Telekommunikation. Logischerweise muss man mit dem Vorgang der Telekommunikation beginnen, indem der zu überwachende Anschluss durch die Ermittlung seiner Kennung zu bestimmen ist. Danach können der Inhalt und der Vorgang der Telekommunikation später mittels dieses Anschlusses analysiert werden, um den gezielten Strafverfolgungszweck zu erreichen – die Erforschung des Sachverhalts oder die Ermittlung des Aufenthaltsorts des Beschuldigten und seines Nachrichtenmittlers.

Nach dem obigen Model müssen die Strafverfolgungsorgane zuerst nach § 100 g Abs. 3 Nr. 1 StPO Auskunft auf die Telekommunikationsverbindungsdaten fordern, um die Kennung des zu überwachenden Anschlusses festzustellen. Wie schon erörtert, stellt es eine neue Herausforderung dar, den Standort bei Mobilfunkgeräten festzustellen. Denn das Institut des Mobilitätsmanagements wird im Teilstück des Zugangsnetzes vom Mobiltelefonnetz eingeführt, um durch die Registrierung und die Aktualisierung der in gewisser Basisstation befindenden Geräts- und Kartenummer den ankommenden Anruf dem Mobiltelefongerät zu schicken. Hinsichtlich der Lokalisierung oder Adressierung des Anschlusses unterscheidet das sich nicht von dem Fall des Festnetzes, obwohl die Technik beim Mobiltelefonnetz komplizierter wird. Die Ermittlung der Kennung des Mobiltelefonanschlusses hängt von folgender Faktoren ab: Kartenummer (IMSI), Gerätnummer (bzw. Endeinrichtungskennung/ IMEI) sowie Standortkennung (in welcher Basisstation das Handy sich gerade oder zuvor befindet). Außerdem ist die Kennung des Anschlusses in der Regel „im Fall einer Verbindung" zu ermitteln (§ 100 g III Nr. 1 StPO). Insoweit bedarf es einer anderen gesetzlichen Ermächtigung, um die Kennung des Anschlusses „bei keinem Verbindungsaufbau" zu ermitteln[253]. Dazu dürfen gemäß § 100 i Abs. 1 Nr. 1 StPO zur Vorbereitung einer Maßnahme nach § 100 a StPO die Geräte- und Kartenummer ermittelt werden. Über die Vorbereitung der Telekommunikationsüberwachung hinaus gemäß § 100 i Abs. 1 Nr. 2 StPO darf der Standort eines aktiven eingeschalteten Mobiltelefongerätes noch zur vorläufigen Festnahme nach § 127 Abs. 2 StPO oder der Ergreifung des Täters auf Grund eines Haftbefehls oder Unterbringungsbefehls ermittelt werden. Obwohl nach dem Wortlaut des § 100 i Abs. 1 Nr. 2 StPO allein der Standort beschrieben wird, wird überdies die Ermittlung der Gerät- und Kartenummer vorausgesetzt[254].

---

[253] Hilger, GA 2002, S. 229; Wohlers/ Demko, StV 4/2003, S. 242, 247.
[254] MMR, aktuell, 1/2003, VIII.

Außerdem ist die Eingriffsschwere der Standortermittlungsmaßnahme intensiver als die reine Ermittlung der Geräte- und Kartenummer, denn erstere betrifft neben dem Fernmeldegeheimnis wegen Ergreifung des Bewegungsprofils des Einzelnen auch das Recht auf informationelle Selbstbestimmung. Dies wird im 3. Teil, C, I, b und F, II ausführlich erörtert.

2. Die Überwachung des Telekommunikationsinhalts

Die Telekommunikationsüberwachung ist die heimliche und unberechtigte Kenntnisnahme des Telekommunikationsinhalts durch Dritte. Sie stellt einen Grundrechtseingriff dar und bedarf einer gesetzlichen Grundlage wie schon erwähnt.

Nach § 100 a StPO darf die Telekommunikation überwacht werden. Diesem Oberbegriff (Überwachung) können nach der endgültigen Formen des Nachtrichtinhalts oder der Datenübertragung das Mithören (Gespräch), Mitlesen (der wörtliche Inhalt), sowie der Zugriff auf elektrische Daten (die über Internet vermittelten Daten) unterliegen.

Neben der Überwachung darf der Telekommunikationsinhalt in bestimmter Fällen aufgenommen werden (§ 100 a StPO). Die Aufnahme ist die Maßnahme, aufgrund derer der Telekommunikationsinhalt auf den Träger (z. B. Tonband bzw. Festplatte) gespeichert werden kann. Aus der Sicht des Datenschutzes besteht eine Gefahr, dass von diesen Daten nachträglich Dritte Kenntnis nehmen oder sie sich umfassend in anderen Verfahren weiterverwerten zu lassen.

Damit ist die Grundrechtseingriffsschwere der Aufnahme intensiver als die alleinige Überwachung. Deshalb kann die Überwachung nicht die Aufnahme einbeziehen[255].

Seit der Einführung der Paketvermittlung- und der digitalen Übertragungstechnik wird die Überwachung der über Internet vermittelten Daten nicht wie in der Ära der Leitungsvermittelungstechnik dauerhaft in der von den Betreiber gestellten Schnittstelle an einem bestimmten besetzen Übertragungsweg, sondern durch den Zugriff auf den im Festplatt von ISP gespeicherten Daten vorgenommen. Wenn man aus technischer Sicht das ganze Verfahren betrachtet, sind die über Internet vermittelten Daten als „einheitliche Informationsübermittlung" anzusehen[256]. Hinsichtlich der Heimlichkeit und Unberechtigkeit der Kenntnisnahme durch Dritte kann der Zugriff auf die über Internet vermittelten Daten einerseits rechtlich auch als die Überwachung definiert werden. Anderseits soll angesichts des technischen Fortschritts der Begriff der Überwachung wie aus der rechtlichen Ansicht interpretiert werden[257]. Doch dazu wendet eine Gegenmeinung ein, dass die auf der Festplatte gespeicherten Daten wegen der Beendigung der Telekommunikation kein Gegenstand der Telekommunikationsüberwachung seinen[258]. Diese Ansicht ist abzulehnen, da aus technischer und rechtlicher Sicht die auf der Festplatte des Anbieters gespeicherten Daten als Bestandteil der Telekommunikation im Sinne des § 100 a StPO interpretiert werden können.

---

[255] Das wird bei der Überwachung mit Videokamera deutlich, z. B. im Fall der Platzierung der Kofferbombe in Dresden Hauptbahnhof im Frühjahr 2003. Es fehlt die Aufnahme der Bilde der mutmaßlichen Verdächtigten, weil es noch einer gesetzlichen Grundlage für die Video-Aufnahme bedürfte.

[256] Kleinknecht/ Meyer-Goßner, StPO, § 100 a, Rdn. 328.

[257] Hans Kudlich, JA 2000, Heft 3, S. 232 f.

[258] Wolfgang Bär, Aktuelle Rechtsfragen bei strafprozessualen Eingriffen in die Telekommunikation, MMR 8/2000, S. 476, ders., Anmerkung zu BGH, CR 8/1996, S. 491.

3. Die Erteilung der Auskunft über Telekommunikationsverbindungsdaten

Nach § 100 g StPO können die Strafverfolgungsorgane von den Telekommunikationsdienstanbietern Auskunft über die Telekommunikationsverbindungsdaten anfordern. Mit der Kennung des Anschlusses können die näheren Umstände des Telekommunikationsvorgangs erst abgefragt werden.

In der Regel stellen solche Daten allein die Umstände der Vergangenheit dar (§ 100 g, I, S. 1 StPO). Bei der Anwendung des Internet-Zugang-Dienstes im Pauschaltarif sind die Verbindungsdaten der Benutzer zum Zweck der Abrechnung nicht mehr erforderlich. Mangels Anwendungszwecks dieser Daten ist der Dienstanbieter nach den Grundsätzen der Datensparsamkeit und -vermeidung unbefugt, sie zu speichern[259] (§ 7 III, S. 3 TDSV[260]). Bei fehlender nützlichen Verbindungsdaten der Vergangenheit wird die Ermittlung des Sachverhalts relativ schwer. Dabei können die Verbindungsdaten der Zukunft eine Chance bieten. Unter der Berücksichtigung der wirksamen Strafpflege existiert hier eine zu schließende Lücke[261]. Deswegen bedarf es bei Strafverfolgungsorganen einer auf die StPO gestützten Befugnis, um vom Dienstanbieter Informationen über zukünftige Verbindungsdaten zu verlangen[262]. Nach § 100 g Abs. 1 S. 3 StPO ist es unter dem obigen Gedanken gestattet, „zukünftige“ Telekommunikationsverbindungsdaten des Einzelnen abzufragen.

259 Welp, GA 2002, S. 556.
260 BGBl. I, 2000, S. 1742.
261 BT-Dr. 14/7008, S. 2 u. BT-Dr. 14/7258, S. 1 f.
262 BT-Dr. 14/7258, S. 2.

Deshalb sollen die Betreiber aufgrund dieser Anordnung ohne weiteres den Strafverfolgungsorganen die Verbindungsdaten mitteilen, solange an dem zu überwachenden Anschluss die Umstände des kommenden Telekommunikationsvorgangs auftauchen.

D. Die Einsatzvoraussetzungen der Telekommunikationsüberwachungsmaßnahme

I. Materielle Voraussetzungen

Die materiellen Voraussetzungen der Telekommunikationsüberwachungsmaßnahmen bringen einen „unmittelbaren und zusätzlichen" Zusammenhang mit der Änderung der Unversehrtheit der betroffenen Grundrechte des Einzelnen auf sich. Das Vorliegen dieser Situation ist von der gültigen Anordnung unabhängig.

Im Vergleich mit anderen Zwangsmaßnahmen zu ähnlichen Zwecken stellt die Telekommunikationsmaßnahme einen intensiven Grundrechtseingriff dar. Sie kann nur unter dem Gedanken des Verhältnismäßigkeitsprinzips als ultima ratio gerechtfertigt werden.

Die Zulässigkeit der Telekommunikationsüberwachung wird außerhalb der bereits erwähnten Überwachungstätigkeiten und Gegenstände, sowie des später zu erörternden Kreises der Bertoffenen in der Regel hauptsächlich durch folgende Elemente bestimmt werden: (1) Katalogtaten, (2) der aufgrund bestimmten Tatsache begründete Katalogtatverdacht sowie (3) die Subsidiaritätsklausel. Dies ist die Konkretisierung der gesetzgeberischen Berücksichtigung des Verhältnismäßigkeitsprinzips[263]. Solche Voraussetzungen werden nach der Überwachungsarten in §§ 100 a, 100g, sowie 100 i StPO vorgeschrieben.

1. Katalogtaten

Zuerst ist zu überprüfen, ob eine Katalogtat vorliegt. Die sog. Katalogtaten sind Verbrechen, die in der Vorschrift abschließend aufgezählt und deshalb als die Voraussetzung der Anordnung der Telekommunikationsüberwachung bezeichnet wurden. Doch ist es fraglich, welche Verbrechen in die Katalogtat aufzunehmen sind. Nach der Vorgabe des § 100 a StPO ist ein abstrakter Standard schwer zu finden. Ferner gibt es noch eine Tendenz zur Ausweitung der Reichweite der Katalogtaten des § 100 a StPO[264]. Daher interpretieren manche Auffassungen die Katalogtaten als „Straftaten von erheblicher Bedeutung“ oder „besonders schwere Taten“[265]. Darüber hinaus vertritt der Gesetzgeber in der Tat noch eine andere Auffassung für die Aufnahme einer Katalogtat. Danach kann die Katalogtat auch als die mittels Telekommunikationsanlagen begangene Straftat interpretiert werden (die Berücksichtigung der erhöhten Aufklärungschance; z. B. die Erpressung nach § 253 StGB)[266]. Schließlich kann eine Straftat aus kriminalpolitischen Bedürfnissen in den Katalog aufgenommen werden, wenn ausschließlich bestimmten Delikten (Delikte des Waffen- oder Betaübungsmittelsgesetzes) zu verfolgen sind[267]. Diese Berücksichtigungen können den „Eindruck der Willkür“ nicht beseitigen. Vielmehr wird er damit eher verstärkt[268]. Bei der Lösung dieser Problematik wird das Verhält-

263 Kleinknecht/ Meyer-Goßner, StPO, § 100 a, Rdn. 4.
264 BT-Dr. 14/162. Dazu kritisch, dass die Katalogtaten den Zusammenhangtaten gleichstehen, Kluas Bernsmann/ Marc Sotelsek, Anmerkung zu BGH, StV 03/04, S. 114 f.
265 Holger Niehaus, Katalogtatensysteme als Beschränkungen strafprozessualer Eingriffsbefugnisse, S. 39.
266 Niehaus, a. a. O., S. 40.
267 Niehaus, a. a. O., S. 41..
268 Neuhaus, Rieß-FS, S. 384.

nismäßigkeitsprinzip seit langem ignoriert. Deshalb ist bei der Entscheidung der Anordnung der Telekommunikationsmaßnahme dieses Ziel wegen der unbeschränkten und dauerhaften Ausweitung der Katalogtat nicht zu erreichen: das Grundrecht aus Art. 10 GG kann wirksam durch die Katalogtat geschützt werden[269]. Nun muss man außerhalb der Katalogtaten noch sonstige materielle Voraussetzungen der Telekommunikationsüberwachung aufnehmen, um den ausreichenden Schutz des von Art. 10 GG garantierten Fernmeldegeheimnisses zu gewährleisten.

2. Der aufgrund der bestimmten Tatsache begründete Katalogtatverdacht

Die andere Voraussetzung der Telekommunikationsüberwachungsmaßnahme liegt in dem durch die bestimmte Tatsache begründeten Verdacht der Katalogtat. Der Verdacht hat eine Doppelfunktion. Erstens begründet er grundsätzlich die Schwelle für die Auslösung der Zwangsmaßnahmen der strafprozessualen Ermittlung. Insoweit baut der Verdacht eine Brücke zu den Ermittlungsmaßnahmen, so dass er auch Schutzwall für den Bürger vor staatlichen Übergriffen ist[270]. Nach der Eingriffsintensität der Ermittlungsmaßnahme werden in der StPO die folgenden Verdachtsgrade unterschieden[271]: (1) der bloße Verdacht einer Straftat (§ 160 Abs. 1 StPO, der Beginn staatsanwaltlicher Ermittlungen) < (2) der durch bestimmte Tatsache begründete Verdacht (§§ 100 a, 100 b StPO) < (3) der dringende Verdacht (§ 112 Abs. 1 StPO, die Verhängung von Untersuchungshaft) < (4) der hinreichende Verdacht (§ 203 StPO, die Eröffnung der Hauptverhandlung)[272]. Doch ist das noch unzureichend, um den Begriff des Verdachts zu erfassen.

---

269 Niehaus, a. a. O., S. 91.
270 Kühne, StPO, Rdn. 321.
271 „< " = schwächer als
272 Kühne, StPO, Rdn. 324.

Hinsichtlich der Definition des Verdachts hat Kühne tiefgreifende Forschungen geführt und ist zu dem Ergebnis gekommen, dass „die Definition des Verdachtes die Beurteilung der Wahrscheinlichkeit des Vorliegens eines Ereignisses aus der Vergangenheit (die vermutete Straftat) ist“[273]. Somit lautet seiner Formel zur Überlegung des Verdachts: aus einer bekannten Tatsache (z. B. ein Taterfolg), einem bekannten Gesetz (z. B. StGB) wird eine unbekannte Tatsache abgeleitet[274]. Deshalb kann diese Wahrscheinlichkeitsbestimmung auch als „retrospektive Prognose“ bezeichnet werden[275]. Kühne versucht zuerst mit dem Verdachtsgrad zu beginnen, um ein objektivierbares Kriterium zur Feststellung des Verdachts zu finden. Das Ergebnis seiner Studie belegt, dass es mangels Praktikabilität nicht gelungen ist, den Verdacht zu quantifizieren. Deswegen wurde die Definitionsbemühung in eine andere Richtung gelenkt, nämlich die Verzicht auf die direkte Definition des Verdachts und die Objektivierung der Feststellung des Verdachtes durch die Verstärkung der vorhandenen Institute. Dazu existiert die Notwendigkeit intensiver Reflexionen beispielsweise mit Hilfe eines „Begründungszwangs“. Die Einschaltung des Richters kann die Begründung für die Entscheidung des Verdachtsgrades überprüfen, so dass durch die richterliche Kontrolle und konkrete Fälle das Vorliegen des Verdachts aufgeklärt wird[276]. So folgt Kühne:

„Die Feststellung des Verdachtsgrades kann als ein Erfahrungsgrundsatz angesehen werden. Mit seiner verallgemeinerten Regel soll aus unvollständiger Tatsache auf die Wahrscheinlichkeit eines Tatverdachts geschlossen werden.

---

273 Ausführlich, Kühne, Die Definition des Verdachts als Voraussetzung strafprozessualer Zwangsmaßnahmen, NJW 1979, S. 617 ff.

274 Kühne, StPO, Rdn. 327.

275 Kühne, StPO, Rdn. 327.

276 Kühne, StPO, Rdn. 333; auch, Lohner Erwin, Die Tatverdacht im Ermittlungsverfahren: Begriff, rechtliche Ausgestaltung, praktische Handhabung und Kontrolle am Beispiel der politischen Verdachtsfeststellung, S. 242.

Deshalb wird die Objektivierung des Verdachts auch nicht durch eine Zahl, sondern durch das Ausmaß der Überprüfbarkeit der vom Richter angewendeten Erfahrungsgrundsätze erreicht"[277]

Der Beobachtung Kühnes zufolge liegt die Schwierigkeit der Debatte darin, dass die justizielle Kontrolle des Verdachts nicht verbessert wird, wenn in der Praxis die Verdachtsfindungskontrolle vom Richter auf den Staatsanwalt abschoben wird, die weiterhin an die Polizei weitergegeben wird[278].

3. Subsidiaritätsklausel

Wegen der Intensität des Grundrechtseingriffs wendet der Gesetzgeber das Subsidiaritätsprinzip bei der Telekommunikationsüberwachung an, um einerseits seinen Einsatz einzuschränken und andererseits als die „ultima ratio" zur Ermittlung einzustufen[279]. Rieß definiert das Subsidiaritätsprinzip so: wenn die Zulässigkeit einer Ermittlungsmaßnahme dergestalt in eine Relation zu anderen, dem gleich Zweck dienenden Ermittlungsmaßnahme gesetzt ist, dass sie gegenüber diesen anderen Ermittlungsmaßnahmen unter erfolgversprechende Ansicht nur „nachrangig" zulässig ist. Die Subsidiaritätsklausel ist eine Norm, nach der dieses Subsidiaritätsverhältnis exakt bestimmt werden kann[280]. Da ein „Rangverhältnis" zu ähnlichen Zwecken zwischen der Telekommunikationsüberwachung mit der Subsidiaritätsklausel und sonstigen Ermittlungsvorschriften vorliegt, kann es auch als „Regel-Ausnahme-Verhältnis " bezeichnet

---

[277] Kühne, StPO, Rdn. 325.
[278] Kühne, StPO, Rdn. 340.
[279] Peter Rieß, Über Subsidiaritätsverhältnisse und Subsidiaritätsklauseln im Strafverfahren, in Gedächtschrift für Karlheinz Meyer, S. 380; dazu kritisch in der Praxis, Kramer, StPO, Rdn. 221.
[280] Rieß, Gedächtschrift für Meyer, S. 369.

werden[281]. Bei der Telekommunikationsüberwachung wird die Subsidiaritätsklausel mit verschiedener Grade in der folgenden Formel in §§ 100 a, 100 g sowie 100 i StPO zum Ausdruck gebracht werden:

(1) Zum Zweck der Telekommunikationsüberwachungsmaßnahme: Die Erforschung des Sachverhalts, die Ermittlung des Aufenthalts des Beschuldigten oder die Vorbereitung der Telekommunikationsüberwachungsmaßnahme.

(2) Die konkurrierenden Maßnahmen: Es ist dann zu überprüfen, ob „auf andere Weise" der Zweck erreicht werden kann.

(3) Die erfolgversprechende Aussicht: Trotz der Alternative anderer Ermittlungsmaßnahmen ist es auch zu überprüfen, ob ohne Einsatz der Subsidiaritätsklausel die konkurrierenden Maßnahmen zur Erreichung der gleichen oder ähnlichen Zwecke „aussichtslos oder wesentlich erschwert wäre.

Die Entscheidung ist den konkreten Umständen zufolge zu treffen. Die reine Vermutung (z. B. zeitliche Verzögerung bzw. hoher Geldaufwand) ist hier als Kriterium nicht gestattet[282].

4. Die sonstigen Voraussetzungen der Anordnung jeglichen Überwachungsmaßnahmen

a. Die Überwachung des Telekommunikationsinhalts (§ 100 a StPO)

In diesem Fall verwendet der Gesetzgeber in § 100 a StPO die Katalogtat, den Katalogtatverdacht sowie das Subsidiaritätsprinzip als Schwelle der Anordnung. Nach seiner Bewertung ist die Intensität des Grundrechtseingriffs in diesem Fall stärker als bei sonstigen Ermittlungsmaßnahmen, die demselben Zweck dienen. Die Katalogtaten gemäß § 100 a StPO werden abschließend

---

281. Rieß, Gedächtschrift für Meyer, S. 369.

282 Rieß, Gedächtschrift für Meyer, S. 385.

aufgezählt. Deshalb wird die nicht auf Grund einer Katalogtat angeordnete Überwachung des Telekommunikationsinhalts als rechtswidrig bewertet[283]. Weiterhin muss der Betroffene von Telekommunikationsüberwachung aufgrund bestimmter Tatsachen der Begehung der Katalogtat verdächtig sein. Umstritten ist noch, welcher Verdachtsgrad dabei vorliegen muss. In der Praxis wird „ein einfacher Verdacht" als ausreichend betrachtet[284]. Nach h. M. im Schrifttum ist „ein erheblicher Verdacht " hier im Hinblick auf das Verhältnismäßigkeitsprinzip zu fordern[285]. Insofern wird verlangt, dass die Intensität des durch die Telekommunikationsüberwachungsmaßnahme ausgelösten Grundrechtseingriffs möglichst auf einem im Rahmen des § 100 a StPO vorgeschriebenen Verdachtsgrad beruht. Dagegen ist Kühne der Meinung, dass im Fall des § 100 a StPO „dringender Verdacht" nachgewiesen werden muss, da, wie bereits dargestellt, zwischen dem Verdacht nach § 100 a StPO und dringendem Verdacht keine weiteren Verdachtsabstufungen vorliegen[286].

Zusammenfassend kann die h. M. nicht unmittelbar das Problem auflösen, sondern bekräftigen. Die Auffassung Kühnes besorgt einerseits den Ausgleich zwischen dem Interesse an der Strafverfolgung und der Schwere des durch Telekommunikationsüberwachungsmaßnahme ausgelösten Grundrechtseingriffs des Betroffenen. Andererseits weist sie auf die daraus herrührenden Verbesserungsmöglichkeiten bei der Einordnung des Verdachtsgrades hin. Durch eine solche Interpretation besteht jedoch die Gefahr der Unsicherheit bei der Anwendung. Insofern vertreten die beiden Auffassungen einheitlich, dass der in

---

283 BGH, NStZ 2003, Heft 9, S. 500; OLG Hamburg, StV 11/2002, S. 590.
284 OLG Hamm, NStZ, 2003, Heft 5, S. 279.
285 Rudolphi, SK-StPO, § 100 a, Rdn. 11; dagegen Ergebnis identisch doch die Begründung anders, Andreas Ebert, Der Tatverdacht im Strafverfahren unter spezieller Berücksichtigung des Tatnachweises im Strafbefehlsverfahren, S. 133, demnach ist er der Auffassung, dass ein stärker Verdacht das Manko einer geringen Aufklärungschance nicht ausgleichen könne.
286 Kühne, StPO, Rdn. 527.

geltenden § 100 a StPO verankerte Verdacht der Intensität des durch die Telekommunikationsüberwachung verursachten Grundrechtseingriffs nicht entspricht. Es gibt hier ein Novellierungsbedürfnis.

Als eine Subsidiaritätsklausel ist § 100 a StPO die Telekommunikationsüberwachung zulässig, nur wenn die Erforschung des Sachverhalts oder die Ermittlung des Aufenthalts des Beschuldigten auf andere Weise aussichtslos oder wesentlich erschwert wäre. Der Anwendungsfall der Telekommunikationsüberwachung wird deshalb nur auf bestimmte Zwecke beschränkt. Die Formulierung -„auf andere Weise“ weist auf alternative Ermittlungsmaßnahmen hin, mit denen der erstrebte Zweck auch verwirklicht werden kann. Dann wird unter dem erfolgversprechenden Aspekt der Vergleich zwischen der Telekommunikationsüberwachung und konkurrierenden Ermittlungsmaßnahmen geführt. Zuerst ist erforderlich, dass der Ermittlungserfolg durch den Einsatz sonstigen Ermittlungsmaßnahmen der gezielte Strafverfolgungszweck nicht zu erreichen ist. Wenn allerdings dieser Zweck mittels Telekommunikationsüberwachung auch nicht verwirklicht werden kann, darf sie auch nicht angeordnet werden.

Ferner kann § 100 a StPO angeordnet werden, wenn trotz des Einsatzes sonstigen Ermittlungsmaßnahme der obige Zweck aus ökonomischer Sicht nicht leicht erreicht werden kann. Nach der überwiegenden Auffassung in der Praxis und Literatur wird der wegen sonstigen Ermittlungsmaßnahmen ausgelöste, zu große Aufwand bisher nur auf den Fall der Zeitverzögerung beschränkt[287]. Einer anderen Ansicht zufolge ist auch der enorme Geldaufwand einschlägig[288].

---

[287] Kleinknecht/ Meyer-Goßner, StPO, § 100 a, Rdn. 7; Rieß, Gedächtschrift für Meyer, S. 385.

[288] Rieß, Gedächtschrift für Meyer, S. 385.

Die Formulierung – „wesentlich erschwert“ zieht daher um eine sehr niedrige Abgrenzung der Einsatzgelegenheit der Telekommunikationsüberwachung.

b. Die Auskunft über Telekommunikationsverbindungsdaten (§ 100 g I, II StPO)

Bei § 100 g Abs. 1 StPO verzichtet der Gesetzgeber auf das Erfordernis der Katalogtat. Sowohl im Falle der Katalogtaten gemäß § 100 a StPO als auch im Fall der mittels einer Endeinrichtung begangenen Straftat von erheblicher Bedeutung oder ihres strafbaren Versuchs und der durch eine Straftat durchgesetzten Vorbereitung[289] ist die Auskunft über Telekommunikationsverbindungsdaten zulässig. Weil es hier das überwiegend geringere Gewicht des Eingriffs in Art. 10 GG gegenüber den Inhalt der Telekommunikation gibt[290].

Aber die Frage bleibt noch offen, wie eng der Zusammenhang zwischen der Nutzung des Anschlusses und der Begehung einer Straftat von erheblicher Bedeutung im Sinne des § 100 g StPO sein muss. Dazu einer überwiegenden Auffassung zufolge ist es entscheidend, ob eine Straftat von erheblicher Bedeutung eigentlich vorliegt[291]. Deswegen genügt der aufgrund bestimmter Tatsache begründete einfache Verdacht[292]. In § 100 g StPO ist keine Subsidiaritätsklausel wie in § 100 a StPO enthalten, sondern lediglich gefordert, dass die Maßnahme zum Zweck der Untersuchung erforderlich ist. In diesem Zusammenhang existiert ein Subsidiaritätsverhältnis zwischen §§ 100 a und 100 g StPO auch, und zwar ist letztere Vorschrift zu gleichen Zwecken vorrangig.

---

[289] LG Wuppertal, MMR 8/2002, S. 560; LG Dortmund, MMR 1/2003, S. 54; dagegen ist die Telekommunikationsüberwachung mangels Anwendung der Endeinrichtung noch anzuordnen, um die Straftat von erheblicher Bedeutung zu ermitteln, LG Köln, MMR 8/2002, S. 562.

[290] Wolter, SK-StPO, 100 g, Rdn. 6.

[291] Bär, Anmerkung zu LG Dortmund, MMR 1/2003, S. 54.

[292] Kleinknecht/ Meyer-Goßner, StPO, § 100 g, Rdn. 6.

Der Zielwahlsuche im Sinne des § 100 g Abs. 2 StPO ist nur anzuordnen, wenn die Erforschung des Sachverhalts oder die Ermittlung des Aufenthaltsortes des Beschuldigten auf andere Weise aussichtslos oder wesentlich erschwert wäre. Seine Anordnung ist einzuschränken, da unbeschuldigte Dritte umfassend betroffen werden können. Insofern benützt der Gesetzgeber auch die selbe Subsidiaritätsklausel wie § 100 a StPO. Damit ist die Zielwahlsuche im wesentlichen eine Variante der Auskunft über Verbindungsdaten. Trotz fehlender Vorgabe wie in § 100 g Abs. 1 StPO darf die Zielwahlsuche gemäß § 100 g Abs. 2 StPO noch aufgrund des durch bestimmte Tatsache begründeten Verdachts der Straftat von erheblicher Bedeutung angeordnet werden. Darüber hinaus gibt es bei der sog. Funkzelleabfrage gemäß § 100 h Abs. 1 S. 2 StPO noch die gleiche Subsidiaritätsklausel. Die Maßnahme ist gestattet, wenn andernfalls die Erforschung des Sachverhalts aussichtslos oder wesentlich erschwert wäre. Mit anderen Worten kann die Kennung des vom Täter verwendeten Anschlusses nach den in § 100 h Abs. 1 S. 1 StPO aufgezählten Daten noch nicht wirksam festgestellt werden.

Ausnahmsweise kann der Staat dabei nach § 100 h Abs. 1 S. 2 StPO während der Ermittlung der Straftat von erheblicher Bedeutung nur aufgrund einer räumlich, zeitlich hinreichend bestimmten Beziehung der Telekommunikation (etwa innerhalb eines konkreten Zeitraums aus einer bestimmten Funkzelle) bei Erschöpfen allen Ermittlungsmaßnahmen zur Erforschung des Sachverhalts die Auskunft über Verbindungsdaten des Mobiltelefons anordnen[293]. Bei dem Einsatz dieser sog. „Funkzelleabfrage“ nach § 100 h Abs. 1 S. 2 StPO besteht die Gefahr des Eingriffs in Grundrechte unschuldiger Dritter, weil sie sich allein auf die räumlich und zeitlich unpräzise bestimmte Bezeichnung der

[293] Pfeiffer, StPO, § 100 h, Rdn. 4.

Telekommunikation die Auskunft über die Telekommunikationsverbindungsdaten stützt[294]. Unter der Berücksichtigung der Effizienz der Strafverfolgung ist diese Eilkompetenz einerseits gestattet. Andererseits besteht die Sorge, dass der unschuldige Dritte bei der Anordnung dieser Maßnahme unvermeidlich von ihr betroffen wird. Deshalb ist die gleiche Subsidiaritätsklausel wie in § 100 a StPO auch in § 100 h Abs. 1 S. 2 StPO vorgeschrieben.

c. Die Ermittlung der Anschlusskennung und der Standortinformation des Handys im Standby-Modus (§ 100 i StPO)

Nach § 100 i Abs. 1 StPO dürfen die Geräte- und Kartennummer zur Vorbereitung einer Maßnahme gemäß § 100 a StPO mitgeteilt werden. Aufgrund § 100 i Abs. 2 StPO ist diese Auskunft gestattet, wenn die Voraussetzungen des § 100 a StPO vorliegen und die Durchführung der Überwachungsmaßnahme ohne die Ermittlung der Geräte- und Kartennummer nicht möglich oder wesentlich erschwert wäre. Mit anderen Worten bedarf es im Fall des § 100 i Abs. 1 Nr. 1 StPO neben der Erfüllung der teilweisen Voraussetzungen des § 100 a StPO, etwa Katalogtat und Katalogverdacht, auch einer erfolgsversprechenden Aussicht. Aber zur Vorbereitung sonstigen Überwachungsmaßnahmen (z. B. § 100 g StPO) ist Subsidiaritätsklausel hier anders als in § 100 a StPO und entscheidend für die Anordnung der Maßnahme des § 100 i StPO. Zudem ist sie gemäß § 100 i Abs. 2, 1. Halbsatz StPO erst zulässig, wenn ohne Auskunft über Geräte- und Kartennummer die Vorbereitung der Maßnahmen gemäß § 100 a StPO „nachweisbar" gescheitert ist, nämlich „nicht möglich" ist. Auch im Rahmen des § 100 i StPO ist es – wie bei § 100 a StPO - problematisch, welcher Aufwand oder welche Zeitverzögerung als „wesentliche Erschwerung" zu bewerten sind.

---

[294] BT-Dr. 14/7258, S. 5.

In dieser Hinsicht sind die künftigen Entscheidungen der Rechtsprechung abzuwarten.

Ferner darf gemäß § 100 i Abs. 1 Nr. 2 StPO der Standort eines aktiven geschalteten Mobilfunkendgeräts zur vorläufigen Festnahme nach § 127 Abs. 2 StPO oder Ergreifung des Täters aufgrund eines Haftbefehls oder Unterbringungsbefehls ermittelt werden. Aber es bedarf auch hier nach § 100 i Abs. 2, 2. Halbsatz StPO ein Bezug auf „Straftaten von erheblicher Bedeutung". Schließlich besagt die Subsidiaritätsklausel, dass Maßnahme nach § 100 i Abs. 1 Nr. 2 nur zulässig sind, wenn die Ermittlung des Aufenthalts des Täters auf andere Weise weniger erfolgversprechend oder erschwert wäre. Die Subsidiaritätsklausel erfordert andere Erfolgaussicht als bei §§ 100 a und § 100 i Abs. 2 S. 1 StPO. Zuerst ist es „weniger erfolgversprechend", wenn sonstige Ermittlungsmaßnahmen „mit hoher Wahrscheinlichkeit" als unwirksam zur Erreichung des gleichen Zwecks bewertet werden. Außerdem ist es „erschwert", wenn zur Erreichung des gleichen Zwecks es nicht allzu großen Aufwandes bedarf wie bei dem Fall – „wesentlich erschwert", sondern es reicht relativ mehr aus. Vielmehr bedeutet dies eine Lockerung und Senkung der Abgrenzung des Subsidiaritätsverhältnisses beim Einsatz dieser Maßnahme. Um die Schwierigkeit bei der Anwendung dieser Vorschrift zu vermindern, ist künftig ihre Präzisierung durch Rechtssprechung und Literatur erforderlich[295].

---

[295] Bär befürchtet, dass die Praxis daran zweifelt, ob in der Tat solche Subsidiaritätsklausel sinnvoll ist, Bär, GA 2002, S. 559.

II. Formelle Voraussetzungen

Im Vergleich zu den materiellen Voraussetzungen stehen die Formellen allein in einem „mittelbaren“ Zusammenhang mit der Änderung der Unversehrtheit der betroffenen Grundrechte des Einzelnen.

1. Gültige Anordnung

Die Maßnahmen nach §§ 100 a, 100 g sowie 100 i StPO müssen sich auf eine gültige Anordnung stützen. Gemäß §§ 100 b, 100 h und 100 i Abs. 4 StPO müssen sie zunächst von dem zuständigen Strafverfolgungsorgan getroffen werden. § 100 b Abs. 1, S. 1 StPO zufolge ist der Richter allein befugt, die Überwachung des Telekommunikationsinhalts anzuordnen[296]. Ausnahmsweise kann der Staatsanwalt sie bei Gefahr im Verzug anordnen (§ 100 b, I, S. 2 StPO). Doch muss sie binnen dreier Tage vom Richter bestätigt werden, da sie ansonsten außer Kraft tritt (§ 100 b, I, S. 3 StPO).

Bei der Auskunft über Telekommunikationsverbindungsdaten nach § 100 g StPO ist der Richter für ihre Anordnung zuständig. Bei Gefahr im Verzug kann der Staatsanwalt auch diese Auskunft anordnen (§ 100 h, I, S. 3 iVm. 100 b, I, S. 2 StPO). Sie tritt außer Kraft, wenn sie binnen dreier Tage nicht vom Richter bestätigt wird (§ 100 h, I, S. 3 StPO iVm. § 100 b, I, S. 3 StPO).

Bei Maßnahme gemäß § 100 i Abs. 4 StPO ist auf die zu §§ 100 g, h StPO gemachte Ausführung zu verweisen.

---

[296] Zu der Frage, wie der Richter in der Praxis die Anordnung der Telekommunikationsüberwachung trifft, vgl. Ulrich Franke, Aktuelle Rechtsprechung des Bundesgerichtshofs zur Telekommunikationsüberwachung: Die Überprüfung gerichtlich angeordneter Ermittlungsmaßnahmen durch Tat- und Revisionsgerichte – Besprechung vom BGH, Beschlüsse vom 1. 8. 2002 und 26. 2. 2003, GA 2003, S. 888-894.

2. Die Förmlichkeit der Anordnung

Bei der Überwachung des Telekommunikationsinhalts, der Auskunft über Telekommunikationsverbindungsdaten sowie den Standortdaten des Handys im Standby-Modus gemäß § 100 i Abs. 1, Nr. 1 und Abs. 2, S. 1 StPO muss ihre Anordnung schriftlich ergehen (§§ 100 b, II, S. 1 iVm. 100 h, I, S. 3 und 100 i, IV, S. 1, 2. Halbsatz).

In der nach §§ 100 a und 100 b getroffener Anordnung muss mindestens Namen und Anschrift des Betroffenen, und die Rufnummer oder eine andere Kennung seines Telekommunikationsanschlusses eingetragen werden (§ 100 b, II, S. 2 StPO). Ferner sind auch Art, Umfang und Dauer der Maßnahme in dieser Anordnung zu bestimmen (§ 100 b, II, S. 3 StPO). Im Fall des § 100 g StPO muss die Anordnung einschließlich der Auskunft über zukünftige Telekommunikationsverbindungsdaten auch den Namen und die Anschrift des Betroffenen, gegen den sie sich richtet, sowie die Rufnummer oder eine andere Kennung seines Telekommunikationsanschlusses enthalten (§ 100 h, I, S. 1 StPO). Darüber hinaus sind die Art, Umfang und Dauer der Maßnahme nicht in dieser Anordnung zu bestimmen (§§ 100 h, I, S. 3 iVm. 100 b, II, S. 3 StPO). Doch genügt im Fall einer Straftat von erheblicher Bedeutung eine räumlich und zeitlich hinreichend bestimmte Bezeichnung der Telekommunikation für diese Anordnung (§ 100 h, I, S. 2 StPO; zu Funkzelleabfrage ausführlich, vgl. 2. Teil, D. I, 4, b).

Aber im Fall der Anordnung gemäß § 100 i StPO fehlt es an einem formalen Kriterium. Aufgrund der jüngsten Entwicklung der Mobiltelekommunikationstechnik und nach der Liberalisierung des Telekommunikationsmarkts sind die Strafverfolgungsorgane heute in der Lage, alle Anschlüsse, die mutmaßlich vom Täter benutzt werden, völlig aufzuklären. Daher ist es unter Berücksichtigung des Effizienzgrundsatzes zu zeit- und arbeitsaufwendig, alle Daten für die Auskunft über die Standortinformation vorher detailliert in der Anordnung zu registrieren. Doch ist das verfassungsrechtlich bedenklich, da der Mangel einer Förmlichkeit die Kontrollmöglichkeit einschränkt und eine Missbrauchsgefahr liefert. Darüber hinaus gibt es keine Vorschrift der Schriftlichkeit bei der Anordnung der Auskunft über die Standortinformation gemäß § 100 i Abs. 1 Nr.2 iVm. Abs. 2 S.2 StPO. Eine Formvorschrift würde somit effektiv zum Grundrechtsschutz beitragen (Grundrechtschutz durch Verfahren). Insofern ist ein Handel des Gesetzgebers zu fordern.

3. Befristung der Durchführung der Anordnung

Im Fall des § 100 a StPO ist die Anordnung auf höchstens drei Monaten zu befristen (§ 100 b, II, S. 4 StPO). Soweit die in § 100 a StPO bezeichneten Voraussetzungen fortbestehen, ist eine Verlängerung nicht mehr als drei weitere Monate zulässig (§ 100 b, II, S. 5 StPO).

Ebenfalls gilt dies im Fall der Anordnung der Auskunft über zukünftige Telekommunikationsverbindungsdaten nach § 100 g StPO (§§ 100 h, I, S. 3 iVm. 100 b, II, S. 4 und 5). Doch fehlt es bei der Auskunft über die Telekommunikationsverbindungsdaten bezüglich der Vergangenheit an einer Abgrenzungsvorschrift für die Befristung der Bewahrung dieser Daten. Die Voraussetzung für die vom Dienstanbieter gespeicherten Daten als strafprozessuales Beweismittel ist zunächst, dass ihre Auskunft nach § 100 h StPO zulässig ist[297]. Dann müssen diese Daten vom Dienstanbieter legal gespeichert werden. Nach dem gel-

[297] Ulrich Eisenberg/ Anett Nischan, Strafprozessualer Zugriff auf digitale multimediale Videodienste, JZ 2/1997, S. 81.

tenden § 6 TDDSG und § 7 Abs. 3 S. 3 TDSV hat er nach der Beendigung der Verbindung die Befugnis, die Verbindungsdaten höchstens sechs Monate unter Kürzung der Zielnummer um die letzten drei Ziffern zu Beweiszwecken für die Richtigkeit der Abrechnung nach Versendung der Rechnung zu speichern. Deswegen haben die Strafverfolgungsorgane einen Anspruch auf diese Verbindungsdaten der vergangenen sechs Monate nach § 100 h StPO. Jedoch wird der Umfang der Mitwirkungspflicht des Dienstanbieters auch nach § 6 TDDSG und § 7 Abs. 3 S. 3 TDSV begrenzt.

Im Fall des § 100 i StPO ist auf höchstens sechs Monate zu befristen (§ 100 i StPO, IV, S. 2 StPO). Eine Verlängerung um höchsten sechs weitere Monate ist zulässig, soweit die Voraussetzungen nach § 100 i Abs. 1 und 2 StPO fortbestehen (§ 100 i IV, S. 3 StPO).

E. Die an dem strafprozessualen Telekommunikationsüberwachungsverfahren Beteiligten

I. Der Richtervorbehalt

Die Anordnung der strafprozessualen Telekommunikationsüberwachung (einschließlich der Auskunft über die Standortdaten des Handys im Stand-by-Modus gemäß § 100 i StPO) wird in Form des Richtervorbehalts in der StPO regelt.

1. Die Vorgabe des Richtervorbehalts

a. Das zuständige Anordnungsorgan der strafprozessualen Telekommunikationsüberwachungsmaßnahme

aa) Normalfall: Anordnung durch den Richter

Bei der Überwachung und Aufzeichnung des Telekommunikationsinhalts (§ 100 a StPO), der Auskunft über die Telekommunikationsverbindungsdaten (§ 100 g StPO) und der Abfrage über die Standortdaten des Handys im Stand-by-Modus (§ 100 i StPO) muss die Anordnung gemäß §§ 100 b Abs. 1, S. 1 iVm. 100 h Abs. 1, S. 3 sowie 100 i Abs. 4, S. 1 StPO durch den Richter getroffen werden. Der Richter muss zunächst überprüfen, ob anhand der Umstände die materielle Voraussetzung der strafprozessualen Telekommunikation erfüllt werden[298]. Sodann wird unter der Berücksichtigung des Verhältnismäßigkeitsprinzips im Einzelfall die Anordnung getroffen. Wie im Fall der Durchsuchung fehlt es bei der Telekommunikation auch an einer Befristungsvorschrift, nach der die Zeitdauer zwischen dem Zeitpunkt des Beschlusses und der Vornahme der Anordnung bestimmt wird. Im Prinzip soll das zuständige Strafverfolgungsorgan nach dem Beschluss so schnell wie möglich[299] die Anordnung vollstrecken, da ansonsten die Gefahr der Änderung der Umstände entsteht, aufgrund deren die Telekommunikationsüberwachung angeordnet wurde. In einem solchen Fall ist in Folge des aus dem Richtervorbehalt stammenden Kontroll-Gedanken die zuvor getroffene Anordnung ganz aufzuheben und eine neue zu treffen, um sich den aktuellen Umständen anzupassen.

---

298 Dazu näher, vgl. Gusy, Rechtsgrundlagen der Richtervorbehalte nach § 100 b StPO, GA 2003, S. 690 f.

299 Dazu nach der Auffassung des BVerfG nicht über 6 Monate, BVerfG JR, 1997, Heft 9, S. 386 f; dazu kritisch, Gabriele Cirener, Anmerkung, JR 1997, Heft 9, S. 390 f.

bb) Ausnahmefall: Anordnung durch Staatsanwalt und ihre nachträgliche Bestätigung durch den Richter

Nach §§ 100 b Abs. 1 S. 2, 100 h, Abs. 1 S. 3 sowie 100 i Abs. 4 S. 1 StPO darf die Überwachung der Telekommunikation bei Gefahr im Verzug durch den Staatsanwalt angeordnet werden. Das BVerfG definiert im Fall der Durchsuchung der Wohnung den Begriff der Gefahr im Verzug wie folgt: Der Ermittlungserfolg wird zeitlich verzögernd gefährdet, wenn die Anordnung des instanziell und funktionell zuständigen Richters von den Antragorganen verlangt wird[300]. Diese Definition kann „entsprechend" auf den Fall der Telekommunikationsüberwachung übertragen werden, denn „die Eingriffstiefe" bei Telekommunikationsüberwachung ist im wesentlichen so ähnlich wie bei der Durchsuchung der Wohnung[301]. Doch ist der Anwendungsumfang der Gefahr im Verzug in Sinne des §§ 100 b Abs. 1 S. 2 , 100 h, Abs. 1 S. 3 sowie 100 i Abs. 4 S. 1 StPO enger auszulegen, da die Telekommunikationsüberwachung im Vergleich zur Durchsuchung heimlich durchgeführt und die Schwere des Grundrechtseingriffs hier als intensiver bewertet werden muss.

Diese Anordnung tritt außer Kraft, wenn sie nicht binnen dreier Tage vom Richter bestätigt wird. Die nachträgliche Bestätigung der Anordnung bedeutet nicht die bewusste Ausschaltung des Richters im Verfahren der Bestimmung der Anordnungsgestaltung. Vielmehr muss der Richter bei abgeschlossenen Telekommunikationsüberwachungsmaßnahmen noch alle damaligen Umstände überprüfen, von denen die Anordnung abhängig war, und danach entscheiden[302]. Mit anderen Worten muss der Richter aufgrund den konkreten Um-

---

300 BverfG, NStZ 2001, Heft 7, S. 384.
301 Amelung, Die Entscheidung des BVerfG zur „Gefahr im Verzug" i. S. des Art. 13 II GG, NStZ 2001, Heft 7, S. 342.
302 BVerfG, NStZ 2001, Heft 7, S. 386.

ständen zum Zeitpunkt, in dem der Staatanwalt die Eilanordnung getroffen hat, prüfen, ob beim Versuch des Erlangens der richterlichen Anordnung der Ermittlungserfolg zeitlich verzögernd gefährdet werden konnte[303]. Obwohl die Anordnung durch den Staatsanwalt getroffen wird und danach bereits existiert, kann der vom Richtervorbehalt angestrebte Grundrechtsschutz des Betroffenen noch durch die nachträgliche Bestätigung des Richters erreicht werden. Deswegen ist für die endgültige Feststellung der Gültigkeit der Telekommunikationsüberwachungsanordnung die Einschaltung des Richters erforderlich. Diese Befugnis darf nicht dem Staatsanwalt überlassen werden.

b. Das zuständige Antragsorgan der Telekommunikationsüberwachungsmaßnahme

Für Anträge der Telekommunikationsüberwachungsmaßnahmen ist der Staatsanwalt verantwortlich. Nach § 160 StPO hat der Staatsanwalt im Ermittlungsverfahren die Stellung des „Beherrschers". Auch wenn die Polizei in tatsächlicher Hinsicht die Maßnahme vornimmt, so muss der Antrag doch durch den Staatsanwalt vor dem Gericht gestellt werden. Die Polizei und sonstigen Sicherheitsbehörde kommen demzufolge lediglich die Rolle von „Hilfsbeamte" zu (§ 152 GVG)[304].

c. Das Durchführungsorgan der Anordnung der Telekommunikationsüberwachungsmaßnahme

Anhand § 160 Abs. 1 StPO wird der Staatsanwalt als das Durchführungsorgan der Anordnung der Telekommunikationsüberwachungsmaßnahme bezeichnet. Doch aus den Gründen der Ausbildung, des Personals sowie der Ausrüstung

303 BVerfG, NStZ 2001, Heft 7, S. 385.
304 Beulke, StPO, Rdn. 102.

nimmt der Staatsanwalt nicht Maßnahme selbst vor, sondern übt in der Praxis lediglich die Weisungsbefugnis aus. Die tatsächliche Durchführung obliegt der Polizei und anderen Sicherheitsbehörden.

2. Die Situation in der Praxis

a. Ergebnisse von Studien und Statistik

Es wurden bereits einige Studien über die Anordnung und die Durchführung der Telekommunikationsüberwachung durchgeführt[305]. Im Jahr 2003 veröffentlichte die Universität Bielefeld ein bundesweites Studienergebnis über die Kontrolle der Telekommunikationsüberwachung[306]. Kurze führte im Max-Plank -Institut für internationales und ausländisches Strafrecht in Freiburg im Auftrag des Bundesjustizministeriums ein Studienprojekt mit dem Name „Rechtswirklichkeit und Effizienz der Überwachung der Telekommunikation nach den §§ 100 a, b StPO und anderer verdeckten Ermittlungsmaßnahme " durch.

Das Ergebnis der Studien belegen folgendes: (1) die Tendenz der zunehmenden Anzahl der Telekommunikationsüberwachungsfällen[307] und (2) die zu hohe Zulassungsquote des Antrages der Telekommunikationsüberwachungsmaßnahme (über 90 %)[308].

---

305 In Baden – Württemberg und Bremen, zitiert nach Bernd Asbrock, Der Richtervorbehalt – prozessuale Grundrechtssicherung oder rechtsstaatliches Trostpflaster?, ZRP 1998, Heft 1, S. 18.; Neuhaus, a. a. O., S. 394; zusammenfassend, Bizer, Praxis der TK- Überwachung, DuD 26, 2002, S. 216-220.

306 StV 2003, S. 249–252.

307 Rechtswirklichkeit und Effizienz der Überwachung der Telekommunikation nach den §§ 100a, 100b StPO und anderer verdeckter Ermittlungsmaßnahmen (Zusammenfassung und Schlussfolgerungen),S. 4, 5. (http://www.bmj.bund.de/ger/themen/strafrecht/10000716/?sid = ba769ba7d692ec0fedfe3411dd750a2b). Kritisch auch, Kühne, StPO, S. 268.

308 Rechtswirklichkeit und Effizienz der Überwachung der Telekommunikation nach den §§ 100a, 100b StPO und anderer verdeckter Ermittlungsmaßnahmen, S. 12.

b. Die Ursache der Ergebnisse

Für die jährliche Zunahme der Anzahl der Telekommunikationsüberwachungsfällen ist „die rapide Entwicklung des Mobiltelekommunikationsmarkts " nach dem oben erwähnten Studienergebnis vom Max-Plank-Institut verantwortlich. Danach ist es auch nachzuweisen, dass die Anzahl der Anordnungen der Telekommunikationsüberwachung im Mobiltelefonnetz höher als im Festnetz ist. Der Grund liegt darin, dass der Täter ständig wechselnde Mobiltelefonanschlüsse verwenden kann, da Mobiltelefone und SIM-Karte leicht zu kaufen sind. Außerdem ist zu beachten, dass diese Studie auch belegt, dass die Ermittler die Telekommunikationsüberwachung als eine bequeme und leicht zu ergreifende Ermittlungsmöglichkeit ansehen. Das führt auch zur hohen Anzahl der Anordnung der Telekommunikationsüberwachung[309].

Da die Telekommunikationsüberwachung den heimlichen Ermittlungsmaßnahmen angehört, kann der Betroffene vorher nicht über ihre Anordnung und Durchführung informiert werden. Wegen des fehlenden rechtlichen Gehörs kann der Richter nur anhand der von Staatsanwaltschaft und ihren Hilfsbeamten gesammelten Informationen „einseitig instruiert" werden[310], und damit die Telekommunikationsüberwachung anordnen. Mangels professioneller Ausbildung und Hilfskräften ist der Richter nicht in der Lage, unter dem üblichen Zeitdruck die Umstände sachgemäß zu überprüfen. Insofern ist die Ablehnungsquote des Telekommunikationsüberwachungsantrages zu niedrig.

---

[309] Rechtswirklichkeit und Effizienz der Überwachung der Telekommunikation nach den §§ 100a, 100b StPO und anderer verdeckter Ermittlungsmaßnahmen, S. 7.

[310] Amelung bezeichnet das als „halbe Rechtsschutzgarantie", Amelung, NStZ 2001, Heft 7, S. 342.

Damit treten die Änderungen des Antragsinhalts im richterlichen Beschluss selten auf und beziehen sich regelmäßig „nur“ auf die Befristung der Telekommunikationsüberwachung (erlassen wie beantragt!)[311].

c. Die Auflösung in der Praxis

Wie schon skizziert, ist die präventive Kontrolle durch Richtervorbehalt in der Praxis ineffizient, was nicht verwundert. Die Front des Richtervorbehalts wird in der Realität auf die nachträgliche Kontrolle der Anordnung der Telekommunikationsüberwachung zurückgezogen, indem der Richter erst bei Bestätigung der vom Staatsanwalt getroffenen Anordnung oder bei Beschwerde gegen die Anordnung seine Kontrollebefugnis ausübt[312]. Es ist festzustellen, dass die richterliche Anordnung in der Regel dem Willen des Staatsanwalts entsprechend getroffen wird.

d. Die Vorschläge im Schrifttum

Die Auffassungen im Schrifttum sind darüber einig, dass die niedrige Effizienz der richterlichen Kontrolle in der Praxis zur Ausweitung der staatsanwaltlichen Eilkompetenz führt. Der Grund liegt in fehlender professioneller Ausbildung und Ausrüstung beim Richter. Die h. M. schlägt vor; durch verbesserte Ausbildung und Fortbildung, die verschärfte formelle Bericht- (z. B. vereinfachte Erreichbarkeit des Richters) und Begründungspflichten (z. B. die ausführliche Ausführung des Katalogtatverdachts und der Voraussetzungen der Telekommunikationsüberwachung) sowie durch die Einführung von Beweisverwertungsverbote das Institut des Richtervorbehalts zu stärken[313].

---

[311] Rechtswirklichkeit und Effizienz der Überwachung der Telekommunikation nach den §§ 100a, 100b StPO und anderer verdeckter Ermittlungsmaßnahmen, S. 22.
[312] StV 4/2003, S. 252.
[313] StV 4/2003, S. 252; Paeffgen, Roxin-FS, S. 1312.

Bei der staatsanwaltlichen Eilanordnung muss der Richter nach h. M. „zur Zeit seiner Anordnung“ (ex nunc) allein überprüfen, ob alle Voraussetzungen der Telekommunikationsüberwachung noch aktuell vorliegen. Hier ist bewusst davon abzusehen zu prüfen, ob bei staatsanwaltlicher Anordnung der Zustand der Gefahr im Verzug existierte[314]. Dagegen vertritt eine Mindermeinung die Auffassung, dass es sich aus dem Wesen und der Funktion des Richtervorbehalts zwingend ergebe, dass der Richter hier eine Prüfung „zur Zeit der staatsanwaltlichen Anordnung“ (ex tunc) vornehmen müsse. Deshalb müssen sowohl der Zustand der Gefahr im Verzug als auch alle weiterhin Voraussetzungen der Telekommunikationsüberwachungsmaßnahmen muss überprüft werden[315]. Es fragt sich, was der Richter tun muss, wenn er bei beiden Prüfungen nicht mit der Ansicht des Staatsanwalts übereinstimmt. Diesbezüglich wird von der erwähnten Mindermeinung vertreten, dass die staatsanwaltliche Anordnung aufzuheben ist, solange die Voraussetzungen der Telekommunikationsüberwachung nicht erfüllt sind. Doch es bleibt umstritten, ob die staatsanwaltliche Anordnung Bestand behält, wenn nicht wegen des Wegfalls der Erfüllung der Voraussetzungen der Telekommunikationsüberwachung, sondern angesichts der Beurteilung der Gefahr im Verzug ein Meinungsunterschied zwischen Richter und Staatsanwalt vorliegt. Die überwiegende Auffassung verneint hier die Notwendigkeit einer Aufhebung. Aber die Gegenmeinung nimmt an, dass aufgrund der doppelten Funktion (ausführlich, unter e) des Richtervorbehalts Rechtswidrigkeit vorliegt, da gegen die richterliche Anordnungskompetenz verstoßen worden ist.

---

314 Zitiert nach Fezer, Effektiver Rechtsschutz bei Verletzung der Anordnungsvoraussetzung „Gefahr im Verzug“, in: Rieß-FS, S. 97; Amelung, NStZ 2001, Heft 7, S. 343.

315 Auch, Fezer, Rieß-FS, S. 97 f., zusammenfassend, vgl. Bundesministerium (Hrsg.), Rechtswirklichkeit und Effizienz der Überwachung der Telekommunikation nach den §§ 100a, 100b StPO und anderer verdeckter Ermittlungsmaßnahmen.

Deswegen sei diese rechtswidrige Anordnung nicht einfach durch eine richterliche Anordnung zu ersetzen, sondern völlig aufzuheben[316].

e. Die eigene Stellungnahme

Das Institut des Richtervorbehalts hat bezüglich der staatsanwaltlichen Anordnung bei Gefahr im Verzug eine doppelte Funktion: (1) die in der StPO verankerte Kompetenzverteilung zwischen Richter und Staatsanwalt, und (2) die Sicherung des Grundrechtsschutzes des Betroffenen[317].

Die staatsanwaltliche Anordnung der Telekommunikationsüberwachung bei Gefahr im Verzug stellt sowohl einen Durchbruch der Kompetenzverteilung als auch einen Grundrechtseingriff des Betroffenen dar.

Bei der Überprüfung der staatsanwaltlichen Anordnung ist die Mindermeinung zu bevorzugen. Nicht nur der Zustand der Gefahr im Verzug, sondern auch die Erfüllung der Voraussetzungen der Telekommunikationsüberwachung „zur Zeit der staatsanwaltlichen Anordnung" müssen durch den Richter überprüft werden. Liegt eine dieser beiden Voraussetzungen nicht vor, so ist die Anordnung aufzuheben. Die Tendenz der Ausweitung der staatsanwaltlichen Eilkompetenz verstößt gegen den Richtervorbehalt. Obwohl die Anordnung bei Gefahr im Verzug in der Tat durch den Staatsanwalt getroffen wird, kann der Richtervorbehalt durch nachträgliche richterliche Bestätigung noch gewährleistet werden. Diese Bestätigung ist im wesentlichen keine Anordnung, sondern eine Erlaubnis[318]. Der Richtervorbehalt wird auch nicht überschritten, in-

---

316 Dazu, vgl. Fezer, Rieß-FS, S. 98.

317 Yu-hsiung Lin, Richtervorbehalt und Rechtsschutz gegen strafprozessuale Grundrechtseingriffe, S. 346.

318 Amelung, NStZ 2001, Heft 7, S. 343.

dem die Begründungspflicht dem Staatsanwalt aufgelegt wird, der alle Umstände über Gefahr im Verzug ausführlich darstellen muss[319]. Insofern wird das Institut des Richtervorbehalts nicht verletzt, obwohl der Staatsanwalt bei Gefahr im Verzug in der Tat die Telekommunikationsüberwachung anordnet. Mit dem Fortschritt der Telekommunikationstechnik ist der Fall der Gefahr im Verzug deutlich zu reduzieren. So kann der zuständige Richter rund um die Uhr per Handy erreichbar sein.

II. Die von Telekommunikationsüberwachungsmaßnahmen Betroffenen

1. Normalfall: Die Tatverdächtige und seine Nachrichtenmittler

Die strafprozessuale Telekommunikationsüberwachung hat den Anschluss im Visier, über den der zur Katalogtat des § 100 a StPO verdächtige Täter oder Teilnehmer seine Telekommunikation führt. Der Inhaber des zu überwachenden Anschlusses kann nicht nur der Täter oder Teilnehmer, sondern auch ein unschuldiger Dritter sein. Nach § 100 a StPO kann der Kreis des Betroffenen in die zwei folgenden Gruppen eingeteilt werden: der Tatverdächtige (Täter oder Teilnehmer) und Nichttatverdächtige. Jedoch ist es zu beachten, dass dieser Nichtverdächtige in dem vom Tatverdächtigen geführten Telekommunikationsverkehr zumindest die Rolle des Nachrichtenmittlers spielen muss. Bezüglich der Handlungsform des Nachrichtenmittlers kann er die für den Tatverdächtigen bestimmte oder von ihm herrührende Mitteilungen entgegennehmen oder weitergeben. Darüber hinaus ist noch den Wille des Gesetzgebers in diese Art auch einzuschließen, dass der unschuldige Dritte den Tatverdächtigen seinen Anschluss benutzen lässt (z. B. Ausleihung des vernetzfähigen Festnetztelefongeräts, Mobiltelefongeräts oder der SIM-Karte) (§§ 100 a, 100

[319] BVerfG NStZ 2001, Heft 7, S. 382-386.

g I, S. 2 StPO). Wie schon dargestellt, muss der Nichttatverdächtige zu dem Tatverdächtigen den „Nachrichtenvermittlungs-Bezug" einnehmen. Deswegen sind die Deutsche Telekom AG oder T-Online auch vom Kreis des Betroffenen erfasst[320].

Auf der subjektiven Ebene des Nachrichtenmittlers brauchen weder Art oder Inhalt der von ihnen übermittelten Information noch ihr Bezug auf die Straftat zu kennen sein[321]. Vielmehr ist es nicht erforderlich, dass er kennt, dass er in der nach § 100 a StPO zu überwachenden Telekommunikation als Nachrichtenmittler fungiert[322].

Schließlich sind Fälle vorstellbar, in denen unbeschuldigte Dritte mit dem Tatverdächtigen oder seinem Nachrichtenmittler kommunizieren. Dazu vertritt das BVerfG beispielsweise im Fall der Überwachung öffentlicher Telefonzellen die Auffassung, dass unter Berücksichtigung des Verhältnismäßigkeitsprinzips dieser unvermeidbare Eingriff in Grundrecht des Dritten zu rechtfertigen ist[323].

---

320 Deshalb können die zugehörigen öffentlichen Telefonzellen, die der Täter benützt, nach § 100 a StPO überwacht werden, Vgl. Pfeiffer, StPO, § 100 a, Rdn. 7; Kleinknecht/ Meyer-Goßner, StPO, § 100 a, Rdn. 12; In der Ära des schmalen Bands ist der Inhaber der IP-Nummer der ISP, als Nachrichtenmittler zu bezeichnen, denn beim jeweiligem Verbindungsaufbau wird die IP-Nummer des Benutzers von ISP dynamisch zugeordnet. Seit dem Zeitalter des Breitbands (ADSL oder Kabel-Modem) ist der Inhaber der anhaltenden IP-Nummer der Benutzer und deshalb als Nachrichtenmittler anzusehen. Mit der Verbreitung der drahtlosen Internet-Zugang-Technik kann die zugehörige öffentliche drahtlose Dose (wie eine öffentliche Telefonzelle) auch nach § 100 a StPO überwacht werden.

321 Kleinknecht/ Meyer-Goßner, StPO, § 100 a, Rdn. 11.

322 Eisenberg, Beweisrecht, Rdn. 2410; Pfeiffer, StPO, § 100 g, Rdn. 3.

323 BVerfGE 30, 22.

2. Ausnahmefall

a. Zielwahlsuche

Nach § 100 g Abs. 2 StPO darf die sog. Zielwahlsuche angeordnet werden, um festzustellen, ob von einem Telekommunikationsanschluss zu den obigen Tatverdächtigen oder Nachrichtenmittler eine Telekommunikationsverbindungen hergestellt worden ist. Wie in § 100 a StPO gibt es hier eine Subsidiaritätsklausel. Danach ist die Zielwahlsuche gestattet, wenn die Erforschung des Sachverhalts auf andere Weise aussichtslos bzw. wesentlich erschwert wäre[324]. In diesem Fall können die Grundrechte des Fernmeldegeheimnisses von zahlreichen unschuldigen Personen betroffen werden. Deshalb kann die Zielwahlsuche erst berücksichtigt werden, wenn sonstige Ermittlungsmaßnahmen einschließlich der Maßnahme gemäß § 100 g Abs. 1 StPO erschöpft sind[325].

b. Die Erhebung der personenbezogenen Daten des Dritten

Gemäß § 100 i StPO ist die Messetechnik (IMSI-Catcher) unter bestimmten Voraussetzungen gestattet.

Wie bereits dargestellt[326], kann das spezielle Handy der Strafverfolgungsorgane mit IMSI-Catcher-Technik eine gewisse Basisstation simulieren. Dadurch werden alle im Einzug- oder Ballonbereich dieser simulierten Basisstation befindlichen Mobiltelefongeräts- und Kartennummern im IMSI-Catcher-Handy

---

324 Dazu, näher, vgl. Jürgen Welp, Verbindungsdaten: Zur Reform des Auskunftsrechts (§§ 100 g, 100 h StPO), GA 2002, S. 542 ff.

325 Hilger GA 2002, S. 229; Harald Wollweber, Verbindungsdaten der Telekommunikation im Visier der Strafverfolgungsbehörden, NJW 2002, S. 1554; Pfeiffer, StPO, § 100 g, Rdn.5; Kleinknecht/ Meyer-Goßner, StPO, § 100 g, Rdn. 11.

326 Vgl. 2. Teil, B, II.

registriert[327]. Deshalb werden sowohl die Telekommunikationsverbindungsdaten als auch sonstige personenbezogene Daten des gesuchten Tatverdächtigen und der Unschuldigen aufgenommen. Nach § 100 i Abs. 3 StPO dürfen diese beiden Daten erhoben werden, wenn dies aus technischen Gründen zur Erreichung des Zwecks des § 100 i Abs. 1 StPO unvermeidbar ist. Das zeigt, dass der Gesetzgeber die Schwachstellen der jetzigen Technik kennt, und im Fall des § 100 g Abs. 2 StPO annimmt, dass die Erhebung der personenbezogenen Daten Dritter deshalb dem Verhältnismäßigkeitsprinzip entsprechend zu rechtfertigen ist. Doch dürfen diese Daten ausschließlich zur Ermittlung der gesuchten Gerät- und Kartennummer verwendet werden (§ 100 i Abs. 3 StPO).

III. Die zur Mitwirkung der Telekommunikationsüberwachung Verpflichteten

1. Die Grundlage der Mitwirkungsverpflichteten

Die Grundlage der Mitwirkungspflicht der strafprozessualen Telekommunikationsüberwachung liegt in der StPO. Bei der Überwachung des Telekommunikationsinhalts gemäß § 100 a StPO hat nach § 100 b Abs. 3 S. 1 StPO jeder, der geschäftsmäßig Telekommunikationsdienste erbringt oder daran mitwirkt, aufgrund der laut §§ 100 a, 100 b Abs. 2 StPO getroffenen Anordnung dem Richter, der Staatsanwaltschaft und ihrem im Polizeidienst tätigen Hilfsbeamten (§ 152 GVG) die Überwachung zu ermöglichen. Im Fall der Auskunft über Telekommunikationsverbindungsdaten haben die jenigen, die geschäftsmäßig Telekommunikationsdienste erbringen oder daran mitwirken, aufgrund der nach §§ 100 g, 100 h Abs. 3 iVm. 100 b Abs. 1 StPO getroffenen Anordnung unverzüglich die in § 100 g Abs. 3 StPO aufgezählten Verbindungsdaten den eingangs dargestellten Strafverfolgungsorganen mitzuteilen.

---

327 MMR 1/2003, IX.

Ausnahmsweise hat der Dienstanbieter oder an der Diensterbringung Mitwirkende den oben dargestellten Strafverfolgungsorganen nach § 100 i Abs. 4 S. 4 StPO die für die Ermittlung des Standortes des Mobiltelefongeräts erforderliche Gerät- und Kartennummer auf Grund der gemäß § 100 i Abs. 1 Nr. 2 StPO getroffenen Anordnung mitzuteilen, obwohl kein Verbindungsaufbau vorliegt. Aber im Fall des § 100 i Abs. 1 Nr. 1 StPO fehlt es an einer Vorschrift bezüglich der Mitwirkungspflicht des Dienstanbieters.

Im wesentlichen wird die Auskunft über Gerät- und Kartennummer zur Vorbereitung der Maßnahme nach § 100 a StPO eingesetzt. Deshalb kann diese Auskunft als ein Teil der Maßnahme nach § 100 a StPO interpretiert werden, so dass sich die Mitwirkungspflicht des Betreibers nach § 100 b Abs. 3 StPO ergeben kann[328]. Doch sind dazu in der Begründung der Anordnung Ausführungen zu machen. Jedoch kann in der derzeitigen Praxis kann der IMSI-Catcher von Strafverfolgungsorganen selbst eingesetzt werden. Insoweit hat die Vorschrift der Mitwirkungspflicht des Betreibers hier keine praktische Bedeutung[329].

Darüber hinaus werden nach § 2 Abs. 2 TKÜV einige Betreiber vom Kreis der Mitwirkungsverpflichteten bewusst ausgeschlossen; beispielsweise aufgrund Nr. 5 der Betreiber mit nicht mehr als 1000 Teilnehmern. Doch muss man aufpassen, dass der Kreis der Mitwirkungsverpflichtete nach § 2 Abs. 1 und 2 TKÜV nicht mit dem im Sinne des § 100 b Abs. 3 StPO vereinbart ist, da der erste lediglich infolge des Zusammenhangs zwischen dem Kapital des Betreibers und der Tragfähigkeit der Gestaltung und Vorhaltung der Telekommunikationsanlage für Telekommunikationsüberwachung auf eigene Kosten festge-

[328] Kleinknecht/ Meyer-Goßner, StPO, § 100 i, Rdn. 12
[329] Hilger, GA 2002, S. 559.

stellt wird. Insofern ist die Reichweite der letzteren erheblich größer[330]. Die Einschränkung des Kreises der Verpflichteten gemäß § 2 Abs. 2 TKÜV führt zur Diskriminierung der Betreiber mit großem Kapital und entsprechender Anzahl der Benutzer.

Diese Befreiung des kleinen Betreibers von der Mitwirkungspflicht kann Strafverfolgungslücken verursachen, solange der Täter diese Dienste benutzt. Zur Lösung dieses Problems kann sich der Kreis des Mitwirkungsverpflichteten auf alle Betreiber ausdehnen, die tatsächlich die Dienste erbringen, und die dadurch ausgelösten Kosten mittelfristig teilweise oder langfristig völlig aus dem Haushalt des Staats subventioniert werden[331]. Nach der Fertigung der Gestaltung der Telekommunikationsanlage für Telekommunikationsüberwachung ist der Betreiber nach § 88 Abs. 4 S. 1 TKG dazu verpflichtet, auf die Anforderung der Strafverfolgungsorgane einen Netzzugang für die Übertragung der im Rahmen einer Überwachungsmaßnahme anfallenden Informationen unverzüglich und vorrangig bereitzustellen. Der Staat muss die Kosten der Benutzung und Bereitstellung dieses Netzzugangs und der anfallenden Information gemäß § 88 Abs. 4 S. 3 TKG mit Ausnahme besonderer Tarife oder Zuschläge für vorrangige und vorzeitige Bereitstellung tragen.

Die Kosten der Gestaltung und Vorhaltung der überwachungsfreundlichen Telekommunikationsanlage werden völlig auf den Dienstanbieter abwälzt. Und die damit verbundene Genehmigung der zuständigen Behörde (Regulierungsbehörde für Telekommunikation und Post) vor der Betriebsaufnahme führt zur Blockade des Markteintritts. Dies stellt einen Eingriff in die Berufsausübungs-

---

[330] Ulrich Wuermeling/ Stefan Felixberger, Staatliche Überwachung der Telekommunikation, CR 9/1997, S. 561.
[331] Eckhardt, CR 10/2001, S. 675.

freiheit dar. Unter Berücksichtigung des Verhältnismäßigkeitsprinzips ist dies verfassungsrechtlich schwer zu rechtfertigen[332], da der Betreiber im Sinne der Berufsausübungsfreiheit keine Pflicht hat, auf eigene Kosten zur Strafverfolgung beizutragen. Um dieses Dilemma zu lösen, sind diese Kosten zur Erfüllung der Mitwirkungspflicht kurzfristig durch staatliche Subventionen abzudecken. Langfristig ist eine feste staatliche Etatisierung zu erwägen.

2. Der Kreis der Mitwirkungsverpflichteten

Nach §§ 100 b Abs. 3 S. 1, 100 g Abs. 1 S. 1 sowie 100 i Abs. 4 S. 4 StPO ist der Mitwirkungsverpflichtete als derjenige zu definieren, der geschäftsmäßig die Telekommunikationsdienste erbringt oder daran mitwirkt. Der Legaldefinition des § 3 Nr. 5 TKG zufolge ist die sog „geschäftsmäßige Erbringung von Telekommunikationsdiensten" als das nachhaltige Angebot von Diensten zu verstehen. Es ist deshalb unerheblich, ob der Dienst und Übertragungsweg mit oder ohne Gewinnerzielungsabsicht erbracht wird. Nach § 85 Abs. 2 TKG obliegt das Fernmeldegeheimnis des Benutzers dem Anbieter. Wie schon dargestellt, ist der Kreis der Mitwirkungsverpflichteten nach StPO größer als nach TKÜV. Unter der obigen Ausführung des Unfangs des Dienstanbieters können die Deutsche Telekom AG, Mail-Box-Betreiber, staatliche Behörde, Hotel und Krankenhaus sowie der Anbieter der Nebenstellungsanlage für die Anwendung fremden Benutzer[333] beispielsweise vom Kreis der Mitwirkungsverpflichteten zur Überwachung des Telekommunikationsinhalts gemäß § 100 a StPO subsumiert werden.

---

332 Eckhardt, CR 10/2001, S. 675; Ina Maria Pernice, Die Telekommunikations- Überwachungsverordnung (TKÜV), DuD 26, 2002, S. 210.

333 Die geschlossene Nebenstellenanlage im privaten Haus, die nur zur Anwendung der Familieangehörige installiert wird, ist auszuschließen, da es sich hier um den großen Lauschangriff gemäß § 100 c StPO handelt, Eisenberg, Beweisrecht, Rdn. 2450 a.

Im Fall der Auskunft über Telekommunikationsverbindungsdaten nach § 100 g StPO ist der Betreiber nach § 6 TDSV befugt, zur Entgeltermittlung und Abrechnung (§ 7 TDSV), zum Einzelverbindungsnachweis (§ 8 TDSV), zur Verfolgung von Störungen von Telekommunikationsanlagen (§ 8 TDSV) und Missbrauch von Telekommunikationsdiensten (§ 9 TDSV) sowie zum Mitteilung ankommender Verbindungen (§ 10 TDSV) die Verbindungsdaten zu speichern. Doch ist es nach § 7 Abs. 3 S. 3 TDSV zum Abrechungszweck gestattet, die Verbindungsdaten regelmäßig höchstens sechs Monate nach Versendung der Rechnung zu speichern. Ferner muss nach § 6 Abs. 2 TDSV die Speicherung der Verbindungsdaten zu anderen Zwecken (§§ 8, 9, und 10 TDSV)erforderlich sein, ansonsten ist sie spätestens am Tag nach dem Ende der Verbindung zu löschen. Bezüglich dieser gespeicherten Daten hat der Betreiber auch nach § 85 Abs. 2 TKG eine Geheimhaltungspflicht. Da die Mitteilung über Verbindungsdaten ihre legale Speicherung voraussetzt, wird der Betreiber des Backbons (Infrastrukturnetz) beispielsweise bei unbefugt gespeicherten Verbindungsdaten von dieser Geheimhaltungs- und daraus hergeleiteten Mitwirkungspflicht befreit[334]. Beispiele dieser Mitwirkungsverpflichteten können der Anbieter des Zugangs ins Internet (ISP), und der Betreiber der über Fest- oder Mobiltelefonnetz erbrachter Dienste sein.

Im Fall der Ermittlung der Gerät- und Kartennummer sowie Standortinformation des Handys im Stabdby-Modus gemäß 100 i StPO ist der Mitwirkungsverpflichtete der Anbieter, der das Kernnetz oder Zugangnetz besitzt oder mit anderen Anbietern den Romaning-Dienst-Vertrag abschließt.

334 Eckhardt, Neue Regelungen der TK-Überwachung, DuD 26, 2002, S. 201.

Dadurch können die Geräte- und Kartennummer sowie Standortinformation des aktiven eingeschalteten Handys im Computer des Kernnetzes nach § 6 Abs. 1 Nr. 1 TDSV gespeichert werden.

3. Der Inhalt der Mitwirkungspflicht und die Rechtsfolge bei Weigerung

Nach § 100 b Abs. 3 S. 1 StPO kann die Mitwirkungspflicht gemäß § 100 a StPO durch die Ermöglichung der Überwachung und Aufzeichnung der Kommunikation verwirklicht werden. Wie dies detailliert technisch und organisatorisch umgesetzt wird, kann man durch den Hinweis des § 100 b Abs. 3 S. 2 StPO in § 88 TKG und der daraufhin erlassenen TKÜV finden. Laut § 100 g Abs. 1 S. 1 StPO wird die Mitwirkungspflicht zur Ankunft über die Verbindungsdaten gemäß § 100 g Abs. 1 S. 1, 2 StPO und der Zielwahlsuche gemäß § 100 g Abs. 2 StPO durch die unverzügliche Erteilung der in § 100 g Abs. 3 StPO abschließend aufgezählten Kategorien der Telekommunikationsverbindungsdaten erreicht. Im Fall der Auskunft über Standortdaten gemäß § 100 i Abs. 1 StPO kann die Mitwirkungspflicht durch die Mitteilung der Gerät- und Kartenummer im Standby-Modus erfüllt werden. Doch ergibt sich die Grundlage der Mitwirkungspflicht gemäß § 100 i Abs. 1 Nr. 1 StPO aus § 100 b Abs. 3 StPO, während der Fall des § 100 i Abs. 1 Nr. 2 StPO in § 100 i Abs. 4 S. 4 StPO geregelt ist.

Schließlich können bestimmte Ordnungs- und Zwangsmittel gegen den Mitwirkungsverpflichteten nach §§ 100 b Abs. 3 S. 3 iVm. 95 Abs. 2 StPO festgesetzt werden, wenn er die Erfüllung der Mitwirkungspflicht zur Telekommunikationsmaßnahme nach § 100 a StPO verweigert. Außerdem gilt das auch für den Fall der Erfüllung der Mitwirkungspflicht gemäß § 100 g StPO (§§ 100 h Abs. 1 S. 3 iVm. 100 b Abs. 3 und 95 Abs. 2 StPO). Es wird jedoch nicht geregelt, wie die Weigerung zur Erfüllung der Mitwirkungspflicht hinsichtlich einer Maßnahme gemäß § 100 i StPO, vor allem der Verstoß gegen § 100 i Abs. 4 S. 3 StPO, zu behandeln ist, weil in § 100 i StPO der Hinweis auf die entsprechende Geltung des § 100 b Abs. 3 StPO fehlt.

4. Die wegen der Erfüllung der Mitwirkungspflicht ausgelösten Kosten

§ 88 TKG beschreibt: „Die technischen Einrichtungen zur Umsetzung von gesetzlich vorgesehenen Maßnahmen zur Überwachung der Telekommunikation sind von dem Betreiber der Telekommunikationsanlage auf eigene Kosten zu gestalten und vorzuhalten". Hinsichtlich der detaillierten Anforderungen an die Gestaltung der technischen Einrichtungen kann man die aufgrund der Ermächtigung des § 88 Abs. 2 S. 2 TKG erlassenen TKÜV vergleichen.

Nach dem auf Grundlage des § 88 Abs. 2 S. 4 TKG beschlossenen § 18 Abs. 4 S. 4 TKÜV darf der Betrieb der Telekommunikationsanlage oder der Beginn des Angebots des Telekommunikationsdienstes erst aufgenommen werden, wenn das Vorliegen der zur Umsetzung von Überwachungsmaßnehmen benötigten technischen Einrichtungen entsprechend der Genehmigungsvoraussetzungen der Regulierungsbehörde für Telekommunikation und Post im Rahmen einer Abnahme nach § 88 Abs. 2 S. 4 Nr. 3 TKG nachgewiesen ist.

Zu den verfassungsrechtlichen Zweifeln solcher Vorschriften siehe 3. Teil E, III. .

F. Die Überwachung einiger neuer Telekommunikationstechniken

I. Die Telekommunikationsüberwachung im Zeitalter des Breitbands

1. Die Problematik der Auskunft über IP-Adressen und sonstige Spurendaten im Internet

Das Internet verschmilzt die herkömmlichen Abgrenzungskriterien zwischen Telekommunikationsdienst, massenmedialen und allgemein zugänglichen informationellen Angeboten. Umgekehrt wird die Datenübertragung im Internet nur „teilweise“ vom Begriff der Telekommunikation umfasst[335]. Nur dieser Teil gehört zum Gegenstand der strafprozessualen Telekommunikationsüberwachung. Zudem gewinnt die Relevanz der bei der Telekommunikation anfallenden Spurendaten (z. B. IP-Adresse, Nutzungszeiträume, Login-Name oder Passwort) schrittweise im Zeitalter des Internets erheblich an Gewicht, und werden damit als eine Verbindungsdatensorte angesehen[336].

In der Phase des Schmalbandes muss der Benutzer zuerst mittels Modem und Telefonanschluss die Verbindung ins Internet aufbauen. Nach der Prüfung des Nutzernamens und Passworts erhält er einen Zugang ins Internet, indem der ISP ihm dynamisch eine IP-Adresse zuordnet. Hier bestehen die Verbindungsdaten aus Login-Daten (Nutzername, Passwort, IP-Adresse sowie Beginn und Ende der Verbindung nach Uhrzeit und Datum). Im Zeitalter des Breitbandes nimmt die Anzahl der anhaltenden IP-Adresse des Einzelnen oder Organs deutlich zu. Deshalb wird das Institut der dynamischen Zuordnung der IP-Nummer voraussichtlich von dem anhaltenden abgelöst. Deswegen enthält die IP-Nummer wie eine Telefonnummer die Funktion von Identitätsfeststel-

[335] Weßlau, a. a. O., S. 698.
[336] Weßlau, a. a. O., S. 702.

lung und Lokalisierung des Anschlusses im Internet. Dadurch kann das Herkunftsland einfacher festgestellt werden[337].

Die aufgrund der gewissen anhaltenden IP-Nummer gespeicherte Nutzungszeiträume (Verbindungsangabe über Beginn und Ende nach Datum und Uhrzeit) können als Telekommunikationsverbindungsdaten in Sinne des § 100 g Abs. 3 Nr. 4 StPO interpretiert werden. Dies führt zu der Frage, ob die IP-Adresse und sonstigen anfallenden Spurendaten im Internet nach § 100 g StPO mitgeteilt werden dürfen. Zu ihrer Auflösung muss man davon ausgehen, dass die Verwertung dieser Daten zum Strafverfolgungszweck ihre legale Speicherung voraussetzt. Bezüglich ihrer Grundlage muss auf das TKG und die aufgrund seiner Ermächtigung erlassenen Umsetzungsbestimmungen (z. B. TDSV oder TDDSG) zurückgreifen[338]. Unter Berufung auf den Gedanken der Datenvermeidung und Datensparsamkeit dürfen die nicht erforderlichen personenbezogenen Daten theoretisch nicht gespeichert werden. Im Bereich der Telekommunikationsdiensterbringung darf die Speicherung der Telekommunikationsverbindungsdaten deshalb entweder nur zur Ermöglichung der störungsfreien Inanspruchnahme von Telekommunikationsdiensten oder zur Abrechnung der angewendeten Telekommunikationsdienste (§ 6 Abs. 1, S. 1 TDDSG) gespeichert werden.

Im Fall des oben dargestellten Schmalbandes erfolgt die Abrechung wie bei einem Gesprächdienst auf der Basis der Länge der Verbindung nach Uhrzeit, die über den bestimmten Telefonanschluss (Telefonnummer) hergestellt wird. In diesem Fall wird die IP-Nummer des Benutzers bei der Anwendung noch

---

337 Spiegel, a. a. O., S. 266.

338 Heike Rasmussen, Datenschutz im Internet: Gesetzgeberische Maßnahmen zur Verhandlung der Erstellung ungewollter Nutzerprofile im Web – Zur Neufassung des TDDSG, CR 1/2002, S. 36 ff.

von seinem Anbieter dynamisch zugeordnet. Deswegen spielt die IP-Nummer zur Erreichung des Abrechnungszwecks weniger eine Rolle als die Telefonnummer, die über die Abrechung nach der Länge des Verbindungsaufbaus ins Internet durchgesetzt wird[339]. Insoweit darf der Betreiber die IP-Spurendaten wegen fehlenden Anwendungszwecks in der Regel nicht speichern[340].

Obwohl im Fall des Breitbands die anhaltende IP-Nummer möglich ist, soll sie nach verschiedenen Tarifsystemen getrennt beobachtet werden. Dazu sind beispielsweise bei der Anwendung von ADSL-Dienst zwei Tarifsysteme auf dem Markt präsent. Zum einen ist der Pauschaltarif zu nennen, bei dem der Benutzer eine bestimmte Summe bezahlt, um die zeitunabhängige Anwendung des Zugangs ins Internet zu genießen. Zum anderen gibt es die beschränkte Tarif, bei dem der Benutzer monatlich eine Grundgebühr bezahlt, um die zeitabhängige Anwendung des Zugang ins Internet (z. B. 200 Stunde/Monat) oder eine bestimmte Menge zu übertragender Daten (1500 MB/Monat) zu bekommen. Bei der Überschreitung der nach der Grundgebühr zulässigen Anwendungszeiten oder Menge der zu übertragenden Daten muss er nach Stunde oder MB Zuschläge bezahlen[341]. Im Fall der Pauschaltarif bezieht es sich nicht auf den Abrechnungszweck, so dass die IP-Spurendaten nicht gespeichert werden dürfen. Doch, solange es zu belegen ist, dass es einen engen Zusammenhang zwischen der Speicherung der IP-Spurendaten und dem Abrechnungszweck gibt, ist die Erforderlichkeit der Speicherung der Daten erst überzeugend[342].

---

[339] Joerg Heidrich, Die T-Online-Entscheidung des RP Darmstadt und ihre Folgen, DuD 27, 2003, S. 238.

[340] Dix, Vorratspeicherung von IP-Adressen? Anmerkung zur Bewertung der Praxis von T-Online International AG durch das Regierungspräsidium Darmstadt, DuD 27, 2003, S. 234.

[341] Künftig wird die Abrechnungseinheit statt der bisherigen Zeit von Datenmenge (Flatrat) abgelöst.

[342] Denn trotz der Anwendung von ADSL kann die IP-Nummer des Benutzers noch wie zuvor vom ISP dynamisch zugeordnet werden. Dies führt dazu, dass die Abrechnung bei der

Ist somit der Anbieter unbefugt, die IP-Nummer des Benutzers und sonstiger anfallende Daten im Internet zu speichern, so haben die Strafverfolgungsorgane auch keine Befugnis zur Auskunft über diese Daten nach § 100 g StPO. Insoweit stellen die einzig und allein für die künftige, potenzielle Strafverfolgung gespeicherten IP-Spurendaten, die nach dem TKG oder seine Umsetzungsbestimmungen illegal hergestellt werden, einen Eingriff in das Recht auf informationelle Selbstbestimmung dar und sind wegen fehlender rechtlicher Grundlage nicht gerechtfertigt[343]. Jedoch ist der Fall zu unterscheiden, dass die Strafverfolgungsorgane unter Berufung auf die nach § 100 g Abs. 1 S. 3 StPO getroffene Anordnung vom Anbieter unmittelbar verlangen, die zukünftigen IP-Spurendaten zu speichern und danach mitzuteilen.

2. Die Überwachung der über Internet vermittelten Daten

a. Fragestellung

Die meisten Autoren bezweifeln nicht, dass die übers Internet vermittelten und geheim gehaltene Daten (insbesondere E-Mail) als Telekommunikation zu bezeichnen sind[344]. Doch ist es bisher noch umstritten, wieweit die über Internet vermittelten Daten vom Fernmeldegeheimnis nach Art. 10 GG erfasst werden können.

Anwendung von „nicht Pauschal-Tarif-ADSL" noch auf der Länge nach Uhrzeit oder auf der Datenmenge über den Telefonanschluss (Telefonnummer) basieren. Insofern ist die Speicherung der IP-Spurendaten sowohl bei Pauschal-Tarif-ADSL als auch bei Nicht- Pauschal-Tarif-ADSL zur Abrechnung nicht erforderlich.

343 Weßlauch, a. a. O., S. 702; dagegen, RP Darmstadt die Entscheidung vom 14. Januar. 2003, DuD 3/2003, S. 178.

344 Nach der Ansicht des Anwendungszwecks kann der Schutzbereich des Fernmeldegeheimnisses gemäß Art. 10 GG erst abgegrenzt werden; dagegen, Kühne, StPO, S. 267; Paeffgen, Roxin-FS, S. 1316.

b. Die Auffassung von Rechtsprechung und Teilen des Schrifttums

Die erste Stellungnahme zu dieser Problematik erfolgte im Jahr 1999 durch das LG Hanau[345]. Sie wird weitgehend in der Praxis angenommen[346]. Das LG geht davon aus, dass die E-Mail vom Schutzbereich des nach Art. 10 GG gewährleisteten Fernmeldegeheimnisses erfasst wird[347]. Der Zugriff auf E-Mail stellt einen Grundrechtseingriff dar und kann damit nur nach § 100 a StPO gerechtfertigt werden[348].

Die Problematik ist bisher im Schrifttum noch umstritten. Trotz der Übereinstimmung, dass die E-Mail eine Telekommunikation ist, bleibt es noch fraglich, ob das Verfahren der Vermittelung der E-Mail „völlig“ vom Schutzbereich des Fernmeldegeheimnisses umfasst ist. Zu dieser Frage gibt es zwei Meinungsgruppen. Die ablehnende Ansicht teilt den Vorgang der E-Mail-Vermittlung in drei Phasen ein[349]. Die Phase 1 stellt den Vorgang von der Absendung der Nachrichten bis zu ihrem Ankommen in die vom Anbieter (ISP) erbrachte Kapazität (E-Mail-Konto) des Empfängers. Die Phase 2 ist der „Ruhe“ der Nachricht auf der Festplatte des Anbieters. Schließlich besteht die Phase 3 aus dem Abruf dieser Nachricht durch den Empfänger. Nach dieser Auffassung ist § 100 a StPO nur in der Phase 1 und 3 anwendbar. Die Anwendung des § 100 a StPO ist in der Phase 2 abzulehnen. Hinsichtlich der Auflösung der Frage in Phase 2 werden noch zwei Meinungen vertreten. Der ersten Meinung zufolge kann die im Server des Anbieters gespeicherte E-Mail gemäß § 94 StPO beschlagnahmt werden. Wegen der Begründungverschiedenheit liegen wieder

---

345 LG Hanau, StV 7/2000, S. 354 f.

346 LG Mannheim, StV 5/2002, S. 242 ff. Dagegen, die jüngsten Rechtsprechung von LG Ravensburg für die Analogie des § 94 StPO, vgl. NStZ 2003, Heft 6, S. 325 ff.

347 BGH, NJW 1997, S. 1934 ff = NStZ 1997, S. 247 ff.

348 LG Hanau, StV 7/2000, S. 354 f.

349 Jäger Christian, Anmerkung zu LG Mannheim, StV 5/2002, S. 243.

zwei Auffassungen vor. Eine von ihnen besagt, dass die E-Mail auf dem Trägermedium (Festplatte des Servers) verkörpert ist[350]. Die andere ist der Meinung, dass die im Server gespeicherte E-Mail mit dem Fall eines auf dem Papier gedruckten Fax vergleichbar ist[351]. Die Gegenauffassung hält § 94 StPO unanwendbar und befürwortet eine spezielle gesetzliche Grundlage für derartige Maßnahme[352]. Ihre Begründung liegt darin, dass § 100 a StPO keine Anwendung findet, da die im Server gespeicherte E-Mail nicht in den Schutzbereich des nach Art. 10 GG gewährleisteten Fernmeldegeheimnisses fällt. Außerdem kann die Beschlagnahme ohne Bekanntgabe gegenüber dem Betroffenen nicht nach § 94 StPO zulässig sein.

Nach der Auffassung für die unmittelbare Anwendung des § 100 a StPO soll der vollständige Vermittelungsvorgang des E-Mail rechtlich und begrifflich einheitlich als Telekommunikation verstanden werden. Deshalb stellt der Zugriff auf die E-Mail einen Eingriff in das Fernmeldegeheimnis gemäß Art. 10 GG dar. Nach § 100 a StPO kann er gerechtfertigt werden[353]. Nach dieser Meinung ist § 100 a StPO angesichts der neusten technischen Entwicklung zeitgemäß zu interpretieren[354].

c. Stellungnahme

Die Auffassung, der zufolge die E-Mail als ein einheitlicher Informationsübertragungsvorgang angesehen wird, ist akzeptabel. Aus folgenden Gründen ist

---

350 Bär, MMR 8/2000, S. 475.
351 Eisenberg, Beweisrecht, Rdn. 2404.
352 Matzky, a. a. O., S. 247 f, auch, Franz Palm/ Rudolf Roy, Der BGH und der Zugriff auf Mailbox, NJW 1997, S. 1905.
353 Edda Weßlau, Gefährdung des Datenschutzes durch den Einsatz neuer Medien im Strafprozess, ZStW 2001, Heft 4, S. 696.
354 Eisenberg/ Nischan, JZ 2/1997, S. 80.

die Gegenmeinung abzulehnen. Zunächst ignoriert die letzte die technische Sicht, der nach wegen der Besonderheit der Paketvermittelungstechnik die in viel kleinen Stückchen geteilten Packte der E-Mail vor dem Ankommen des Zielservers inzwischen noch „ruhig“ in zahlreichen Servers anderen kooperierenden Vermittler bleiben, um auf die nächsten bestmöglichen (nicht am schnellsten!) Transportwege zu warten. Die Ruhe der in allen Servern gespeicherten E-Mail kann nicht als „Einbruch der Telekommunikation“ angesehen werden. Deswegen bleibt der Zustand der Telekommunikation bis nach dem Abruf dieser E-Mail durch seinen Empfänger dauerhaft. Insoweit ist die Ruhe der E-Mail auf der rechtlichen Ebene auch als Telekommunikation zu interpretieren, da der laufende Telekommunikationsvorgang noch nicht beendet ist.

Solange die E-Mail schon von ihrem Empfänger abgerufen wird, ist er in der Lage, sie zu erfahren. Die Strafverfolgungsorgane dürfen in dieser Phase nicht nach § 100 a StPO, sondern nach § 94 StPO auf diese E-Mail zugreifen, die auf der Festplatte des Empfänger-PC gespeichert wird, weil der Schutz des nach Art. 10 GG gewährleisteten Fernmeldegeheimnisses an der Dose des Anschlusses vom Empfänger endet. Doch beispielsweise überprüft der Benutzer mittels WWW-Protokoll unterstützenden Browsers seine E-Mail, und danach wird es noch im Server des Anbieters weiter gespeichert. In diesem Fall ist § 100 a StPO bei dem Zugriff auf diese E-Mail auch nicht anwendbar[355], da nach dem Lesen des Benutzers der Telekommunikationsvorgang schon beendet ist. Der Server des Anbieters hat hier eine doppelte Funktion. Die Auslegung des Begriffs der Telekommunikation und ihrer Überwachung muss nicht auf die herkömmlichen und vorhandenen empirischen Kenntnisse beschränkt werden,

---

[355] Hans Kudlich, Strafprozessuale Probleme des Internet: Rechtliche Probleme der Beweisgewinnung in Computernetzen, JA, 2000, Heft 3, S. 233; ders. Der heimliche Zugriff auf Daten in einer Mailbox: ein Fall der Überwachung des Fernmeldeverkehrs? -BGH, NJW 1997, 1934, JuS 1998, Heft 3, S. 214.

sondern den Inhalt der neuen Technik und der aufgrund ihr entwickelten Dienste berücksichtigen. Auf diese Weise ist es sinnlos, einen Unterschiede zwischen der echtzeitigen und unechtzeitige Telekommunikation zu machen und beim Zugriff auf die E-Mail die „lockere" der Drei-Ecke-Beziehung mittels der Kenntnis wie beim herkömmlichen Gesprächdienst absurd auszulegen[356].

Deswegen wird der Zugriff auf die E-Mail wie zuvor noch gemäß § 100 a StPO als rechtswidrig bewertet, wenn die Strafverfolgungsorgane ohne die Erfüllung der in § 100 a StPO beschriebenen Voraussetzungen, sondern lediglich aufgrund der einseitigen Genehmigung des Empfängers mittels seines Passworts und Benutzernamens auf seine E-Mail abrufen, weil diese einseitige Einwilligung, wie schon erwähnt, nicht § 100 a StPO ablösen darf. In diesem Beispiel liegt die Drei-Ecke-Beziehung noch vor. Deshalb wird der Zugriff auf die E-Mail der Normalnutzung des Benutzers nicht gleichgestellt[357]. Mit der ununterbrochenen Entwicklung der Paketvermittelungstechnik und der Ausweitung der Übertragungsbandbreite kann die Datenübertragung ohne zeitliche Verzögerung erfolgen. Die vorläufige Speicherung der Daten im Server des Anbieters dient nur als bloßes kurzfristiges Relais[358]. Auf jeden Fall bleibt es unverändert, dass bei der Telekommunikation die Strafverfolgungsorgane die Stellung eines Dritten innehat. Außerdem ist die Auffassung, der zufolge die im Server des Anbieters gespeicherte E-Mail dem in Gestalt des auf dem Papier gedruckten Fax gleichzustellen ist, als unakzeptabel abzulehnen. Diese Analogie zu § 94 StPO bewirkt den unausreichenden Schutz des Fernmelde-

---

[356] Der Gegenmeinung zufolge ist der Zugriff auf das E-Mail mit der Normalnutzung des Benutzers vergleichbar, typisch, vgl. Nikolaus Bosch, Die verdeckte Befragung der Beschuldigten-Strafrechtspflege ohne Grenze?, Jura 1996, Heft 5, S. 243.

[357] Dagegen, Bär, Strafrechtliche Kotrolle in Datennetzen, MMR 9/1998, S. 467; auch, Paeffgen, Roxin-FS, S. 1315.

[358] Kudlich, a. a. O., S. 232.

geheimnisses, da im Vergleich mit § 100 a StPO noch ein paar Einschränkungsbedingungen (etwa Straftatkataloge, Katalogtatverdacht sowie Subsidiaritätsklausel) fehlen, und die Eilkompetenz der Anordnung durch den Staatsanwalt und sogar der Hilfsbeamte nach § 98 Abs. 1 StPO ausgeweitet wird[359]. Dadurch können die Strafverfolgungsorgane die höhere Anwendungsschwelle des § 100 a StPO bewusst vermeiden. Außerdem bei Anwendung des § 94 StPO handelt es sich nur um den Schutzbereich des Art. 13 GG[360]. Im wesentlichen ist das Ruhen der E-Mail auch als Telekommunikation anzusehen. Deshalb ist § 94 StPO unanwendbar. Schließlich ist aus denselben Gründen diejenige Auffassung ebenso zurückzuweisen, nach der der E-Mail-Verkehr dem Briefverkehr gleichgestellt wird und somit bei ihrer Speicherung im Server analog § 99 StPO beschlaggenommen werden kann[361].

Künftig muss die Überwachung der E-Mail also nach § 100 a StPO angeordnet werden. Gleichzeitig müssen der zuständige Rechtsanwender und die Rechtswissenschaft die neusten technischen Entwicklungen permanent beobachten, um § 100 a StPO zeit- und technikgemäß auszulegen. Im § 100 b StPO muss die Förmlichkeit der Anordnung auch am technischen Stand gemessen werden.

3. Die Überwachung der verschlüsselt vermittelten Daten – Einsatz der Kryptographie

a. Die Kollision zwischen dem Interesse am Fernmeldegeheimnis und dem Strafverfolgungsinteresse

Wie schon (1. Teil E, V) erörtert, wird aus technischer Sicht die Kryptographie nicht als Mechanismus zur Durchführung von Telekommunikation, sondern als

---

359 Palm/ Roy, Mailboxen: Staatliche Eingriffe und andere rechtliche Aspekte, NJW 1996, S. 1793.

360 BGH, NJW 1997, S. 1935.

361 LG Ravensburg, NStZ 2003, Heft 6, 325.

ein Sicherheitsinstitut zum Schutz des Telekommunikationsinhalts bezeichnet. Sie ist bildlich gesprochen wie Brief (Inhalt) und Umschlag (Kryptographie) zu verstehen. Ohne Einsatz der Kryptographie werden die Daten wie durch eine Postkarte vermittelt[362]. Aus juristischer Ansicht wird die Kryptographie nach der Legaldefinition in Sinne des § 3 Nr. 16 und 17 TKG auch nicht als Telekommunikation oder Telekommunikationsanlage angesehen, denn sie ist einerseits nicht für Übertragung, Aussenden, oder Empfang verantwortlich, und anderseits auch keine technische Einrichtung oder Systemen, welches als Nachrichten identifizierbare elektronmagnetische oder optische Signale senden, übertragen, vermitteln, empfangen, steuern oder kontrollieren könnte[363]. Insoweit ist die Erbringung der Kryptographie-Technik nicht als Telekommunikationsdienst zu bewerten, und betreiberunabhängig[364].

Einsatzzwecke der Kryptographie sind Sicherung von Integrität und Authentizität sowie der Vertraulichkeit der Telekommunikation. In der Ära des elektrischen Geschäfts ist dies von erheblicher Bedeutung. Die ersten zwei Zwecke gehören zum Bereich des Verwaltungsrechts, und werden deshalb hier nicht behandelt[365]. Nur der dritte wird in diesem Abschnitt debattiert. Da die Vertraulichkeit der Telekommunikation zum Schutzbereich des Fernmeldegeheimnisses nach Art. 10 GG gehört, kann die Einschränkung der freien Anwendung von Kryptographie zum Schutz vor Kenntnisnahme des Telekommunikationsinhalts durch Dritte als ein Grundrechtseingriff bewertet werden.

---

362 Alexander Koch, Grundrecht auf Verschlüsselung?, CR 2/1997, S. 108.

363 Johann Bizer, Rechtliche Bedeutung der Kryptographie, DuD 21, 1997, S. 207 f.

364 Thilo Marauhn, Sicherheit in der Kommunikationstechnik durch legislatives Risikomanagement, KritV 1/1999, S. 71.

365 Zu der Regulierung der Kryptographie, z. B. Produktpolitik, Normpolitik, Exportpolitik sowie staatliche Verwendungsschränke, ausführlich, Bizer, DuD 21, 1997, S. 203 ff; Alexander Dix, Gesetzliche Verschlüsselungsstandards – Möglichkeiten und Grenzen der Gesetzgebung, CR 1/1997, S. 38 ff; Koch, a. a. O., S. 106 ff.

Durch die Anwendung der Kryptographie kann die Vertraulichkeit der Telekommunikation gut geschützt werden. Deshalb kann man sagen, dass die Anwendung der Kryptographie den Benutzern zum ersten Mal in der Geschichte des Fernmeldegeheimnisses die Möglichkeit bietet, selbst ihr Fernmeldegeheimnis zu schützen und nicht nur durch den Netzanbieter schützen zu lassen. Doch kann dieser Vorteil auf der anderen Seite zum Nachteil werden. So kann die Kryptographie auch zu Verbrechenszwecken missgebraucht werden. Das führt zu der Schwierigkeit der Strafverfolgung, und deswegen besteht hier eine Kollision zwischen dem Interesse an dem Fernmeldegeheimnis des Individuums und dem des Staates an der Strafverfolgung.

b. Die gesetzliche Grundlage

Die Grundlage für die Auskunft über die bezügliche Information der vom Beschuldigten eingesetzten Kryptographie zur Strafverfolgung ist umstritten. Zuerst ist fraglich, wie die mittels Kryptographie verschlüsselten Daten überwacht werden, wenn die Voraussetzungen nach § 100 a StPO erfüllt werden. Denn mangels Entschlüsselungstechnik ist die Strafverfolgung kaum in der Lage, von dem zu überwachenden Telekommunikationsinhalt Kenntnis zu nehmen. Deshalb kommt es entscheidend auf eine wirksame Entschlüsslungstechnik an.

Die Anbieter der Kryptographie können in zwei Gruppen eingeteilt werden. Zunächst kann der Benutzer vom Nichtanbieter der Telekommunikationsdienste die Kryptographie erhalten. Sie wird bei der Datenübertragung angewendet. Sein Gegenpartner der Telekommunikation muss dieselbe Kryptographietechnik besitzen, um die verschlüsselten Daten zu lesen. Beim eigenständigen Einsatz der Kryptographietechnik der Benutzer geht es nicht um ihren

Telekommunikationsanbieter, sondern um den Uranbieter der Kryptographietechnik. Hier fehlt es in der StPO noch an der entsprechenden Grundlage, nach welcher der Uranbieter der Kryptographietechnik zur Mitteilung der Entschlüsselungstechnik und sonstigen Identitätsdaten aufgefordert werden kann[366].

Darüber hinaus, wenn der Anbieter während der Erbringung seines Dienstes dem Benutzer auch die Kryptographie anbietet, die entweder er selbst entwickelt oder vom anderen erhalten hat, ist es fraglich, ob er nach der Mitwirkungspflicht in Sinne des § 100 b Abs. 3 StPO auch zur Abgabe der Entschlüsslungstechnik verpflichtet ist. Diese Frage ist zu verneinen, denn im oben erwähnten Fall ist es klar, dass die Kryptographie kein erforderlicher Bestandteil des Telekommunikationsdienstes oder einer sonstigen entsprechenden Anlage ist und damit von den vielfältigen Anbietern angeboten werden kann[367]. Zwar kooperiert der Anbieter des Telekommunikationsdienstes mit dem Hersteller des Kryptographieprodukts beim Anbieten der Kryptographietechnik, doch kann er möglicherweise unter dem Aspekt des allgemeinen Geschäftsgeheimnisses nur das Anwendungsrecht erhalten. Nach § 100 b Abs. 3 StPO kann deshalb nur der winzige Anteil der Fälle, nämlich in denen der Betreiber des Telekommunikationsdienstes auch der Entwickler der Kryptographie ist, erfasst werden. Deshalb liegt eine Reglungslücke vor, wenn man denn die Notwendigkeit sieht, dem Staat dieses Wissen zu vermitteln.

[366] Marauhn, a. a. O., S. 71.
[367] Bizer, DuD 21, 1997, S. 207; Marauhn, a. a. O., S. 65.

c. Ausblick

Angesichts der Kryptographiepolitik hat die Bundesregierung im Juni 1999 fünf Eckpunkte verabschiedet[368]. Eine von ihnen besagt, dass die Bundesregierung nicht beabsichtigt, die freie Verfügbarkeit von Verschlüsselungsprodukten in Deutschland einzuschränken. Vielmehr schließt sich die Bundesregierung der Verbreitung sicherer Verschlüsselungstechnik in Deutschland an[369]. In Hinsicht auf die lockere Kryptographiepolitik trifft die Strafverfolgung eine nie dagewesene Herausforderung. Erst wenn eine Regulierungsorientierung der Kryptographiepolitik (z. B. Lizenzierung, Schlüsselhinterlassung- oder Nachschlüsselmodelle) festgestellt wird[370], kann die StPO wirksam auf die Kryptographie als eine Ermittlungsmaßnahmesorte reagieren.

Zur Zeit kann die Erteilung der Entschlüsselungstechnik vom Anbieter nicht nach § 100 b StPO, sondern analog § 95 Abs. 1 StPO bei der vom Telekommunikationsanbieter eingesetzten Kryptographie angeordnet werden. Im Fall der vom Betroffenen der Telekommunikationsüberwachung selbst eingesetzten Kryptographie dürfen die Strafverfolgungsorgane auch zuerst analog § 95 Abs. 1 StPO die Verlage der eingesetzten Kryptographieprogramme anordnen, um festzustellen, von wem das Kryptographieprodukt hergestellt wird. Soweit das Kryptographieprodukt eine freie Software (es ist deshalb schwer festzustellen, wer sie herstellt)[371] ist, müssen die Strafverfolgungsorgane nach den in der StPO verankerten, einschlägigen Vorschriften einen Gutachter zu Rate ziehen, um die entsprechenden Identitätsdaten eines bestimmten Kryptographiepro-

---

[368] Näher, Wolfgang Zwingel, in: TKÜV, S. 41.
[369] Zitiert nach Zwingel, in: TKÜV, S. 41.
[370] Dazu, vgl. Marauhn, a. a. O., S. 71; Dix, CR 1/1997, S. 42 f; Zwingel, a. a. O., S. 42 f.
[371] Zum großen Teil kostenlos im Internet gefunden, vgl. Rolf Wisotzky, Der polizeiliche Staatsschutz und der Weg in die modernen Kommunikationstechnologien, in: Festschrift für Horst Herold, S. 502.

dukts zu erhalten. Die Information kann analog § 95 Abs. 1 StPO von dem Uranbieter, der diese Kryptographietechnik ausliefert, verlangt werden oder von einem sonstigen Anbieter in Deutschland, der die Entschlüsselungstechnik besitzt.

Zukünftig bedarf die Erteilung der aktuellen Identitätsdaten der Kryptographie und ihrer Entschlüsselung zum Strafverfolgungszweck einer ausdrücklichen Grundlage. Dabei ist künftig zu berücksichtigen, die neue Vorschrift wie § 100 i StPO wegen des Bezugs auf die Verarbeitung und Übertragung der Daten, die bei der Telekommunikation eingesetzt werden, im achten Abschnitt der StPO zu ergänzen.

II. Die Überwachung der Mobiltelekommunikation

1. Die Auskunft über die Standortdaten des Mobiltelefonendgeräts

a. Die Frage des betroffenen Grundrechts

Das Mobilitätsmanagement ist das speziale Institut im Mobiltelekommunikationsnetz. Nach § 100 g Abs. 3 Nr. 1 StPO dürfen die Standortdaten des Endgeräts nur „im Fall der Telekommunikation" erteilt werden. Aber sie stellen über die Vorgänge der Telekommunikation hinaus mit der Hilfe der exakten Lokalisierungsfunktion des Mobilitätsmanagements noch das persönliche Bewegungsprofil dar[372]. Im Fall des fehlenden Verbindungsaufbaus (nämlich in Standby-Modus) wird das augenfällig bekräftigt (§ 100 i StPO). Das persönliche Bewegungsprofil stellt die personenbezogenen Daten dar und fällt damit in

[372] Kluas Bernsmann/ Kirsten Jansen, Anmerkung zu LG Aachen, StV 11/99, S. 591.

den Schutzbereich des Rechts auf informationelle Selbstbestimmung gemäß Art. 1 Abs. 1 iVm. Art. 2 Abs. 1 GG[373].

Im Fall des § 100 g StPO ist der Schutzbereich des Art. 10 GG vorrangig, denn im Vergleich zum Recht auf informationelle Selbstbestimmung ist er die Sonderreglung. Doch im Fall des § 100 i StPO handelt es sich wegen fehlenden Verbindungsaufbaus nicht um den Schutzbereich des Fernmeldegeheimnisses, sondern nur um den des Rechts auf informationelle Selbstbestimmung. Insoweit stellt die vom Staat nach § 100 i StPO angeordnete und durchgeführte Ermittelungsmaßnahme des Standorts des Handyinhabers oder –Besitzers einen Eingriff in das nach Art. 1 Abs. 1 iVm. Art. 2 Abs. 1 GG gewährleistete Grundrecht dar.

b. Stellungnahme

Nach § 100 g StPO wird die Auskunft über die Standortdaten des Mobilendgeräts zur Ermittlung des Aufenthaltsorts des Täters oder Teilnehmers angeordnet. Dadurch kann der Sachverhalt aufgeklärt werden. Nach dem Inkrafttreten von § 100 i StPO ist es klar, dass der Gesetzgeber grundsätzlich den Einsatz des IMSI-Catchers und sonstige ähnliche Messtechniken unter bestimmter Bedingungen zulässt. Doch nach dem Wortlaut des § 100 i StPO ist unklar, wie die Kriterien für die Entscheidung seiner Zweckmäßigkeit eigentlich sind, denn der IMSI-Catcher darf laut § 100 i Abs. 1 StPO nicht nur zur Vorbereitung der Maßnahme nach § 100 a StPO, sondern auch zur Festnahme

---

373 Bernsmann/ Jansen, a. a. O., S. 592; Eckhardt, Anmerkung zu BGH, CR 6/2001, S. 387; Gercke, Bewegungsprofile anhand von Mobilfunkdaten im Strafverfahren: Zugleich ein Beitrag zur Kumulation heimlicher Observationsmittel im strafrechtlichen Ermittlungsverfahren, S. 141.

des Täters angeordnet werden[374]. Zur Zeit erscheint der IMSI-Catcher aufgrund seines hohen Aufklärungspotenzials den Strafverfolgungsorganen als Lieblingsermittlungsmaßnahme.

Wegen des Gefälles der obigen Zwecke besteht die Gefahr, dass vor allem nach § 100 i Abs. 1 Nr. 1 StPO die Strafverfolgungsorgane im Namen der Vorbereitung der Maßnahme nach § 100 a StPO (in der Tat spielt die letzte keine Rolle!) den IMSI-Catcher anordnen[375]. Um diese Missbrauchsgefahr zu vermeiden, ist auch zu überprüfen, ob alle gesetzlichen Voraussetzungen für die zu vorbereitende Maßnahme erfüllt sind. Dies führt zur „Akzessorietät" des IMSI-Catchers. Deshalb hat die Prüfung den Vorrang, ob die Telekommunikationsüberwachung nach § 100 a StPO oder die vorläufige Festnahme des Täters anzuordnen ist. Danach kommt erst die Entscheidung über den Einsatz des IMSI-Catchers mach § 100 i StPO im Betracht. Da diese aufgrund des IMSI-Catchers vorzubereitenden Maßnahmen entweder zu einem Eingriff in das Grundrecht des Fernmeldegeheimnisses oder in das Grundrecht der körperlichen Bewegungsfreiheit des Einzelnen beziehen, ist dies mit dem Normzweck des § 100 i StPO nicht vereinbar, dem zufolge ausschließlich der Eingriff in das Recht auf informationelle Selbstbestimmung gerechtfertigt werden kann. Außerdem ist es aus technischer Sicht unerheblich, ob die Standortdaten im Fall des Verbindungsaufbaus hergestellt werden, sondern vielmehr davon abhängig, ob die Standortdaten im Fall der aktiven Einschaltung des Endgeräts hergestellt werden. Wegen des exakten persönlichen Bewegungsprofils ist entweder § 100 g StPO oder § 100 i StPO einschlägig, wenn es um den Anteil der personenbezogenen Daten geht, die allein vom

---

374 Diese beiden Zielrichtungen haben mit einander nichts tun, MMR 1/2003, VIII.

375 Björn Gercke, Rechtliche Probleme durch den Einsatz des IMSI-Catchers, MMR 7/2003, S. 456.

Recht auf informationelle Selbstbestimmung abgedeckt werden und nicht unter dem Begriff von Telekommunikationsverbindungsdaten subsumiert werden können[376]. Die Auskunft über die Standortdaten des Mobiltelefonendgeräts bedarf zukünftig einer eigenständigen Vorschrift mit eigenem abschließenden Tatbestand[377], die sowohl den Fall der Telekommunikation als auch den Standby-Modus einbezieht, um das Recht auf informationelle Selbstbestimmung in diesem Fall lückenlos zu schützen.

2. Die Frage von Prepaidcards

Im Fall von Prepaidcards sind die Kundendaten nicht erforderlich und unaktuell, denn der Benutzer kauft nur im Voraus die Guthaben zum Telefonieren und damit fehlt es auch an einem Vertragverhältnis (Laufzeitvertrag). Deshalb dürfen die Verbindungsdaten des Benutzers mangels Abrechnungszwecks nicht gespeichert werden.

Zur Zeit gibt es auf dem Markt zahlreiche Anbieter für den Telekommunikationsdienst über Mobilfunknetz. Der Benutzer kann kinderleicht die Karte wechseln, z. B. kann der Benutzer mit der Guthabenkarte in verschiedenen Tarifen über Mobilfunknetz telefonieren. Oder er kann auch mit einen oder vielen Mobiltelefongeräten telefonieren, indem sie mit den Guthabendiensten (SIM-Karte) von verschiedenen Anbietern kooperieren. Die personenbezogenen Daten solcher Benutzer werden als sog. „Bestanddaten" bezeichnet und sind keine Telekommunikationsverbindungsdaten. Deshalb können sie nicht nach §§ 100 g oder 100 i StPO mitgeteilt werden, sondern nur nach den sonstigen Vorschriften (etwa § 95 StPO).

---

376 Vgl. Wohlers/ Demko, a. a. O., S. 247.

377 Dagegen, Hilger, Über den flankierenden Schutz von Zeugnisverweigerungsrechten – Zugleich Besprechung von BVerfG, Urteil vom 12. 3. 2003, GA 2003,, S. 559.

Insgesamt besteht hier eine Strafverfolgungslücke[378]. Die zulässige Auskunft über die Bestanddaten und Verbindungsdaten zum Strafverfolgungszweck muss davon ausgehen, dass sie vorher legal gespeichert werden. Nach § 100 g Abs. 1 S. 3 StPO können nur die zukünftigen Verbindungsdaten im Fall von Prepaidcards zum Strafverfolgungszweck gespeichert werden, denn die vergangenen Verbindungsdaten, wie eingangs erzählt, dürfen nicht gespeichert werden. In der Regel wird beim Verkaufen von Prepaidcards die Richtigkeit der Bestanddaten nicht so streng kontrolliert. Dieses Problem wird aber nicht durch die StPO gelöst, sondern im Bereich des Datenschutzrechts festzustellen ist, welche personenbezogenen Daten des Benutzers außerhalb der Verbindungsdaten gleichzeitig gespeichert werden dürfen, um die Richtigkeit der Bestanddaten gewährleisten zu können.

Bezüglich der Unrichtigkeit der Verbindung- und Bestanddaten der Prepaidcards nur im Fall des Mobiltelefonnetzes vertritt die Rechtsprechung des OVG Nordrhein-Westfalen die Auffassung, der zufolge aus § 90 Abs. 4 TKG abgeleitet wird, dass der Anbieter von Prepaidcard zur Führung von Kundendaten mit Rufnummer, Name und Anschrift des Nummerinhabers sowie „zur Prüfung der Identität des Nummerinhabers anhand bestimmten Dokumente (z. B. Pass oder Personalausweis) verpflichtet ist[379]. Jedoch wird das Ergebnis dieses Urteils nicht vom BVerwG angeschlossen. Nach der in seiner jüngsten Rechtsprechung[380] angekündigten Auffassung enthält § 90 Abs. 1 TKG keine Pflicht des Anbieters zur Erhebung der in ihr genannten Daten, da diese Daten im wesentlichen ausschließlich zu dem Zweck erhoben würden, sie gegebenen-

[378] Beispielweise wird nach der Bercht der Zeittung –Die Welt v. 7. April 2004- von dem Fall der Bombenanschlägen vom 11. März 2004 in Madrid gelernt, dass die im Regional-Bahn-Zug versteckte Sprengstoffe mittels umfunktionierten Prepaid-Handys fergezündet werden.

[379] OVG Nordrhein-Westfalen, CR 9/2002, S. 662 ff.

[380] BVerwG, Urt. v. 22.10.2003 – 6 C 23.02, CR 2/2004, S. 103-106.

falls den Strafverfolgungsbehörden zugänglich machen zu können[381]. Damit ist es nach der Meinung des BVerwG zu entnehmen, dass es einer gesetzlichen Grundlage bedarf, der nach einerseits die Dienstanbieter von Prepaidcards zur Erhebung und Speicherung der Kundendaten für die zukünftige mögliche Auskunft der Strafverfolgungsbehörde verpflichtet sind und andererseits das Gebot der Normklarheit angesichts dieses Anwendungszwecks der Daten nicht verletzt werden kann[382]. Mit anderen Worten fehlt es an einer ausdrücklichen gesetzlichen Grundlage für die Erhebung der Kundendaten, auf deren Grundlage die Abwägung zwischen dem Interesse an der Strafverfolgung und dem Recht auf informationelle Selbstbestimmung erfolgen kann, nach Maßgabe der Grundsätze der Datenvermeidung und -sparsamkeit[383].

Nach diesem Urteil des BVerwG fängt die Bundesregierung nun an, die Bestimmung der Verpflichtung der Dienstanbieter zur Speicherung der Kundendaten für die künftige mögliche Auskunft der Strafverfolgungsbehörden ins TKG aufzunehmen. Gemäß der neuesten Version des TKG-Entwurfs (§ 109 Abs. 1, S. 1) haben geschäftsmäßige Telekommunikationsdienstanbieter für die Auskunft der Strafverfolgungsbehörde vor der Freischaltung die Rufnummer, den Namen und die Anschrift des Rufnummerinhabers, bei natürlichen Personen deren Geburtsdaten, bei Festnetzanschlüssen die Anschrift des Anschlusses sowie das Datum des Vertragsbeginns zu erheben und unverzüglich zu speichern; bei Vertragsende ist zusätzlich das Datum des Vertragsendes zu speichern; auch soweit diese Daten für betriebliche Zwecke nicht erforderlich sind [384]. Damit kann der Dienstanbieter von Prepaidcards auch in den Kreis

---

381 BVerwG, Urt. v. 22.10.2003 – 6 C 23.02, CR 2/2004, S. 106.
382 Peter Büttgen, Keine Speicherung von Kundendaten bei „Prepaid-Handys", DuD 28, 2004, S. 68.
383 BVerwG, Urt. v. 22.10.2003 – 6 C 23.02, CR 2/2004, S. 106.
384 BT-Dr. 15/2316, S. 42 und BT. Dr. 15/2345, S. 8 (zu Nummer 73).

der oben bezeichneten geschäftsmäßige Telekommunikationsdienstanbieter eingeschlossen werden. Weil es Zweifel an der Einhaltung des Gebots der Normklarheit hat, hat der Bundesrat wiederholt der Bundesregierung aufgefordert, den Verwendungszweck der gespeicherten Kundendaten bei der Anwendung des Prepaidcard-Dienstes zu erklären[385]. Dazu hat die Bundesregierung nur in ihrer Gegenäußerung angekündigt, dass am Ende von § 109 TKG-E die Worte „auch soweit diese Daten für betriebliche Zwecke nicht erforderlich sind" angefügt werden[386]. Doch wird die vom Bundesrat gestellte Frage nach dem Verwendungszweck der Daten dadurch noch nicht angemessen beantwortet. Deswegen wird die überzeugende Begründung der in § 109 TKG-E verankerten Verpflichtung der Betreiber zur Speicherung der Kundendaten bei der Anwendung des Diensts von Prepaidcard für die Auskunft der Strafverfolgungsbehörden weiterhin vom Bundesrat gefordert[387].

Die Literatur befürchtet, dass dieser Novelle des TKG unter der Tendenz zur möglichst umfassenden Überwachung der Telekommunikation[388] und aus Terrorangst schließlich unverändert vom Bundesrat zugestimmt wird. Danach ist es vorauszusehen, dass verfassungskonforme Zweifel an der in § 109 TKG-E verankerten Pflicht zur Speicherung der Kundendaten bei der Anwendung des Dienstes von Prepaidcard aus Sicht des Gebots der Normklarheit zukünftig von den Dienstanbietern noch gestellt wird, um den Verwendungszweck der Daten bereichsspezifisch und präzise festlegen zu können[389].

---

[385] BR-Dr. 755/03 und BR-Dr. 200/04 (Beschluss).
[386] BT. Dr. 15/2345, S. 8 (zu Nummer 73).
[387] BR-Dr. 200/04 (Beschluss).
[388] Jens Tiedermann, Prepaid-Karten im Mobilfunk: Anonyme Kommunikation versus Strafverfolgungsinteresse, CR 2/2004, S. 98; Bizer, Strukturplan modernes Datenschutzrecht, DuD 28, 2004, S 9.
[389] Jens Tiedermann, CR 2/2004, S. 96.

3. Die Überwachung vom Mobiltelekommunikation im Roaming-Betrieb

In der Rechtsprechung des BGH[390] wurde die Frage der Überwachung vom Mobilfunk im Roaming-Betrieb erst kürzlich behandelt. Nach der Definition in dieser Rechtsprechung ermöglicht das Roaming, dass ein Mobilfunkteilnehmer auch außerhalb der Reichweite des (Zugangs)Netzes seines Vertragpartners (Telekommunikationsdienstanbieters) in (Zugangs)Netzen anderer Mobilfunkbetreiber aufgrund einer zwischen den Betreibern unterzeichneten Vereinbarung unter einer einheitlichen Rufnummer erreichbar ist und anrufen kann, ohne selbst mit den weiteren Netzbetreibern in Vertragsbeziehung treten zu müssen. Auf technischer Ebene handelt es sich um eine Änderung des Zugangnetzes. Der ankommende Anruf muss zuerst noch das Kernnetz des vom Benutzer abonnierten Anbieters erreichen. Dann wird der dortige Rechner aufgrund der gespeicherten aktuellen Standortdaten des Handys dem kooperierenden Vertragpartner diesen Anruf weiterleiten. Schließlich kann nach den im Rechner des kooperierenden Anbieters gespeicherten aktuellen Standortdaten dieser Anruf das Handy des Empfängers erreichen; wenn man beispielsweise ein Handy anrufen möchte, dessen Dienst vom deutschen Anbieter erbracht wird, muss man zuerst mit dem Kernnetz in Deutschland Verbindung aufnehmen. Mit anderen Worten, obwohl sich die Handys des Anrufers und des Empfängers in London befinden, muss zunächst nach Deutschland telefoniert werden. Deshalb muss der Anrufer den Hinweg von London nach Deutschland und den Zurückweg von Deutschland nach London bezahlen.

---

390 BGH, NStZ 2003, Heft 5, S. 272 f.

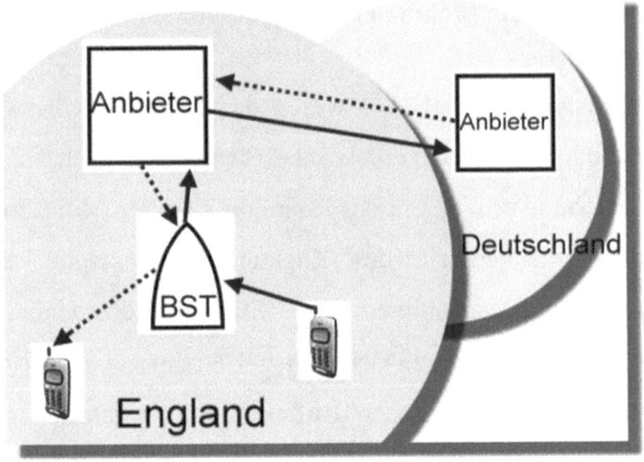

(Abbildung 2: Roaming-Betrieb[391])

Hier ist fraglich, wer zur Mitwirkung zur Telekommunikationsüberwachung verpflichtet ist. Nach der Definition des BGH kann man den Roaming-Betrieb in zwei Gruppen einteilen. Im einen Fall liegt der kooperierende Anbieter im Inland. In diesem Fall ist die StPO für diese zwei Anbieter anwendbar. Nach der Auffassung des BGH muss die schriftliche Auskunft über die Standortdaten des Handys allen Anbietern direkt gemäß § 100 b Abs. 3 StPO mitgeteilt werden[392], um die lückenlose Überwachung eines Anschlusses zu gewährleisten.

Im anderen Fall liegt der kooperierende Anbieter im Ausland. Die StPO ist nur für den inländischen Anbieter verbindlich. Die Frage der Auskunft über die Standortdaten des Mobiltelefongeräts zur Durchführung des Festnahmebefehls beispielsweise muss durch die internationale Rechtshilfe gelöst werden.

391 BST = Basisstation
392 BGH, NStZ 2003, Heft 5, S. 273 f.

Insgesamt ist die Auffassung des BGH zu begrüßen. Bei der Auskunft über Standortdaten und sonstigen Verbindungsdaten ist der Adressat der schriftlichen Anordnung der Uranbieter und sein kooperierender Anbieter. Ohne Mitteilung dieser Anordnung hat einer von diesen beiden Anbietern keine Mitwirkungspflicht zur Telekommunikationsüberwachung. Darüber hinaus findet bei der Erfüllung der Überwachung des Telekommunikationsinhalts nach § 100 a StPO die obige Darstellung auch Geltung.

G. Das Stadium nach der Beendigung der Durchführung der Telekommunikationsüberwachung

I. Das Telekommunikationsüberwachungsverbot

Die Telekommunikationsüberwachung ist die von der StPO gestattete Beweiserhebungsweise. Im Prinzip kann das dadurch erlangte Ergebnis als Beweismittel zur Verurteilung benutzt werden. Es bleibt noch umstritten, ob die Anordnung der Telekommunikationsüberwachung aus bestimmten Gründen eingeschränkt oder verboten werden muss.

1. Im Fall der Überwachung des Telekommunikationsinhalts

In der geltenden StPO wird keine Einschränkungsregelung der Telekommunikationsüberwachung nach § 100 a StPO vorgesehen. Deshalb ist die Telekommunikationsüberwachung wegen fehlender gesetzlicher Grundlage nicht auszuschließen, wenn die materiellen Voraussetzungen erfüllt werden[393]. Doch besteht in Rechtsprechung und Schrifttum Einigkeit, dass nach § 148 StPO der Telekommunikationsverkehr zwischen dem Beschuldigten und seinem Vertei-

393 Beulke, Überwachung des Fernsprechanschlusses eines Verteidigers: Besprechung der Entscheidung BGHSt. 33, 347 ff, Jura 1986, Heft 12, S. 643.

diger überwachungsfrei ist[394]. Die Begründung liegt darin: (1) nach § 148 StPO ist das ungehinderte Verkehrsrecht auf den Fall zwischen dem sich auf freien Fuß befindenden Beschuldigten und seinem Verteidiger zu erstrecken, (2) obwohl gemäß § 148 StPO nur der schriftliche und mündliche Verkehr überwachungsfrei ist, soll die Telekommunikation wegen der höheren Sensibilität und Schutzwürdigkeit des Vertrauensverhältnisses auch das Überwachungsverbot genießen[395] sowie (3) im Vergleich zu § 100 a StPO ist § 148 StPO deshalb die stärkere Norm; denn die Telekommunikationsüberwachung nach § 100 a StPO ist einzuschränken, wenn § 148 StPO anwendbar ist. Für die Anordnung der Telekommunikationsüberwachung nach § 100 a StPO ist Voraussetzung, dass der Verteidiger nach § 138 a Abs. 1 Nr. 3 StPO vom Strafverfahren ausgeschlossen wird[396].

Zu dieser aus dem Schutzzweck der Norm entwickelten Auffassung besteht eine Gegenmeinung. Nach ihr darf die Telekommunikationsüberwachung bei Vorliegen der notwendigen Voraussetzungen (Katalogtat, Katalogverdacht sowie Subsidiaritätsklausel) angeordnet werden. Diese Voraussetzungen werden schon nach dem Verhältnismäßigkeitsprinzip vorgeschrieben. Insofern ist sie auch ausreichend, dem Grundrechtschutz des Individuums zu dienen[397]. Deshalb darf die Telekommunikation zwischen einem Verteidiger und seinem Beschuldigten überwacht werden, wenn sie nach den einschlägigen Vorschriften

---

394 Kleinknecht/ Meyer-Goßner, StPO, § 100 b, Rdn. 10; Beulke, StPO, Rdn. 155; dazu auch aber auf jedes Mandatsverhältnis eines Rechtsanwalts erstreckt, Kühne, Telefonüberwachung von Rechtsanwälten: Fall Kopp (Schweiz) – EGMR – Urteil vom 25. 3. 1998 (13/1997/797/1000), StV 12/98, S. 686; Welp, Die strafprozessuale Überwachung des Post- und Fernmeldeverkehrs, S. 197.

395 Beulke, StPO, Rdn. 155.

396 Beulke, Jura 1986, Heft 12, S. 645; Kleinknecht/ Meyer-Goßner, StPO, § 100 a, Rdn. 13.

397 Dagegen, Christian Jäger, Beweisverwertung und Beweisverwertungsverbote im Strafprozess, S. 206.

angeordnet werden kann. Mangels einer ausdrücklichen Grundlage ist die Einschränkung der Überwachung nach der Gegenmeinung nicht gestattet. Deswegen sei die Analogie des § 148 StPO als Grundlage abzulehnen[398]. Ebenfalls ist analog §§ 53 und 97 StPO das Überwachungsverbot der Telekommunikation zwischen dem Abgeordnet[399] und seinem Mandat oder zwischen dem Journalisten[400] und seinem Informant nach der Gegenmeinung unzulässig, denn hier fehlt es an einer gesetzlichen Grundlage[401].

Nach der jüngsten Rechtsprechung des Bundesverfassungsgerichts zum Großen Lauschangriff[402] berücksichtigt die augenblicklich geltende Regelung den sich aus Art. 1 Abs. 1 GG ergebenden Schutz des Kernbereichs privater Lebensgestaltung nicht hinreichend. Insofern ist der Gesetzgeber aufgefordert, Zeugnisverweigerungsberechtigungen nach §§ 52, 53 StPO zu berücksichtigen und mit einem Schutz bis hin zu einem Beweisverwertungsverbot auszustatten. Ein entsprechender Gesetzgebungsvorschlag liegt vor[403].

---

398 Dagegen, Brenner, Die strafprozessuale Überwachung des Fernmeldeverkehrs mit Verteidigern, S. 275 f.

399 Dagegen, Ruldophi, SK-StPO, § 100 a, Rdn. 20.

400 LG Frankfurt, NJW 1996, S. 1009; BVerfG, NStZ 2003, Heft 8, S. 441 ff; Friederike Rotsch, Der Schutz der journalistischen Recherche im Strafprozessrecht, S. 172; Gusy, Das Fernmeldegeheimnis von Pressemitarbeitern als Grenze strafprozessualer Ermittlungen, NStZ 2003, Heft 8, S. 402. Zum Zeugnisverweigerungsrecht des Journalisten, dagegen und kritisch, Karl H. Kunert, Erweitertes Zeugnisverweigerungsrecht der Medienmitarbeiter: Gesetz zur Änderung der Strafprozessordnung vom 15.2.2002, NStZ 2002, Heft 4, S. 170 ff.

401 Gerhard Werle, Schutz von Vertrauensverhältnissen bei der strafprozessualen Fernmeldeüberwachung? JZ, 10/1991, S. 488.

402 BVerfG NStZ 2004, 270.

403 Referentenentwurf des BMJ vom 23.06.2004.

2. Im Fall der Auskunft über die Telekommunikationsverbindungsdaten

Nach § 100 h Abs. 2 S. 1 StPO darf die Auskunft über die Telekommunikationsverbindungsdaten, von den zur Zeugnisverweigerung berechtigten Geistlichen, Verteidiger und Abgeordneten (gemäß § 53 Abs. 1 Nr. 1, 2 und 4 StPO) nicht von den Strafverfolgungsorganen verlangt werden.

Bezüglich des Verteidigers und Abgeordneten begründet der Gesetzgeber dies mit der für die demokratische Verfassung der Bundesrepublik Deutschland bedeutsamen staatskonstituierenden Kontrollfunktion der Verteidigung und des Parlaments als Institution[404]. Außerdem liegt die Begründung für das Auskunftsverbot über die Telekommunikationsverbindung des Geistlichen nur in der Berücksichtigung des besonderen, kultureller Tradition entsprechenden Vertrauens in die absolute Privatheit einer Kontaktaufnahme zu einem Seelsorger[405].

II. Die Verwertung des durch die Telekommunikationsüberwachung erlangten Ergebnisses

1. Überblick über die Dogmatik der Beweisverwertungsverbote

Wie schon errörtet, ist es noch umstritten, ob und aus welchem Grund die Telekommunikationsüberwachung nach § 100 a StPO eingeschränkt werden soll. Die Verwertung des durch die Telekommunikationsüberwachung erlangten Ergebnisses wird deshalb zum zentralen Folgeproblem der Telekommunikati-

---

[404] BT-Dr. 14/7679, S. 9; vor der Einführung des §§ 100 g, h StPO ergibt sich das Auskunftsverbot des Verteidigers analog § 148 StPO, Welp, Überwachung und Kontrolle, S. 61.
[405] BT-Dr. 14/7679, S. 9. Die in § 100 h Abs. 2 StPO getroffene Auswahl wird als „willkürlich" kritisiert, Über den flankierenden Schutz von Zeugnisverweigerungsrechten – Zugleich Besprechung von BVerfG, Urteil vom 12. 3. 2003, GA 2003, S. 485.

onsüberwachung[406]. In dieser Arbeit werden die Prinzipien des Beweisverwertungsverbots, die so wie sie von Amelung präsentiert werden, zu Grunde gelegt, um die Basis des Beweisverwertungsverbots zu konstruieren. Nach dieser Auffassung kann im deutschen Strafprozessrecht der Zweck des Beweisverwertungsverbots in folgende drei Gruppen eingeteilt werden: (1) die Garantie von Geheimhaltung und anderen Informationsbeherrschungsrechten, (2) die Sicherung der Wahrheitsfindung sowie (3) die Wahrung der Legitimation zur Strafe[407].

Der Einzelne verwendet das elektronische Medium, um Nachrichten auszutauschen. Das nach Art. 10 GG gewährleistete Fernmeldegeheimnis schützt die Vertraulichkeit der Telekommunikation, die die Geheimhaltung des Inhalts und des Umstandes des Telekommunikationsverkehrs durch den Betreiber umfasst. Sonstige personenbezogene Daten bezüglich der Anwendung des Dienstes werden durch das von Art. 2 Abs. 1 iVm. Art. 1 Abs. 1 GG entwickelte Recht auf informationelle Selbstbestimmung geschützt. Hier handelt es sich hauptsächlich um den Gedanken der Garantie von Geheimhaltung und anderen Informationsbeherrschungsrechten[408]. Dem zufolge wird in erster Linie damit gerechnet, dass der Staat auf Grund der gesetzlichen Ermächtigung in die „Vertraulichkeitszone“ zwischen dem Benutzer und seinem Diensterbringer eindringen darf, ansonsten aber zurücktreten muss. Anschließend kann das Beweisverwertungsverbot diesen Schutz komplettieren[409].

---

406 Paeffgen, Roxin-FS, S. 1313.

407 Amelung, Normstruktur und Positivität strafprozessualer Beweisverbote, in: Festgabe für Hans Hilger, S. 327.

408 Zu Informationsbeherrschungsrecht, näher, vgl. Amelung, Informationsbeherrschungsrechte im Strafprozess: dogmatische Grundlagen individualrechtlicher Beweisverbote.

409 Amelung, Hilger-FG, S. 328.

Außerdem kann bei der Telekommunikationsüberwachung das Zeugnisverweigerungsrecht nach §§ 52, 53 sowie 53 a StPO indirekt gefährdet werden. Um es lückenlos zu schützen, ist das Verwertungsverbot der durch die ordnungsmäßige Telekommunikationsüberwachung erlangten Ergebnisse momentan ausreichend, solange es sich nach ihr den Personenkreis im Sinne des §§ 52, 53 sowie 53 a StPO handelt.

2. Das durch die rechtswidrige Telekommunikationsüberwachung erlangte Ergebnis

a. Verstoß gegen materielle Voraussetzungen der Telekommunikationsüberwachung

Im Fall der Überwachung des Telekommunikationsinhalts sind Rechtssprechung und h. M. im Schrifttum darin einig, dass die durch Verstoß gegen materielle Voraussetzungen gewonnene Information unverwertbar ist[410].

Im Fall der Auskunft über die Telekommunikationsverbindungsdaten sind die gewonnenen Daten auch unverwertbar, soweit die materiellen Voraussetzungen nicht erfüllt wurden.

Diese Entwicklung ist zu begrüßen, da der Verstoß gegen materielle Voraussetzungen der Telekommunikation als rechtswidrig bezeichnet wird und damit in die „Vertraulichkeitszone“ zwischen dem Betroffenen und seinem Dienst -erbringer eingegriffen wird.

---

410 Kühne, StPO, Rdn. 526; Beulke, StPO, Rdn. 475; Rudolphi, SK-StPO, § 100 a, Rdn. 26.

b. Verstoß gegen formelle Voraussetzungen der Telekommunikationsüberwachung

Bei Anordnung der Überwachung des Telekommunikationsinhalts vertreten die Rechtsprechung und die h. M. im Schrifttum die Auffassung, dass im Prinzip der Verstoß gegen formelle Voraussetzungen im Sinne des §§ 100 b sowie 101 StPO (z. B. die Förmlichkeit der Anordnung oder Benachrichtigungspflicht) nicht zum Beweisverwertungsverbot führt[411]. Doch kann der obigen Auffassung zufolge der Fehler einer richterlichen oder staatsanwaltlichen Anordnung ein Verwertungsverbot des Beweises verursachen[412]. Angesichts des Zwecks des Beweisverwertungsverbots handelt es sich bei dem Verstoß gegen Zuständigkeitsvorschriften einerseits nicht um die Frage des Schutzes des Fernmeldegeheimnisses und anderer Informationsbeherrschungsrechte, denn die nach §§ 100 a, g und i StPO verursachten Grundrechteingriffe werden nicht vertieft[413].

Andererseits ist die aus der Disziplinierungstheorie[414] abgeleitete Beweisverwertungsverbotsfolge wegen fehlender gesetzlicher Grundlage nicht anwendbar[415].

Ebenfalls führt der Verstoß gegen formelle Voraussetzungen bei der Auskunft über die Verbindungsdaten nach § 100 g StPO oder Standortdaten des Handys im Standby-Modus nach § 100 i StPO nicht zum Beweisverwertungsverbot.

---

411 BGH, StV 4/2003, S. 208 ff; Beulke, StPO, Rdn. 475; Rudolphi, SK-StPO, § 100 a, Rdn. 26.

412 BGHSt 31, 306, zitiert, Rudolphi, SK-StPO, § 100 a, Rdn. 26; Beulke, StPO, Rdn. 475; Neuhaus, Rieß-FS, S. 400.

413 Jäger, Beweisverwertungsverbot, S. 204 f.

414 Amelung, Die Verwertbarkeit rechtswidrig gewonnener Beweismittel zugunsten des Angeklagten und deren Grenzen, StraFO 1999, Heft 6, S. 182; kritisch, ders., NStZ 2001, Heft 7, S. 341.

415 Amelung, Hilger-FG, S. 337.

3. Das durch die zulässige Telekommunikationsüberwachung erlangte Ergebnis

a. Zufallsfunde

Die sog. Zufallsfunde bei der Telekommunikationsüberwachung bedeuten, dass unter den materiellen Voraussetzungen der Telekommunikationsüberwachung die herauszufindenden Informationen oder mitzuteilenden Daten entweder erfolgreich oder erfolglos gewonnen werden können, und dabei eine andere Straftat auch zufällig aufgedeckt wird. Hier ist die Telekommunikationsüberwachung zulässig. Bei dem Vorliegen oder Wegfall des herauszufindenden Ergebnisses können andere Delikte des Betroffenen oder Dritter, auf die sich die Anordnung nicht bezieht, zufällig durch die Telekommunikationsüberwachung gefunden werden. Die Zufallsfunde können danach in vier Gruppen gegliedert werden, je nachdem, ob diese zufällig gefundenen Delikte zu anderen Katalogtaten in Sinne des § 100 a StPO gehören oder nicht. Dann kann der Täter der zufällig herausgefundenen Delikte der planmäßig zu überwachende Betroffene oder ein sonstiger unbeteiligter Dritter sein.

Im Fall der Überwachung des Telekommunikationsinhalts dürfen die durch die zulässige Telekommunikationsüberwachung erlangten Informationen in anderen Strafverfahren zu Beweiszwecken verwertet werden, soweit sich bei Gelegenheit der Auswertung Erkenntnisse ergeben, die zur Aufklärung einer der in § 100 a StPO bezeichneten Katalogtaten benötigt werden. Die Rechtssprechung[416] legt § 100 b Abs. 5 StPO extensiv aus: solange die Zufallsfunde sich auch auf eine andere Katalogtat (einschließlich der Nichtkatalogtat, die ausschließlich mit der planmäßig zu überwachenden Katalogtat im engen Zusammenhang steht) beziehen, können sie trotz des Wegfalls der antragsgemäß

416 BGH, NStZ 1998, Heft 8, S. 426.

vorausgesetzten Katalogtat zum Beweis im Strafverfahren verwertbar sein, wenn dort irgend eine Katalogtat vorliegt. Es ist deshalb unerheblich, wer die zufällig gefundene Katalogtat begangen hat. Die Begründung liegt darin: die Telekommunikationsüberwachung hätte auch allein zur Erforschung dieser zufällig gefundenen Katalogtat angeordnet werden dürfen. Die h. M. im Schrifttum schließt sich auch dieser Auffassung der Rechtsprechung an[417].

Doch ist solch eine extensive Auslegung des § 100 b Abs. 5 StPO zweifelhaft. Dieses Argument, das ausschließlich aus dem Gedanken der Verfahrensökonomie stammt, lässt das Institut der von § 100 a StPO angestrengten letzten Front des Grundrechtsschutzes nicht halten. Die zufällig gefundenen Informationen dürfen noch nicht zum eigenen Beweiszweck verwertet werden, wenn ihren Umständen zufolge die Voraussetzungen der Telekommunikationsüberwachung nicht erfüllt werden. Außerdem muss die Reichweite der Anwendung der Zufallsfunde nur auf andere Katalogtaten beschränkt werden. Deshalb ist die Zusammenhangtat auch auszuschließen, wenn sie im wesentlichen Nichtkatalogtat ist[418]. Bezüglich des Personkreises der Betroffenen der Zufallsfunde, kann die Zufallsfunde verwertbar sein, wenn der Dritte unter der Erfüllung der Voraussetzungen der Telekommunikationsüberwachung auch als der Betroffene in seinem Strafverfahren überwacht werden muss. Insgesamt ist natürlich noch zu überprüfen, ob die übrigen Voraussetzungen der Telekommunikationsüberwachung außerhalb der Katalogtat vorliegen[419].

[417] Ruldolphi, SK-StPO, § 100 a, Rdn. 29 ff; Kleinknecht/ Meyer-Goßner, StPO, § 100 a, Rdn. 18 f; Beulke, StPO, Rdn. 476.
[418] Cornelius Prittwitz, Die Grenzen der Verwertbarkeit von Erkenntnissen aus der Telefonüberwachung gemäß § 100 a StPO, StV 7/1984, S. 308 und 311.
[419] Sebastian Fickert, Die Behandlung von Zufallserkenntnissen im Ermittlungsverfahren: unter Berücksichtigung der allgemeinen Grundsätze über Verwertungsverbote, S. 106.

Bei der Auskunft über die Telekommunikationsverbindungsdaten nach § 100 g StPO befindet sich die Vorschrift der Zufallsfunde in § 100 h Abs. 3 StPO. Demnach, wie bei § 100 b Abs. 5 StPO, müssen die Zufallsfunde im Prinzip zur Aufklärung einer der in § 100 g Abs. 1 S. 1 StPO bezeichneten Straftaten von erheblicher Bedeutung benötigt werden. Ausnahmsweise kann der Zufallsfund mit Zustimmung des Beschuldigten auch verwertbar sein, obwohl er sich auf eine Straftat von erheblicher Bedeutung bezieht. Bei Anwendung dieser Vorschrift muss man zunächst überprüfen, ob die Voraussetzungen der Auskunft über die Verbindungsdaten nach § 100 g Abs. 1 oder Abs. 2 StPO vorliegen

Bei dem Einsatz der Standortmesstechnik (IMSI-Catcher) sind die technisch unvermeidbar erhobenen personenbezogenen Daten auch Zufallsfunde. Nach § 100 i Abs. 3 S. 2 StPO dürfen sie nicht verwertet werden und sind nach der Beendigung der Maßnahme unverzüglich zu löschen.

Schließlich ist es umstritten, ob die obigen Zufallsfunde weiter oder später als Spuren für eine andere Ermittelungsmaßnahme verwendet werden dürfen. Diese Frage hat die Rechtsprechung bejaht[420]. Aufgrund der Fernwirkung des Beweisverwertungsverbots vertreten manche Autoren die Gegenaussicht[421]. Diese Auffassung ist akzeptabel. Die Anordnung jeder Telekommunikationsüberwachungsmaßnahme muss sich danach richten, ob ihre Voraussetzungen erfüllt werden. Deswegen sind die erforderlichen Tatsachen, nach denen der Tatverdacht begründet oder sonstige erforderliche Voraussetzungen nachgewiesen werden, noch zu ermitteln, um die neue Ermittlungsmaßnahme anzu-

[420] BGHSt 27, 355, 358. Krey, StPO II, Rdn. 48; auch Kramer, StPO, Rdn. 222a.
[421] Rudolphi, SK-StPO, § 100 a, Rdn. 32; Beulke, StPO, Rdn. 476; aber dagegen, Kleinknecht/ Meyer-Goßner, StPO, § 100 a, Rdn. 19, auch, Wolter, Verwertungsverbote bei zulässiger Telefonüberwachung, in: Gedächtnisschrift für Armin Kaufmann, S. 779.

ordnen. Die „hypothetische Ermittlung“, die sich nur auf die Zufallsfunde stützt, ist verboten[422].

b. Der Schutz der Zeugnisverweigerungsrechte

aa) Das gesetzliche Beweisverwertungsverbot

Eine allgemeine Regel, in welchen Fällen ein Verstoß gegen das Beweiserhebungsverbot zu dem Beweisverwertungsverbot führt, konnte bisher nicht entwickelt werden[423]. Allein aufgrund der Zulässigkeit der Telekommunikationsüberwachung kann noch nicht auf die Verwertbarkeit aller durch sie erlangter Ergebnisse geschlossen werden[424]. Doch schreibt der Gesetzgeber vor, dass nach § 100 h Abs. 2 S. 1, 2. Halbsatz die erlangten Verbindungsdaten nicht verwertet werden dürfen, soweit das im 1. Halbsatz verankerte Beweiserhebungsverbot verletzt wird. Doch gilt das nicht nach § 100 h Abs. 2 S. 2 StPO,

wenn die zur Zeugnisverweigerung Berechtigten einer Teilnahme oder einer Begünstigung, Strafvereitelung oder Hehlerei verdächtig sind.

bb) Das Verwertungsverbot der durch die zulässige Telekommunikationsüberwachung erlangten Information

Hingegen wird in der StPO keine ausdrückliche Vorschrift eines Verwertungsverbots bei der Überwachung des Telekommunikationsinhalts geregelt. Die durch zulässige Telekommunikationsüberwachung erlangten Ergebnisse sind nicht immer im Strafverfahren verwertbar, wenn der Schutz eines anderen rechtlichen Instituts als überwiegend bewertet. Typisches Beispiel ist das

---

422 Welp, Die strafprozessuale Überwachung des Post- und Fernmeldeverkehrs, S. 208.
423 Beulke, StPO, Rdn. 457.
424 Rudolphi, SK-StPO, § 100 a, Rdn. 27.

Zeugnisverweigerungsrecht. Im Fall der Telekommunikationsüberwachung handelt es sich auch um die Frage ihres Schutzes[425]. Aber es ist bei dieser Frage noch unsicher, wo die Grenze der Verwertbarkeit der durch zulässige Telekommunikationsüberwachung nach § 100 a StPO erlangten Informationen liegt. Einige Autoren gehen davon aus, dass sich die Ausübung des Zeugnisverweigerungsrechts auf das öffentliche Interesse bezieht. Nach dieser Auffassung sind die erlangten Informationen unverwertbar, die der Betroffene mit einer Verwaltungsbehörde, seinem Verteidiger oder einem Abgeordneten ausgetauscht hat[426]. Deshalb wird der zur Zeugnisverweigerung Berechtigte nach § 52 StPO vom Verwertungsverbot ausgeschlossen[427]. Umgekehrt nimmt die Gegenmeinung an, dass die durch zulässige Telekommunikationsüberwachung erlangte Information nach § 100 a StPO auch unverwertbar ist, wenn der Betroffene nach §§ 52 ff. StPO ein Zeugnisverweigerungsrecht hat[428]. Diese Auffassung ist zu befürworten. Anders als bei der Vernehmung und sonstigen offenen Ermittlungsmaßnahmen handelt es sich im Fall der gegen Angehörige

[425] Gabriele Groß-Spreitzer, Die Grenzen der Telefonüberwachung nach §§ 100a, 100b StPO unter Berücksichtigung der Aussageverweigerungsrechte im Strafprozess, S. 160.

[426] Rudolphi, SK-StPO, § 100 a, Rdn. 28; ders., Grenzen der Überwachung des Fernmeldeverkehrs nach den §§ 100 a, b StPO, in: FS. für Friedrich Schaffstein, S. 446; Werle, JZ 10/1991, S 488; Wolter, Zeugnisverweigerungsrechte bei (verdeckten) Maßnahmen im Strafprozessrecht und Polizeirecht, in: Rieß-FS., S. 639; ders., Die Berücksichtigung von Zeugnisverweigerungsrechten bei Maßnahmen nach den §§ 100a, 100 c, 100g, 111, 163 b, 163 d bis 163 f StPO (Baustein zu § 53 b StPO-E vom 2.5.2002) „in: Zeugnisverweigerungsrechte bei (verdeckten) Ermittlungsmaßnahmen, S. 36.

[427] Groß-Spreitzer, a. a. O., S. 160; Klaus F. Gärditz/ Carl-Friedrich Stuckenberg, Zu Funktion und Ratio der Zeugnisverweigerungsrechte im Strafverfahren, in: Zeugnisverweigerungsrechte bei (verdeckten) Ermittlungsmaßnahmen, S. 130; Mark Alexander Zöller, Zeugnisverweigerungsrechte und heimliche Ermittlungsmaßnahmen im Strafprozessrecht – Zur Situation de lege lata, in: Zeugnisverweigerungsrechte bei (verdeckten) Ermittlungsmaßnahmen, S. 356.

[428] Wolter, 35 Jahre Verfahrensrechtskultur und Strafprozessverfahrensrecht in Ansehung von Freiheitsentziehung, (DNA-) Identifizierung und Überwachung, Hans Joachim Hirsch zum 70. Geburtstag, GA 1999, S. 168; dagegen, Thomas Weigend, Empfehlen sich gesetzliche Änderungen, um Zeugen und andere nicht beschuldigte Personen im Strafprozess besser vor Nachteilen zu bewahren?, Gutachten C zum 62. Deutschen Juristentag Bremen 1998, C 118.

gerichteten angeordneten Telekommunikationsüberwachung nicht um eine durch Zwangslage ausgelöste Rollenkollision[429]. Doch können die dahinterstehenden zu gewährleistenden Freiheitsrechte gefährdet werden[430]. Der Angehörige des Beschuldigten lässt bei der Anwendung des Dienstes seine Information mittels des vom Betreiber erbrachten Trägers speichern. Insoweit geht es um das Informationsbeherrschungsrecht, das die Verwirklichung des Rechts auf informationelle Selbstbestimmung nach Art. 1 Abs. 1 iVm. Art. 2 Abs. 1 GG ist, wenn er sein Zeugnisverweigerungsrecht unter der Berufung auf § 52 StPO wahrnimmt. Deshalb ist immer zu überprüfen, ob aufgrund der zulässigen Telekommunikationsüberwachung der Schutzzweck aller Zeugnisverweigerungsrechte nach §§ 52 ff. StPO umgangen werden kann[431]. Solange der Schutz der Zeugnisverweigerungsrechte durch die zulässige Telekommunikationsüberwachung entwertet werden kann, werden sie leer laufen[432].

III. Die Vernichtung der erlangten Informationen und Daten

Im Fall der Überwachung des Telekommunikationsinhalts sind die durch die Maßnahme erlangten Unterlagen nach § 100 b Abs. 6 StPO unverzüglich unter Aufsicht der Staatsanwaltschaft zu vernichten, wenn sie zur Strafverfolgung nicht mehr erforderlich sind. Sie ist zur Strafverfolgung nicht mehr erforderlich, wenn beispielsweise die durch rechtswidrige Telekommunikationsüberwachung erlangte Information vom Beweis auszuschließen oder trotz der zulässigen Maßnahme der Inhalt der erlangten Information durch andere Be-

---

429 Paeffgen, Zeugnisverweigerungsrechte und heimliche Informationserhebung, in: Rieß-FS., S. 430.
430 Die Zeugnisverweigerungsrechte sind nur der Ausfluss dieser Freiheitsrechte, vgl. Gärditz/ Stuckenberg, a. a. O., S. 132.
431 Zöller, a. a. O., S. 356.
432 Hilger, GA 2003, S. 482.

weismittel nachweisbar ist[433]. Außerdem können die Unterlage im Sinne des § 100 b Abs. 6 StPO auf einem beliebigen Träger (schriftlich oder elektronisch) gespeichert sein, der mit dem zu überwachenden Inhalt einen Bezug hat. Schließlich muss die Vernichtungshandlung zur Löschung der auf dem Träger gespeicherten Information (oder deren Inhalt) führen[434].

Zuständig für die Anordnung der Vernichtungshandlung ist vor der Anklagererhebung die Staatanwaltschaft und danach das zuständige Gericht[435].

Im Fall der Auskunft über die Telekommunikationsverbindungsdaten ist nach § 100 h Abs. 1 StPO die Vernichtungsvorschrift in Sinne des § 100 b Abs. 6 StPO auch anwendbar.

Beim Einsatz des IMSI-Catchers sind die durch ihn unvermeidbar erlangten personenbezogenen Daten Dritter gemäß § 100 i Abs. 3 S. 2 StPO nach der Beendigung der Maßnahme zu löschen. Doch fehlt es im Fall der Auskunft nach § 100 i Abs. 1 StPO an einer Vernichtungsvorschrift. Im Vergleich mit § 100 g, h sowie 100 b Abs. 6 StPO sind die nach § 100 i Abs. 1 StPO erlangten Daten auch zu vernichten, wenn sie zum Strafverfolgungszweck nicht mehr erforderlich ist.

Anschließend ist eine Niederschrift über den obigen Vorgang der Vernichtung anzufertigen (§ 100 b VI, 100 h I S. 3 StPO).

---

433 Kleinknecht/ Meyer-Goßner, StPO, § 100 b, Rdn. 8.

434 Denn im Fall des elektrischen Trägers bedeutet die Vernichtungshandlung nicht seine Vernichtung, sondern die Löschung der auf ihm gespeicherten Information.

435 Rudolphi, SK-StPO, § 100 b, Rdn. 10.

IV. Benachrichtigung

Nach § 101 Abs. 1 StPO sind die Beteiligten der Telekommunikation von den getroffenen Maßnahmen gemäß §§ 100 a, b, g, h StPO zu benachrichtigen. Der Beteiligtenkreis umfasst nicht nur den Beschuldigten, sondern auch alle Personen, mit denen er den überwachten Telekommunikationsverkehr unterhalten hat[436].

Doch dem oben zitierten Studienergebnis des Max-Plank-Instituts für ausländisches und internationales Strafrecht zufolge wird der Adressatenkreis der Benachrichtigung durch die Staatsanwaltschaft nur auf den Beschuldigten sowie einen von diesem verschiedenem Anschlussinhaber beschränkt, denn die Justizpraxis in der Praxis nimmt an, dass die Unterrichtung aller Telekommunikationsteilnehmer durch Polizei und Staatsanwalt „nicht praktikabel" ist[437].

Die Telekommunikationsüberwachung stellt einen heimlichen Grundrechtseingriff für alle Beteiligten des Telekommunikationsverkehrs dar. Erst nach der Benachrichtigung der gegen sie gerichteten Maßnahmen können sie den Umstand des Eingriffs in ihre Grundrechte ahnen, und dann nachträglich in den Griff bekommen. Bezüglich des Zeitpunkts der Benachrichtigung kommt es nach § 101 Abs. 1 S. 1 StPO im Prinzip darauf an, dass der Untersuchungszweck nicht gefährdet wird (z. B. spätestens nach der Anklagerhebung). Doch kann diese Benachrichtigung nach § 101 Abs. 1 S. 1 StPO im Einzelfall weiter verzögert werden, soweit die öffentliche Sicherheit, Leib oder Leben einer Person sowie die Möglichkeit der weiteren Verwendung eines eingesetzten nicht offen ermittelnden Beamten gefährdet werden können, vor

---

436 Kleinknecht/ Meyer-Goßner, StPO, § 101, Rdn. 2.

437 Rechtswirklichkeit und Effizienz der Überwachung der Telekommunikation nach den §§ 100a, 100b StPO und anderer verdeckter Ermittlungsmaßnahmen, S. 21.

allem im Fall der Telekommunikationsüberwachung der organisierten Kriminalität.

Zuständig für die Benachrichtigung ist nach der Ansicht der Rechtssprechung die Staatsanwaltschaft[438].

V. Fazit

Die Telekommunikationsüberwachung ist zunächst nur unter der strikten Überprüfung der Erfüllung ihrer materiellen Voraussetzungen anzuordnen. Wegen einer fehlenden gesetzlichen Grundlage führt die Missachtung der Vorschrift der richterlichen Anordnung wie sonstiger formellen Voraussetzungen nicht notwendig zum Verwertungsverbot der durch die zulässige Telekommunikationsüberwachung erlangten Ergebnisse.

Die Zufallsfunde sind erst verwertbar, wenn dabei alle materiellen Voraussetzungen der Telekommunikationsüberwachung auch vorliegen.

Bisher fehlt im Fall der verdeckten Ermittlungsmaßnahmen, zu denen auch die Telekommunikationsüberwachung gezählt wird, es eine einheitliche Grundlage, der zufolge auf den Geltungszusammenhang mit §§ 52 und 53 StPO hingewiesen wird. Dadurch sind verdeckte Ermittlungsmaßnahmen verboten, wenn es sich dabei um die Zeugnisverweigerungsrechte nach §§ 52 und 53 StPO handelt. Obwohl nach § 100 h Abs. 2 S.1 StPO die Auskunft über die Verbindungsdaten des zur Zeugnisverweigerung Berechtigten im Sinne des § 53 Abs. 1 Nr. 1, 2 und 4 StPO verboten wird, ist es noch schwer zu verstehen, woher die gesetzgeberischen Maßstäbe als Begründung für ein Beweiserhebungsver-

[438] BGH 36, 305, 310.

bot bei der Telekommunikationsüberwachung kommen. Man kann das Auskunftsverbot über Verbindungsdaten zum Schutz der Zeugnisverweigerungsrechte nicht nur aus dem öffentlichen Interesse an der Kontrollfunktion, sondern auch aus dem privaten, subjektiven Interesse an dem Informationsbeherrschungsrecht, dem Vertrauensverhältnis sowie sonstigen Interessen (z. B. kulturelle Tradition) ableiten. Es ist unstreitig, dass die Zeugnisverweigerungsrechte lückenlos geschützt werden sollen. Fraglich ist jedoch, auf welche Weise die geschehen soll. Dazu ist das Verbot der Überwachung des Telekommunikationsinhalts mangels gesetzlicher Grundlage nun abzulehnen[439]. Zur Zeit kann der Schutz der Zeugnisverweigerungsrechte im Wege des Beweisverwertungsverbots erreicht werden. Zukünftig hat man sich damit zu beschäftigen, zum Schutz von Zeugnisverweigerungsrechten bei heimlichen Ermittlungsmaßnahmen eine einheitliche Grundlage zu regeln[440]. Deshalb wird §§ 100 g, h StPO bis Ende des Jahres 2004 wieder außer Kraft treten[441].

Die Regeln über die Vernichtung der nicht erforderlichen Ergebnisse und die Benachrichtigung der Betroffenen ist auch zukünftig zu verschärfen.

H. Zusammenfassung

(1) Die Telekommunikationsüberwachung stellt einen Eingriff in das Grundrecht des nach Art. 10 GG gewährleisteten Fernmeldegeheimnisses dar. Die derzeitige Telekommunikationstechnik besitzt diese Eigenschaften: Digitalisierung, Drahtlosigkeit, Paketvermittlung sowie Breitband. Solche Be-

439 Welp, Abhörverbote zum Schutz der Strafverteidigung: Zugleich Besprechung des BGH-Urteils vom 5. 11. 1985 – 2 StR 279 / 85, NStZ 1986, Heft 7, S. 29; dagegen, Edda, ZStW 2001, Heft 4, S. 687.
440 BT-Dr. 14/7008, S. 8.
441 Doch nach dem Zeitungsbericht wird dieser Novelleplan bis zum Ende der Legislaturperiode im Jahr 2006 des Bundestages verzögert, Die Welt vom 01.11.2003.

sonderheiten werden voraussichtlich künftig weiterhin übernommen. Zur Steuerung des komplizierten Nachrichtenübertragungsverkehrs werden mehr und mehr personenbezogene Daten gespeichert, denen zufolge auch das Bewegungs- und Lebensprofil des Einzelnen dargestellt werden kann. Das Recht auf informationelle Selbstbestimmung nach Art. 1 Abs. 1 iVm. Art. 2 Abs. 1 GG wird betroffen.

(2) Die strafprozessuale Telekommunikationsüberwachung soll sich auf die StPO stützen. Der Schutzbereich des Fernmeldegeheimnisses nach Art. 10 GG umfasst den Inhalt und Umstand der Telekommunikation. Ihre Kenntnisnahme durch Dritte kann als Eingriff in das Fernmeldegeheimnis bezeichnet werden und bedarf einer gesetzlichen Grundlage. Die Überwachung des Inhalts der Telekommunikation ist nach §§ 100 a, b StPO zu rechtfertigen. Die Auskunft über Telekommunikationsverbindungsdaten beruht auf §§ 100 g, h StPO. Die mittels Paketvermittlungstechnik geführte Datenübertragung (z. B. E-Mail) ist als Telekommunikation in Sinne des § 100 a StPO zu interpretieren. Freilich sind die bei ihrer Anwendung legal gespeicherten personenbezogenen Daten, die die Umstände des Telekommunikationsverkehrs darstellen, als Verbindungsdaten nach § 100 g StPO auszulegen. Wegen des Steuerbedarfs der Nachrichtenübertragung sind die Standortdaten des aktiv eingeschalteten Handys vom Dienstanbieter zu registrieren. Zur Zeit kann die Auskunft über die Standortdaten des Handys im Standby-Modus nach § 100 i StPO angeordnet werden. Sowohl im Fall der Telekommunikation als auch im Standby-Modus stellen die Standortdaten des aktiv eingeschalteten Handys das Bewegungsprofil des Handybesitzers und deshalb einen Eingriff in das Recht auf informationelle Selbstbestimmung nach Art. 1 Abs. 1 iVm. Art. 2 Abs. 1 GG dar. Dieser Teil kann

nicht vom Fernmeldegeheimnis abgedeckt werden. Um dieses Grundrecht lückenlos zu schützen, muss über § 100 i StPO künftig erneut reflektiert werden.

Außerdem ermöglicht die Kryptographie einen eigenen Schutz des Fernmeldegeheimnisses. Straftaten können davon profitieren. Hier liegt für die Strafverfolgung eine große Herausforderung. Dazu ist die entsprechende strafprozessuale Regelung, nach der die Entschlüsselungstechnik vom Anbieter verlangt werden kann, angesichts der Kryptographiepolitik der Bundesregierung in Zukunft zu beschließen, um wirksame Telekommunikationsüberwachung durchzuführen.

(3) Es gibt zurzeit noch keine einheitlichen gesetzlichen Regelungen des Beweisverbots bei den verdeckten Ermittlungsmaßnahmen, zu denen die strafprozessuale Telekommunikationsüberwachung zählt. Das Nichtvorliegen der materiellen Voraussetzungen führt zur Rechtswidrigkeit der Telekommunikationsüberwachung und einem Verwertungsverbot der dadurch erlangten Ergebnisse. Trotz der zulässigen Telekommunikationsüberwachung können die hierdurch erlangten Ergebnisse gleichwohl nicht verwertbar sein, denn die heimlichen Ermittlungsmaßnahmen, insb. Telekommunikationsüberwachung, können auch an die Verhinderung des Schutzzwecks der Zeugnisverweigerungsrechte anknüpfen. Dabei sind nur die Auskunft und Verwertung der dadurch erlangten Verbindungsdaten bezüglich des zur Zeugnisverweigerung Berechtigten (§ 53 I Nr. 1, 2 u. 4 StPO) nach § 100 h Abs. 2 StPO unzulässig. Nach dem 31. Dezember 2004 werden §§ 100 g und h StPO außer Kraft treten. Bei dieser Gelegenheit können die oben erwähnten Fragen einheitlich gelöst werden.

(4) Erst durch die Einführung der praktikablen Benachrichtigungspflicht sind alle an der zu überwachenden Telekommunikation Beteiligten in der Lage, ihre Rechte zumindest nachträglich zu schützen.

4. Teil: Telekommunikationsüberwachung in Taiwan

A. Die verfassungsrechtliche Zulässigkeit der strafprozessualen Telekommunikationsüberwachung

I. Die durch strafprozessuale Telekommunikationsüberwachung betroffenen Grundrechte und deren Schutzbereich

Nach dem VerfRT bezieht sich die strafprozessuale Telekommunikationsüberwachung auf folgenden Grundrechte und die daraus resultierenden Schutzbereiche.

1. Das Grundrecht der „Freiheit der geheim gehaltenen Kommunikation“ (Art. 12 VerfRT)

Nach der taiwanesischen h. M. unterliegt sowohl das Brief-, Post- als auch das Fernmeldegeheimnis der Freiheit der geheim gehaltenen Kommunikation gemäß Art. 12 VerfRT. Bei der strafprozessualen Telekommunikationsüberwachung wird dieses von Art. 12 VerfRT gesicherte Grundrecht betroffen. Im Fall des Fernmeldegeheimnisses umfasst sein Schutzbereich, nach der taiwanesischen überwiegenden Meinung, welche der in Deutschland gleicht, den Inhalt und die näheren Umstände des Telekommunikationsverkehrs[442]. In Taiwan wurde früher das Grundrecht nach Art. 12 VerfRT auch als Abwehrrecht des Bürgers verstanden[443]. Seit der Liberalisierung des taiwanesischen Telekommunikationsmarktes hat sich die Rolle des Staates geändert. War er früher der alleinige Anbieter des Telekommunikationsdienstes ist er nun zum Regulierter der Ordnung des Marktes geworden. Deshalb hat er die Pflicht, das Fernmel-

[442] Chih-Hsiung Hsu, Einführung in Verfassungsrecht: Schutz des Menschenrechts, S. 117.
[443] Keng Wu, Auslegung und Anwendung des Verfassungsrechts, S. 206.

degeheimnis des Bürgers auch bei dem von privaten Anbietern erbrachten öffentlichen Telekommunikationsleistungen weiterhin zu schützen. Zu beachten ist, dass die Rechtsgrundlage der Geheimhaltungspflicht des privaten oder zur Zeit noch staatlichen Anbieters, nicht mehr auf dem VerfRT sondern auf dem vom Staat aufgrund der ihm obliegenden Schutzpflichten erlassenen einfachen Gesetz basiert[444].

2. Das allgemeine Freiheitsrecht nach Art. 22 VerfRT

Um die strafprozessuale Telekommunikationsüberwachung oder sonstigen Ermittlungsmaßnahmen durchzuführen, benötigt der Staat personenbezogene Daten, die durch den privaten Telekommunikationsanbieter gespeichert werden. Wie eingangs erwähnt, können diese Daten als Verbindungsdaten interpretiert und deshalb vom Schutzbereich des Art. 12 VerfRT erfasst werden, allerdings nur wenn ein Aufbau der Verbindung vorliegt. Vom Schutzbereich des Art. 12 VerfRT wird also nicht der reinen Standby-Modus erfasst. Darüber hinaus würde auch der Schutzbereich des in Art. 22 VerfRT gewährleisteten allgemeine Freiheitsrechts tangiert. Art. 12 VerfRT ist speziell gegenüber Art. 22 VerfRT und hat deshalb bei der Anwendung Priorität. Im Falle einer nicht vorhandenen Verbindung, also wenn nur die Auskünfte über die Standortdaten des Handys im Standby-Modus verlangt werden, unterliegt dies nur dem Schutzbereich des Art. 22 VerfRT, wegen seiner Auffangfunktion[445]. Jedoch ist fraglich, was konkret im Sinne des Art. 22 VerfRT bei Mitteilung dieser Daten betroffen wird. Um diese Frage zu lösen, werden die folgenden Ansichten vertreten.

---

444 Keng Wu, a. a. O., S. 206.

445 Chen-Shan Li, Recht auf informationelle Selbstbestimmung, in: Chen-Shan Li (Hrsg.), Menschenwürde und Schutz des Menschenrechts, S. 306.

a. The Right to Privacy

Diese Auffassung basiert auf dem, durch die amerikanischen Rechtsprechungen, entwickelten Gedanken: „The Right to Privacy". „The Right to Privacy" ist als Verfügungsrecht zu verstehen, das auf die Sphäre des Einzelnen beschränkt wird. Im wesentlichen ist der Schutz von „the Right to Privacy" der Reichweite der Menschenwürde[446] gleichzusetzen und wird deshalb von Art. 22 VerfRT gewährleistet. Trotzdem ist, aufgrund der Interpretation des Großrichterrats[447] die Menschenwürde zu schützen, obwohl das VerfRT keine ausdrückliche Vorschrift zum Schutz der Menschenwürde, wie der Art. 1 GG Deutschland, kennt.

Die sog Sphäre des Einzelnen beschreibt den Lebensbereich, der sich nicht auf das öffentliche Leben bezieht, sondern den Raum, in dem man die Entscheidung über das individuelle Lebensziel und die Entfaltung der Persönlichkeit selbst treffen kann. Aus „the Right to Privacy" können die Bewegungsfreiheit, die Autonomie des Einzelnen, sowie die Informationsfreiheit des Einzelnen resultieren[448]. „The Right to Privacy" kann deshalb als Oberbegriff bezeichnet

---

446 Man muss vorsichtig sein, dass die Menschenwürde als eine der zu schützenden Interessekategorien, die von dem Schutzbereich des Art. 22 VerfRT zu befassen sind, nicht gleichgestellt werden darf. Ansonsten kommt es zu dem absurden Ergebnis, dass sie erst geschützt wird, wenn sie nicht öffentliche Ordnung oder Wohl des öffentlichen Interesses nicht entgegensteht, vgl. Keng Wu, a. a. O., S. 303; dagegen, Chen-Shan Li, a. a. O., S. 295.

447 IGRR Nr. 372; nach GVGT wird die Beurteilung des Einzelfalls in folgenden Instanzen des Gerichts durchgesetzt: (1) das Lokalgericht und (2) das Obergericht sind in der Regel für die Feststellung der Tatsache zuständig. (3) das oberste Gericht ist lediglich für die Überprüfung der Rechtsanwendung verantwortlich. Ausnahmsweise dürfen der Großrichterrat die Fälle, die im Gesetz über die Fallaufnahme des Großrichterrates aufgezählt werden, aufgrund verfassungsrechtlicher Beschwerde behandeln und dann trifft in Gestalt der Interpretation seine Entscheidung. Sie ist nicht nur rechtlich verbindlich für den Einzelfall, sondern auch allgemein rechtlich verbindlich für alle öffentlichen Gewalten (Exekutiv, Gericht sowie Gesetzgebung).

448 Wen-Kai Chan, Untersuchung des Rechts auf Privacy, S. 279 ff.

werden und besitzt Auffangfunktion. Durch diesen Begriff können zahlreiche künftig auftretenden Problemen vom Grundrechtsschutz des VerfRT abgedeckt werden[449]. Insofern können die personenbezogenen Daten mit Hilfe der Informationsfreiheit des Einzelnen, die „the Right to Privacy" unterliegt, von Art. 22 VerfRT geschützt werden[450]. Nach dieser Auffassung unterliegen auch die Auskünfte über Standortdaten des Handys im Standby-Modus dem „Right to Privacy" des Handybesitzers und werden durch Art. 22 VerfRT geschützt.

b. Das Recht auf informationelle Selbstbestimmung

Diese Auffassung stützt sich auf das von der deutschen Rechtsprechung des BVerfG entwickelte Recht der informationellen Selbstbestimmung[451]. Anhänger dieser Ansicht sind der Meinung, dass der Schutzbereich des Art. 22 VerfRT auch das Recht der informationellen Selbstbestimmung umfasst. Aus diesem Grund ist Art. 22 VerfRT bei der Auskunft über personenbezogenen Daten vom Staat einschlägig.

c. Diskussion

Zusammenfassend besteht keine Kollision zwischen den zwei Auffassungen, da sie beide im wesentlichen von der Unantastbarkeit der privaten Sphäre des Einzelnen ausgehen.

Der Oberbegriff „the Right to Privacy" ist zu weit, er muss durch das Recht auf informationelle Selbstbestimmung und die Informationsfreiheit des Einzelnen konkretisiert, präzisiert und ausgefüllt werden.

---

449 Wen-Kai Chan,, a. a. O., S. 280.
450 Chen-Shan Li, a. a. O., S. 289.
451 Chen-Shan Li, a. a. O., S. 297 ff..

Beide Ansichten, sei es nun der Vertreter der „the Right to Privacy" unterliegende Informationsfreiheit des Einzelnen oder auch die Vertreter des Rechts auf informationelle Selbstbestimmung, sind hilfreich um die personenbezogenen Daten Dritter unter das Grundrecht des Art. 22 VerfRT zu erfassen.

3. Das Recht auf Arbeit (Art. 15 VerfRT)

Zur Zeit wird das Recht auf Arbeit nach Art. 15 VerfRT nach der taiwanesischen h. M. nicht mehr als soziales Grundrecht mit Teilnahmefunktion, sondern als liberales Grundrecht- die Berufsfreiheit - mit Abwehrfunktion verstanden[452]. Die Interpretation des Großrichterrates[453] befürwortet diese Auffassung, dass die Gewerbefreiheit des Volks die wesentliche Komponente ist, aus denen das in Art. 15 VerfRT gewährleistete Grundrecht auf Arbeit und Vermögensfreiheitsrecht bestehen. Der Schutzbereich des Rechts auf Arbeit gemäß Art. 15 VerfRT enthält die Berufswahl- und die Berufsausübungsfreiheit[454].

4. Die Vermögensfreiheit (Art. 15 VerfRT)

Art. 15 VerfRT gewährleistet den Schutz des Vermögens des Einzelnen. Der Schutzbereich der Vermögensfreiheit bezieht sich nicht nur auf den Bestand, sondern auch die Ausübungsfreiheit (etwa Nutzung und Verfügung) des Vermögens[455].

---

452 Chen-Jung Chan, Staatliche Regulierung des konkurrentennützigen Netzzugangs im Bereich der Telekommunikation: ein Beitrag zu verfassungs- und verwaltungsrechtlichen Grundlagen und Grenzen staatlicher Wettbewerbsförderung in der Bundesrepublik Deutschland und Taiwan, S. 246; dagegen, Keng Wu, a. a. O., S. 274 ff.

453 IGRR Nr. 514.

454 Chen-Jung Chan, Staatliche Regulierung des konkurrentennützigen Netzzugangs im Bereich der Telekommunikation, S. 246.

455 Chen-Jung Chan, Staatliche Regulierung des konkurrentennützigen Netzzugangs im

II. Grundrechteingriffe

1. Eingriff in Grundrecht des Art. 12 VerfRT

Durch die strafprozessuale Telekommunikationsüberwachung werden Kenntnisse des Inhalts und der Umstände des Telekommunikationsverkehrs in Erfahrung gebracht. Da hier der Schutzbereich der Freiheit der geheim gehaltenen Kommunikation nach Art. 12 VerfRT betroffen wird, stellt das den Grundrechtseingriff dar.

2. Eingriff in Grundrecht des Art. 22 VerfRT

Bei der Auskunft über die personenbezogenen Daten, die sich nicht auf die Telekommunikation selbst beziehen (z. B. Standortdaten des Handys im Standby-Modus oder Kundendaten), wird nicht der Schutzbereich des Art. 12 VerfRT betroffen, sondern der des Art. 22 VerfRT, welcher entweder der ersten Ansicht folgend (s. o.) aus the Right to Privacy oder der zweiten Ansicht folgend (s. o.) aus dem Recht auf informationelle Selbstbestimmung hergeleitet wird. Die Auskunft stellt auf jeden Fall einen Eingriff in das Grundrecht des Art. 22 VerfRT dar.

3. Eingriff in das Recht auf Arbeit (Art. 15 VerfRT)

Der Dienstanbieter hat die Pflicht aus Gesetz zur Mitwirkung bei der Maßnahme der Telekommunikationsüberwachung. Infolgedessen ist er dazu verpflichtet, die Telekommunikationsanlage zur Telekommunikationsüberwachung auf eigene Kosten zu ermöglichen. Die infolge der Telekommunikati-

---

Bereich der Telekommunikation, S. 247; Keng Wu, a. a. O., S. 250.

onsüberwachung in Anspruch genommenen Kapazitäten der Telekommunikationsanbieter stehen diesen bei den weiteren Dienstleistungen nicht zur Verfügung. Weiterhin entstehen durch die Interventionen der Anlage auf eigene Kosten sehr starke Belastungen für den Anbieter. Diese gesetzlichen Anforderungen führen deshalb zur Einschränkung der Berufsausübungsfreiheit des Dienstanbieters, so dass die Berufsfreiheit, die dem Schutzbereich des Rechts auf Arbeit anhand Art. 15 VerfRT unterliegt, betroffen wird. Insofern stellt auch dies einen Grundrechtseingriff dar.

4. Eingriff in die Vermögensfreiheit (Art. 15 VerfRT)

Der Dienstanbieter muss die Möglichkeiten (z. B. elektrische Geräte), mit denen die Strafverfolgungsorgane den Zugang zu Informationen über den Inhalt oder die Umstände der Telekommunikation schaffen. Dies führt zu einer Einschränkung der Ausübung des vorhandenen Vermögens des Dienstanbieters und stellt somit einen Eingriff in die nach Art. 15 VerfRT gewährleistete Vermögensfreiheit dar.

III. Verfassungsrechtliche Rechtfertigung (Art. 23 VerfRT)

Art. 23 VerfRT besagt, dass alle oben aufgezählten Freiheiten und Rechte von Gesetzes wegen eingeschränkt werden dürfen, soweit dies zum Schutz vor Beeinträchtigungen der Freiheit des Einzelnen, erforderlich ist, also zur Abwehr von dringenden Gefahren und Katastrophen zur Beibehaltung der öffentlichen Ordnung bzw. der Förderung des Wohles des öffentlichen Interesses beiträgt. Diese Vorschrift bringt den Gesetzesvorbehalt und das Verhältnismäßigkeitsprinzip zum Ausdruck. Die taiwanesische h. M. vertritt die Auffassung, dass der Grundrechtseingriff bei der Erfüllung der oben beiden Voraussetzungen erst gerechtfertigt werden kann.

1. Gesetzesvorbehalt

Der Grundrechtseingriff muss aufgrund eines Gesetzes angeordnet werden. Es ist vom The Legislative Yuan (Parlament) nach dem gesetzlichen Verfahren (drei Lesungen) zu verabschieden und dann vom Präsident zu erlassen[456]. Darüber hinaus ist die von der Exekutive erlassene, gesetzliche Verordnungen, die sich auf die Rechtssache und die Pflicht des Bürgers bezieht, als verfassungskonform zu werten, wenn sie dem Umfang und dem Ziel der gesetzlichen Ermächtigung entspricht[457]. So muss die Grundlage für Legitimation des Grundrechtseingriffs schließlich auf das Gesetz zurückgreifen.

2. Verhältnismäßigkeitsprinzip

Art. 23 VerfRT schreibt die weitere Voraussetzung für die Rechtfertigung des Grundrechtseingriffs vor: das Verhältnismäßigkeitsprinzip. Das allgemeine Wohl ist der Oberbegriff, unter dem die in Art. 23 VerfRT aufgezählten Fälle (Abwehr von dringenden Gefahren und Katastrophen zur Beibehaltung der öffentlichen Ordnung bzw. der Förderung des Wohles des öffentlichen Interesses) als Regelbeispiel verstanden werden können[458]. Doch sind diese Fälle unbestimmte Verfassungsbegriffe und bedürfen noch einer gesetzgeberischen Aus-

---

[456] IGRR Nr. 107 u. Nr. 342.

[457] IGRR Nr. 360; Chien-Liang Li, Die Verfassungsrechtslehre und Praxis, S. 88.

[458] Chen-Jung Chan, Staatliche Regulierung des konkurrentennützigen Netzzugangs im Bereich der Telekommunikation, S. 249.

legung[459]. Anschließend ist der Eingriff in das Grundrecht gemäß Art. 23 VerfRT zur Erreichung des Zwecks des Schutzes des Wohls der Allgemeinheit notwendig. Nach der taiwanesischen überwiegenden Meinung in der Literatur und der Rechtsprechung ist die in Art. 23 VerfRT bezeichnete Notwendigkeit nicht lediglich als reine Zweck-Mittel-Beziehung zu interpretieren[460]. Infolgedessen ist nach Art. 23 VerfRT die Güterabwägung zwischen der Intensität des Grundrechtseingriffs und dem Gewicht des angestrebten Zwecks erforderlich. Demnach ist die Überprüfung der „Erforderlichkeit" zwischen Mittel und Zweck notwendig (das mildeste Mittel).

Insgesamt kommt die Rechtfertigung des Grundrechtseingriffs nach Art. 23 VerfRT in Betracht, wenn folgende Punkte berücksichtigt werden: (1) zuerst ist zu überprüfen, ob der Gesetzesvorbehalt erfüllt wurde,

(2) dann, ob die gesetzliche Grundlage notwendig und erforderlich (mildestes Mittel) zur Erreichung des angestrebten Zwecks (der Schutz des Allgemeinwohls) ist.

---

459 Chen-Jung Chan, Staatliche Regulierung des konkurrentennützigen Netzzugangs im Bereich der Telekommunikation, S. 249.

460 Chien-Liang Li, Die Verfassungsrechtslehre und Praxis, S. 41, Keng Wu, a. a. O., S. 163; IGRR Nr. 476.

B. Die gesetzliche Grundlage der Telekommunikationsüberwachung

I. Überblick über die Geschichte der Gesetzgebung

Die strafprozessuale Telekommunikationsüberwachung stellt einen Eingriff in die oben erwähnten Grundrechte dar. Sie erfahren ihre Rechtfertigung entsprechend den in Art. 23 VerfRT bezeichneten Gesetzesvorbehalt und Verhältnismäßigkeitsprinzip[461]. Obwohl die Telekommunikationsüberwachungsmaßnahme seit langem im Ermittlungsverfahren eingesetzt sind, fehlt es in Taiwan immer noch an einer ausdrücklichen, gesetzlichen Grundlage. Nach Ansicht der taiwanesischen Praxis wird die Grundlage der Telekommunikationsüberwachung durch die Analogie der Vorschrift der Durchsuchung nach §§ 122 ff. StPOT und der Beschlagnahme nach §§ 133 ff. StPOT hergeleitet[462]. Diese Ansicht stützt ihre Begründung, um die Kritik des Verdachts vom Verstoß gegen das Verhältnismäßigkeitsprinzip abzuwenden, einerseits auf die zur Umsetzung der Telekommunikationsüberwachung erlassenen verwaltungsrechtlichen Richtlinien, deren Umfang gegenüber der Durchsetzung der Telekommunikationsüberwachung abzugrenzen ist, dabei muss auch das Verhältnismäßigkeitsprinzip berücksichtigt werden[463]. Andererseits beruft sie sich auf das in den USA entwickelte the Right to Privacy, welches bei der Durchsuchung, Beschlagnahme sowie Telekommunikationsüberwachung zu berücksichtigen ist.

---

[461] Yun-Tsai Chen, A Study on Wiretapping and Electronic Surveillance - A Comment on the Draft of Wiretapping Act, Tunghai University Law Review, No. 13, S. 144.

[462] Yu-Feng Chang, Die Untersuchung der Telekommunikationsüberwachung im Strafverfahren, Chas Yang Law Review, Vol. 63, No. 1-3, S. 7 f.

[463] Shuen-Ming Chiang, Die Dogmatik und Praxis der Telekommunikationsüberwachung im Strafverfahren, China Law Journal, No. 168, S. 112.

Demnach gibt es bei der Telekommunikationsüberwachung einen Anknüpfungspunkt zu einer Analogie zu den Vorschriften der Durchsuchung und Beschlagnahme[464].

Doch ist die Ansicht der Praxis verfassungsrechtlich zweifelhaft. Zunächst wird für die Rechtfertigung des Grundrechtseingriffs der Gesetzesvorbehalt nach Art. 23 VerfRT herangezogen. Deshalb ist die Einschränkung des Grundrechts nicht durch verwaltungsrechtliche Richtlinien, sondern nur durch Gesetz gestattet. Wegen der Heimlichkeit und der Dauerhaftigkeit der Telekommunikationsüberwachungsmaßnahme ist der unschuldige Dritte auch betroffen, was eine stärkere Intensität des Grundrechtseingriffs bedeutet[465].Dieser Umstand zeigt, dass die Telekommunikationsüberwachungsmaßnahme einer gesetzlichen Grundlage bedarf[466]. Mit der Entwicklung und Verbreitung der Telekommunikationstechnik und der Liberalisierung des taiwanesischen Telekommunikationsmarkts zieht der Gedanke des Schutzes der Freiheit der geheim gehaltenen Kommunikation nach Art. 12 VerfRT und der nach Art. 22 VerfRT gewährleisteten personenbezogenen Daten unter der Berücksichtigung des Menschenrechtschutzes schrittweise die Aufmerksamkeit auf sich. Dies ist der Grund für eine Kampagne von Parlamentariern, um eine gesetzliche Grundlage für die Telekommunikationsüberwachung zu fordern. Doch damals war es streitig, ob sie in die StPOT integriert oder in Form des Spezialgesetzes geregelt werden sollte[467]. Letztendlich hat the Legislative Yuan den Vorschlag

---

464 Chiang, China Law Journal, No. 168, S. 112.
465 Yun-Tsai Chen, Tunghai University Law Review, No. 13, 145.
466 Yu-Hsiung Lin, Spezialkommentar: Durchsuchung und Beschlagnahme, S. 28; Yun-Tsai Chen, Tunghai University Law Review, No. 13, 145.
467 Dafür, Tun-Ming Tsai, Telekommunikationsüberwachung und Beweisausschluss, Criminal Law Journal, Vol. 39, No. 1, S. 5; dagegen, Chiang, China Law Journal, No. 168, S. 115.

des Beschlusses des Spezialgesetzes angenommen[468]. Seitdem das Gesetz über den Schutz und die Überwachung der Kommunikation (GÜK) am 14. Juli 1999 in Kraft getreten ist, gibt es in Taiwan eine ausdrückliche gesetzliche Grundlage für die Telekommunikationsüberwachung.

II. Der rechtliche Aufbau der strafprozessualen Telekommunikationsüberwachung

1. Die Grundlage der Überwachung der Gesamtheit der Telekommunikation: GÜK

Das am 14. Juli 1999 in Kraft getretene GÜK stellt die Grundlage der Telekommunikationsüberwachung dar. Anhand § 1, 1. Halbsatz GÜK liegt sein Zweck in der Gewährleistung der Freiheit der geheim gehaltenen Kommunikation. Über die Telekommunikation hinaus erstreckt sich das GÜK noch auf das Briefgeheimnis und des Gesprächs in geschlossenen Räumen. Insoweit besitzt das GÜK drei Funktionen: (1) es stellt die Grundlage der Telekommunikationsüberwachung (§ 5 GÜK), (2) die der Post- und Briefbeschlagnahme (§ 3 I, Nr. 2 GÜK) sowie (3) die des großen Lauschangriffs dar (§ 3 I, Nr. 3 GÜK). Neben der strafprozessualen Telekommunikationsüberwachung wurden die strategische (§ 7 GÜK) und die gefahrvorbeugende Telekommunikationsüberwachung (§ 6 GÜK) auch in das GÜK aufgenommen[469]. Wie schon dargestellt, beinhaltet die nach Art. 12 VerfRT gesicherte Freiheit der geheim gehaltenen Kommunikation sowohl den Inhalt als auch die Umstände der Telekommunikation. Aber der Fall der Auskunft über die Telekommunikationsverbindungsdaten wird nicht im GÜK geregelt. Hier existiert eine Reglungslü-

[468] Wen-I Hsu, Die Rechtsgrundlage des Datenschutzes, in: Festschrift für Heinrich Scholler, S. 275.
[469] Yu-Hsiung Lin, Spezialkommentar: Durchsuchung und Beschlagnahme, S. 365.

cke[470]. Für die technischen und organisatorischen Umsetzung der obigen Telekommunikationsüberwachung wird nun das Umsetzungsgesetz des GÜK (UGGÜK) erlassen.

2. Die Grundlage der Auskunft über die Telekommunikationsverbindungsdaten und sonstigen personenbezogenen Daten

Im GÜK gibt es derzeit noch keine Vorschrift über die Auskunft von Telekommunikationsverbindungsdaten. Zur Zeit werden die Verbindungsdaten entsprechend dem verwaltungsrechtlichen Umsetzungshinweis über die Umgehung des Telekommunikationsunternehmens mit der Auskunft über Telekommunikationsverbindungsdaten durch die bezügliche Behörde (UAT), der aufgrund der Ermächtigung des § 7 Abs. 2 TKG erlassen wurde, mitgeteilt[471]. Jedoch ist zu beachten, dass das TKG, UAT, § 72 der Regulierungsverordnung des Mobiltelekommunikationswesens (RegVM), sowie § 27 der Regulierungsverordnung des Telekommunikationsunternehmens der zweiten Klasse (RegVTZ) ausschließlich die technischen und organisatorischen Umsetzungsbestimmung regeln. Dadurch wird der Umfang der Geheimhaltung- und Mitwirkungspflicht des Betreibers begrenzt. Die Verbindungsdaten müssen noch aufgrund der strafprozessualen Grundlage mitgeteilt werden.

[470] Vgl. Hisu-Chung Fang, Der Forschritt und der Mangel des Rechtsinstituts des Kommunikationsschutzes in Taiwan, Communications Magazine Heft 8, 2000, http://www.grandsoft.com/cm/079/acm791.htm; Kwen-Feng Hsieh, Internet und Strafprozessuale Ermittlung, 144.

[471] Dem zufolge informieren der Richter und der Staatsanwalt nur vorher die Betreiber mit dem amtlichen Schriftstück, um die Verbindungsdaten mitgeteilt zu werden; Shuen-Ming Chiang, Die Dogmatik und Praxis der Telekommunikationsüberwachung im Strafverfahren, China Law Journal, No. 168, S. 116, Fn. 3.

Außerdem werden die personenbezogenen Daten des Benutzers (z. B. Standortdaten im Standby-Modus), die nicht den Telekommunikationsaufbau betreffen, vom Schutzbereich des Art. 22 VerfRT erfasst. Hier handelt es sich hauptsächlich um den Bereich des Datenschutzes[472]. Seit langem ist fraglich, ob die Verbindungsdaten und die Benutzerdaten zum Strafverfolgungszweck trotz mangelnder strafrechtverfahrensrechtlicher Grundlage mitgeteilt werden können. Zudem können nach der Liberalisierung des taiwanesischen Telekommunikationsmarkts diese Mitteilungen nicht mehr wie zuvor als Amtshilfe bezeichnet werden. Die Kenntnisnahme dieser Daten stellt einen Eingriff in die Grundrechte nach Art. 12 oder 22 VerfRT dar, und muss somit aufgrund strafprozessualer Grundlagen gerechtfertigt werden.

Man muss damit berechnen, zuerst in der StPOT nach den entsprechenden Vorschriften zu suchen. Nach der taiwanesischen h. M. sind bei der Auskunft über Verbindungsdaten und sonstigen personenbezogenen Daten des Benutzers des Telekommunikationsanbieters die Vorschrift der Durchsuchung nach § 122 Abs. 2 StPOT und der Beschlagnahme nach § 133 Abs. 1 StPOT analog anwendbar.

3. Die einseitige Einwilligung der Betroffenen und Vorbeugung der drohenden Gefahr als Grundlage

Nach der taiwanesischen überwiegenden Auffassung im Schrifttum kann die einseitige Einwilligung der Telekommunikationsbeteiligten (normalerweise

472 In der Regel haben das TKG und der Umsetzungshinweis über die Umgehung des Telekommunikationsunternehmens mit der Auskunft über die Benutzerdaten durch die bezügliche Behörde (UAB), der § 7 Abs. 2 TKG zufolge erlassen wird, bei der Anwendung die Priorität. Danach ist das Gesetz über den Schutz der elektronisch verarbeiteten personenbezogenen Daten (GEDV) erst anwendbar, vgl. Wen-I Hsu, Recht des Schutzes der personenbezogenen Daten, S. 103.

das Opfer der Straftat oder seine Angehörige) auch als Grundlage der Telekommunikationsüberwachung in Betracht kommen. Der Täter der Straftat (z. B. Kidnapping) kann sich nicht auf the Right to Privacy im Bezug auf die Telekommunikation berufen. Weiterhin wird es vertreten, die Telekommunikationsüberwachung sei zur Ermittlung des Sachverhalts und Vorbeugung der von dieser noch unbeendeten Straftat verursachten Gefahr dringend erforderlich[473]. Diese Auffassung ist jedoch zum Teil abzulehnen, denn der Täter genießt auch im Fall einer begangenen Straftat die Freiheit der geheim gehaltenen Kommunikation nach Art. 12 VerfRT. Deshalb ist die Seite des Opfers nicht befugt, über dieses Recht vom Täter zu verfügen[474].

Nach § 29 Nr. 3 GÜK ist die Telekommunikationsüberwachung nur aufgrund der einseitigen Einwilligung der Betroffenen gestattet. § 29 Nr. 3 GÜK basiert auf dem kriminalpolitischen Gedanken, etwa Informationen über den Ort des entführten Opfers oder allgemein zur Bekämpfung der Schwerkriminalitäten. Nach dieser Vorschrift kann die Telekommunikationsüberwachung auch bei nicht Vorliegen der Voraussetzungen nach §§ 5, 6 GÜK gestartet werden. Dazu gibt es im Schrifttum eine Gegenmeinung, nach der § 29 Nr. 3 GÜK lediglich als Rechtfertigungsgrund des StGBT angesehen werden kann. Mit anderen Worten, bleibt die strafprozessuale Rechtswidrigkeit der eingesetzten Telekommunikationsüberwachung in diesem Fall noch bestehen, während die strafrechtliche Rechtswidrigkeit dieser Maßnahme nach § 29 Nr. 3 GÜK ausgeschlossen werden kann[475].

---

473 Yun-Tsai Chen, Tunghai University Law Review, No. 13, S. 161.

474 Näher, vgl. 3. Teil, B, III.

475 Jui-Ming Li, Die Überwachung aufgrund einseitiger Einwilligung; Criminal Law Journal, Vol. 47, No. 1, S. 65; Shih-Hsing Liang, Wiretapping and the Exclusionary Rule, Cantral Police University Law Review, No. 7, S. 135 f.

Darüber hinaus wird der mit der Telefonüberwachung beauftragte Beamte aus diesem Grund auch von seiner Bestrafung befreit. Dies ist jedoch abzulehnen.

Über die Strafverfolgung hinaus kann die Vorbeugung der drohenden Gefahr auch vom GÜK als Zweck der Norm angenommen werden. § 6 GÜK konkretisiert diesen Gedanken. § 6 GÜK besagt: „Ist es aufgrund der Tatsache anzunehmen, dass der Beschuldigte oder der Verdächtigte zur Personenentführung oder die durch die Deponierung von Sprengstoff bzw. Auslegung von Gift begangenen Erpressung verdächtigt ist, dann darf zur Vorbeugung der drohenden Gefahr für Leben, Leib einer Person der zuständige Staatsanwalt die Telekommunikationsüberwachung mündlich anordnen..., Diese Telekommunikationsüberwachung ist unverzüglich zu stoppen, wenn der schriftliche Telekommunikationsüberwachungsbefehl nicht binnen 24 Stunden eingeholt wird".

Insofern ist § 6 GÜK im wesentlichen die Vorschrift über die Telekommunikationsüberwachung zur Gefahrabwehr. Darüber hinaus kann man auch im GÜK die Vorgabe über die einseitige Einwilligung des am zu observierenden Telekommunikationsverkehr Beteiligten finden, denn die Telekommunikationsüberwachung nach § 29 Nr. 3 GÜK ist nicht „strafbar", wenn diese Telekommunikationsüberwachung aufgrund der vorherigen einseitigen Einwilligung des Betroffenen und nicht aus rechtswidriger Absicht durchgesetzt wird. Deshalb kann die einseitige Einwilligung des Betroffenen nach § 29 Nr. 3 GÜK auch als eine gesetzliche Grundlagen für die Telekommunikationsüberwachung angesehen werden.

Zurück zu dem Gedanken, nach dem die einseitige Einwilligung des Betroffenen als Grundlage der Telekommunikationsüberwachung bezeichnet werden kann. Dieser kommt zum Ergebnis, dass wegen der zeitlichen Verzögerung beim Warten auf die Anordnung des zuständigen Organs, etwa des Richters, das überwiegende Interesse, etwa Leben, Leib des Einzelnen sowie öffentliche Sicherheit, gefährdet wird. Wie schon erörtert, wird dies in Deutschland wegen Mangels einer gesetzlichen Grundlage im Sinne der Notwehr behandelt. Insoweit spielt die Vorbeugung der gegenwärtigen Gefahr bei einseitiger Einwilligung des Betroffenen die größere Rolle. Mit anderen Worten kann die Debatte über die einseitige Einwilligung des Betroffen als die gesetzliche Grundlage der Telekommunikationsüberwachung nur im Fall der Gefahrabwehr für Leben, Leib einer Person sowie die öffentliche Sicherheit erst praktische Bedeutung gewinnen. Der Anwendungsumfang des § 29 Nr. 3 GÜK ist auch wie oben erwähnt einzuschränken, um zu vermeiden, dass § 5 GÜK leer läuft. Deswegen ist § 29 Nr. 3 GÜK zurzeit bei der Auslegung auch auf die nach § 6 GÜK angestrebte Gefahrvorbeugung zu beschränken, so dass die Rechtswidrigkeit der Maßnahme sowohl im Bereich des Strafrechts als auch des Strafprozessrechts ausgeschlossen werden kann[476].

Zukünftig gibt es bei § 29 Nr. 3 GÜK einen Reformbedarf, nach der er als Ausnahmefall des § 6 GÜK auch der Gefahrabwehr dient. Dadurch ist § 29 Nr. 3 GÜK nur zur Abwehr der in § 6 GÜK bezeichneten, drohenden Gefahr für Leben, Leib sowie der öffentlichen Sicherheit anwendbar. Doch ist die in § 29 Nr. 3 GÜK geforderte Gefahr näher als die in § 6 GÜK. Aber diese Abgrenzung zwischen § 29 Nr. 3 und § 6 GÜK ist in der Praxis nicht leicht zu verwirklichen. Umgekehrt, was § 29 Nr. 3 GÜK verursacht, ist nur die Gefahr des Missbrauchs und der Schwierigkeit bei der Anwendung.

---

[476] Dagegen wird die Anwendung des § 29 Nr. 3 GÜK nicht eingeschränkt, und dazu kritisch, vgl. Chiang, Die Untersuchung der Frage der einseitigen Einwilligung der „Mithörung“, China Law Journal, No. 183, S. 62.

Deswegen ist auch künftig ernsthaft zu überlegen, dass § 29 Nr. 3 GÜK abzuschaffen ist.

Damit kann die Sorge wirksam beseitigt werden, dass die Einschränkungsfunktion der in § 5 GÜK verankerten Voraussetzungen der Telekommunikationsüberwachung leer läuft. Außerdem muss die Verwertung der nach § 29 Nr. 3 GÜK erlangten Informationen als Beweis verboten werden, wenn die in § 6 GÜK bezeichnete drohende Gefahr nicht besteht[477].

C. Die Durchführung der Telekommunikationsüberwachungsmaßnahme

I. Der Gegenstand der Telekommunikationsüberwachungstätigkeit

1. Der Inhalt der Telekommunikation

Nach § 3 Abs. 1 Nr. 1 GÜK ist die Telekommunikation der Gegenstand der Überwachungsmaßnahme. Nach der selben Vorschrift wird die Telekommunikation in erster Linie als draht oder drahtlose Fernmeldung definiert, mittels derer Zeichen, Worte, Bilder, Töne bzw. sonstigen Nachrichten ausgesendet, gespeichert, übermittelt oder empfangen werden. Nach dieser Legaldefinition der Telekommunikation wird sowohl der herkömmliche Gesprächdienst als auch die schriftliche Nachrichtenübertragung (z. B. Fax und Telegramm) vom Gegenstand der Überwachung erfasst. Sogar in der Ära der Digitalisierung können die über Netze vermittelten EDV-Daten (z. B. E-Mail, SMS- oder MMS-Nachrichten) unter die Definition des § 3 Abs. 1 Nr. 1 GÜK fallen[478].

---

[477] Vgl. Amelung, StV 6/1985, S. 263.

[478] Yu-Hsung Lin, StPO, S. 364, San-Ching Lin, Articles on the Constitution of the Republic of China Symposium on Surveillance Over Correspondence and Freedom of Private Correspondence, The Constitutional Review, Vol. 23, No. 2, S. 7.

Über den Inhalt der Telekommunikation hinaus kann sich die Überwachungsmaßnahme nach dem geltenden GÜK nicht auf die Verbindungsdaten erstrecken[479]. Außerdem gibt es in § 3 Abs. 2 GÜK noch eine weitere Voraussetzung der Überwachung: Die nach § 3 Abs. 1 Nr. 1 GÜK bezeichnete Kommunikation ist darauf zu beschränken, dass aufgrund der Tatsachen hinreichend anzunehmen ist, dass der Observierte auf die Geheimhaltung der Telekommunikation vertraut. (Er darf sich einer Überwachung nicht bewusst sein.) Das scheint überflüssig zu sein und verursacht Schwierigkeiten bei der Anwendung, da die Pflicht des Betreibers zur Geheimhaltung des Telekommunikationsinhalts seines Benutzers im TKG festgestellt wird, welches aufgrund der Schutzpflicht des Staats nach Art. 12 VerfRT beschlossen wurde.

2. Die Verbindungsdaten

Bisher werden die Verbindungsdaten in der Praxis durch die Analogie des § 122 Abs. 2 StPOT als durch Dritte gespeicherte, elektrische Daten interpretiert. Theoretisch und unter der Berücksichtigung des Verhältnismäßigkeitsprinzips, sind die Voraussetzungen für eine Auskunft dann gegeben, wenn ein Straftäter seine Tat mittels einer Telekommunikationsendeinrichtung geplant hat. Bei den Verbindungsdaten können die folgenden Datenkategorien gemäß § 2 Abs. 1 UAT nach der Beendigung der jeweiligen Benutzung des Dienstes gespeichert werden: (1) die Telekommunikationsnummer des Absenders und Empfängers, sowie (2) Beginn und Ende der Verbindung nach Datum und Uhrzeit. Nach § 2 Abs. 2 UAT ist die Telekommunikationsnummer als Telefonnummer oder sonstigen Identitätsnummer des Anschlusses zu interpretieren. Deshalb können die neuerdings entwickelten Kennungen des Anschlusses, etwa IMSI-, IMEI-

479 Dagegen, Jui-Ming Li, a. a. O., S. 57.

sowie IP-Nummer, auch bei Anwendung der Identitätsnummer des Anschlusses von den Telekommunikationsnummer erfasst werden.

Doch ist fraglich, ob die Standortdaten des Handys auch von ihr erfasst sind. Diese Frage wird nicht von den Auffassung in der Praxis und Literatur verneint. Wie schon erörtert, können die Standortdaten des Handys das Bewegungs- und sogar das Lebensprofil des Handybesitzers präzise darstellen. Deswegen handelt es sich, bei ihrer Auskunft durch die Strafverfolgungsorgane, auch um das nach Art. 22 VerfRT gewährleistete allgemeine Freiheitsrecht. Dies liegt auf der Hand, gerade wenn über das aktiv eingeschaltete Handy nicht telefoniert wird. In diesem Fall können diese Standortdaten nicht als Verbindungsdaten im Sinne des § 2 Abs. 1 UAT verstanden werden.

Zu klären ist, wie lange Verbindungsdaten gespeichert werden dürfen. Nach § 5 UAT wird die Befristung der Speicherung der Verbindungsdaten bei verschiedenen Netzen in unterschiedliche Länge geregelt: (1) Ortsnetz: 3 Monate, (2) International- und Fernnetz: 6 Monate, sowie (3) Mobilnetz: 6 Monate.

Die obige Darstellung bezieht sich nur auf die Erhebung von Verbindungsdaten durch Telekommunikationsunternehmen der 1. Klasse. Bei Anwendung von Diensten, die von Telekommunikationsunternehmen der 2. Klasse erbracht werden, dürfen die folgenden Daten mit verschiedenen Länge der Befristung nach dem am 25. Juni 2003 ergänzten § 27 RegVTZ zur Ermittlung oder Sammlung des Beweismittels vom Telekommunikationsunternehmen gespeichert werden:

(1) Der Dienst des Weiterverkaufs des Gesprächs[480]: 6 Monate.

(2) Der Dienst des Internet-Phones: 6 Monate.

(3) Der Dienst des Internetzugangs:

- (bei Verbindungsaufbau durch Einwahl) das Identitätskonto, Datum der Verbindungsaufbaus, Beginn und Ende der Vernetzung mit dem Internet nach Urzeit: 6 Monate.

- (bei ADSL-Benutzer, denen die IP-Nummer dynamisch zugeordnet wird) das Identitätskonto, Datum der Verbindungsaufbaus, Beginn und Ende der Vernetzung mit dem Internet nach Urzeit: 3 Monate.

- (bei Kabelmodem-Benutzer) das Identitätskonto, Datum des Verbindungsaufbaus, Beginn und Ende der Vernetzung mit dem Internet nach Urzeit: 3 Monate.

- die IP-Nummer, deren Inhaber bestimmte Inhalte auf die über das Internet eingerichtete Gastbücher, Posting sowie Nachrichtengruppen anhängt, und die damalige Urzeit: 3 Monate.

- die IP-Nummer bei Antrag des kostenlosen E-Mail-Kontos und der kostenfreien Kapazität der Web-Seite, und die damalige Urzeit: 6 Monate.

- die Verbindungsdaten des E-Mail-Verkehrs: 1 Monate.

(4) Die Verbindungsdaten des Simulationsmobiltelefonnetzes[481]: 6 Monate.

Als Grundlage zur Auskunft über Verbindungsdaten zu Strafverfolgungszwecken ist § 27 RegVTZ verfassungsrechtlich bedenklich. Zuerst wird gegen den in § 23 VerfRT geforderten Gesetzesvorbehalt verstoßt, wenn die Einschrän-

---

480 Etwa Call-by-Call Service.

481 Nach § 2 Abs. 1 Nr. 12-15 RegVTZ ist der über Simulationsmobiltelefonnetz erbrachte Dienst als dieser Fall zu verstehen, dass der Betreiber den von anderen Anbietern erbrachten Telekommunikationsdienst kauft oder mietet, und dann in seinem eigenen Name den Telekommunikationsdienst oder mehrwertige Internetkomponente, etwa Internetzugang, an dem Benutzer weiterverkauft. Im Vergleich mit dem Anbieter des 1. Klasse besitzt er keine eigenen Telekommunikationsanlagen und Netze.

kung der Grundrechte nach Art 12 VerfRT nur in Gestalt einer Verordnung geregelt wird. Darüber hinaus entspricht die Massenspeicherung der Verbindungsdaten zur Vorbereitung des künftigen möglichen Ermittlungsverfahrens nicht dem Gebot der Achtung des Verhältnismäßigkeitsprinzips nach Art. 23 VerfRT, denn es führt dazu, dass alle Benutzer der von Anbietern der 2. Klasse erbrachten Dienste als potenzielle Täter angesehen werden. Weiterhin sind aus geschäftlicher (Abrechnung) oder technisch betrieblicher Ansicht (Störungsbeseitigung) nicht alle in § 27 RegVTZ bezeichneten Verbindungsdaten zu speichern. Eine Studie des deutschen BKA[482] belegt, dass bei Einwählen oder Benutzung sonstiger dynamisch zugeordneten IP-Nummern die Telefonnummer des Anschlusses, über die der Benutzer den Zugang ins Internet erhält, im Verhältnis zu der IP-Nummer für die Strafverfolgung notwendig sind.

3. Die Kundendaten[483]

Beim Prepaid-Dienst wird kein Laufzeitsvertrag zwischen dem Benutzer und Betreiber abgeschlossen, dem zufolge das Abbonement des Dienstes monatlich abgerechnet werden könnte. Deswegen ist die Speicherung der Kundendaten und der Verbindungsdaten in der Regel zur Abrechnung nicht erforderlich. Der Prepaidcard-Dienst ist eine Variante des Guthabendienstes.

In der taiwanesischen Praxis besteht die Möglichkeit, die Mitteilung der Kundendaten bei Anwendung des Prepaidcard-Dienstes zu Strafverfolgungszweck

---

482 Stefan Krempl, Die Staatliche Neugier auf private E-Mail: Neuer Entwurf der Lauschverordnung, c't 5/2001, S. 19.

483 Die Kundendaten sind kein Gegenstand der Überwachung. Ihre Auskunft wird normalerweise als Vorstufe der Telekommunikationsüberwachung angesehen. Deshalb führen die falschen Kundendaten immerhin zur Schwierigkeit der effizienten Telekommunikationsüberwachung. Da die Kundendaten auch wegen der Anwendung des Telekommunikationsdienstes erhoben werden, wird ihre Mitteilung hier gleichzeitig skizziert.

auch durch die Analogie des § 122 Abs. 2 und § 133 Abs. 1 StPOT anzuordnen. Nach § 27 Abs. 3 RegVTZ muss der Telekommunikationsunternehmen der 2. Klasse die Kundendaten registrieren. Nach der selben Vorschrift muss sowohl der Betreiber der Simulationsmobiltelefonnetze als auch der der Prepaidcard oder von sonstigen im Voraus die Gebühr bezahlten Dienste der Simulationsmobiltelefonnetze die Kundendaten binnen zweier Tage in seinem Informationssystem für eine mögliche Auskunft speichern. Nach § 27 Abs. 4 RegVTZ bestehen die Kundendaten aus Name, Nummer des Personalausweises, sowie die Anschrift des Benutzers. Darüber hinaus muss der Betreiber der Simulationsmobiltelefonnetze noch die Kundendaten der von ihm zugeordneten Nummer registrieren. Gemäß § 27-1 Reg VTZ und § 74 Abs. 1 RegVM muss der Betreiber der Prepaidcard oder sonstigen im Voraus die Gebühr bezahlten Dienste der Simulationsmobiltelefonnetze einmal pro Woche seine Kundendaten überprüfen; soweit der Benutzer bereits den Dienst ohne Abgabe seiner Kundendaten anwendet, muss sein Betreiber ihn dazu auffordern, innerhalb einer Woche diese Daten bereitzustellen, ansonsten muss der Betreiber den Dienst sperren.

II. Die Telekommunikationsüberwachungstätigkeit

1. Die Überwachung und Aufzeichnung der Telekommunikation

Nach § 13 Abs. 1 GÜK kann die Telekommunikationsüberwachung in Gestalt des Zugriffs auf die zu übertragenden Daten und des Mithörens des Gespräches erfolgen. Außerdem kann die Aufzeichnung nach § 13 Abs. 1 GÜK durchgeführt werden, indem der Inhalt der Telekommunikation in Form der Töne oder der Filme auf die Träger aufgenommen wird. Nach § 2 Abs. 2 GÜK ist die Überwachung des Telekommunikationsinhalts nur unter der Beachtung des Verhältnismäßigkeitsprinzips anzuordnen. Die Anordnung und Durchführung der Telekommunikationsüberwachung muss zur Erreichung der angestrebten Strafverfolgungszwecke notwendig, und gleichzeitig erforderlich sein. Jedoch darf über den § 2 Abs. 1 GÜK die Telekommunikationsüberwachung auch angeordnet werden, wenn sie zum Schutz der staatlichen Sicherheit bzw. der Abwehr der öffentlichen Ordnung erforderlich ist. Diese beide Ziele, die von der strategischen Telekommunikationsüberwachung angestrebt werden, sind nicht mit den Strafverfolgungszwecken vereinbar.

2. Die Auskunft über Verbindungsdaten und sonstigen Standortdaten des Handys im Standby-Modus

In folgenden Abschnitt nun wird die Auskunft über Verbindungsdaten und sonstigen Standortdaten des Handys im Standby-Modus in der taiwanesischen Praxis durch die Analogie des § 122 Abs. 2 und § 133 Abs. 1 StPOT erörtert.

D. Die Voraussetzungen der Telekommunikationsüberwachungsmaßnahme

I. Die materiellen Voraussetzungen

1. Die normale Telekommunikationsüberwachung

a. Schwerkriminalitätsgrundsatz

Nach § 5 Abs. 1 GÜK ist die Überwachung des Telekommunikationsinhalts bei Schwerkriminalität anzuordnen (sog. Schwerkriminalitätsgrundsatz). Nach der selben Vorschrift ist Schwerkriminalität eine Straftat, die mit mehr als drei

Jahren der Freiheitsentzug bestraft wird. Die nachfolgenden aufgezählten Straftaten sind allein als Regelbeispiele zu verstehen. Deswegen ist es kaum zu erwarten, dass die Anordnung der Telekommunikationsüberwachung dadurch begrenzt werden kann[484].

Analog §§ 122 Abs. 2 und 133 Abs. 1 StPOT ist die Auskunft über Verbindungsdaten und Standortdaten des Handys im Standby-Modus nach der Ansicht der taiwanesischen Rechtsprechung unbegrenzt zur Ermittlung des Sachverhalts aller Straftaten anzuordnen.

b. Tatverdacht

Nach § 5 Abs. 1 GÜK stützt sich die Überwachung des Inhalts der Telekommunikation auf den Verdacht der in § 5 Abs. 1 Nr. 1-15 bezeichneten Straftaten, für die ein auf Tatsachen beruhender vorliegen muss. Bezüglich des Verdachtgrades gibt es im derzeitigen taiwanesischen Schrifttum noch keine Debatte. Er ist jedoch wie in Deutschland mindestens als „einfacher Verdacht" zu interpretieren.

[484] Der Rechtssprechungen des „obersten Gerichts" (OberstG) zufolge wurde zwischen dem Jahr 1988 und 2003 die Telekommunikationsüberwachung in folgenden Fallgruppen angeordnet: (1) Verbrechen von Rauschgift und Betäubungsmittel (9 Fälle, OberstG 90, 1991; 90, 5307; 90, 6047; 98, 3605; 99, 3751; 01, 4439; 02, 7523; 03, 3167; 03, 5489), (2) illegal Waffenbesitz (3 Fälle, OberstG 90, 5688; 01, 2107; 02, 2208), (3) Wahlbehinderung (2 Fälle, OberstG 90, 441; 03, 2898;), (4) Wertpapierfälschung (OberstG 90, 1016), (5) schwere Körperverletzung (OberstG 01, 7425), (6) Straftat gegen sexuelle Selbstbestimmung (OberstG 02, 6978).

c. Der Bezug auf die Gefährdung der Staatssicherheit und der öffentlichen Ordnung

Nach § 5 Abs. 1 GÜK ist die Überwachung des Telekommunikationsinhalts anzuordnen, wenn die Straftat die Staatssicherheit oder öffentliche Ordnung gefährdet, und sie somit als erhebliche Bedeutung bewertet werden kann. Zusätzlich ist diese Gefährdung die Voraussetzung der strategischen oder gefahrvorbeugenden Telekommunikationsüberwachung.

d. Die Straftat, die mittels Telekommunikationsanschlusses kommuniziert worden ist

Nach § 5 Abs. 1 GÜK darf die Überwachung des Telekommunikationsinhalts angeordnet werden, wenn anzunehmen ist, dass der Inhalt der Telekommunikation eine zu überwachende Straftat betrifft. Mit anderen Worten, die Straftat muss über den Telekommunikationsanschlusses kommuniziert werden.

Doch ist diese Vorgabe logischerweise fragwürdig, da der Gegenstand der Überwachung zunächst die noch zu geschehende Telekommunikation ist. Es ist deshalb schwer zu entscheiden, ob ein Zusammenhang zwischen einer noch nicht vorhandenen Telekommunikation und der begangenen Straftat existiert. Deshalb stellt diese Vorgabe eine überflüssige Begrenzung bei der Überwachung des Inhalts dar. Jedoch kann dies eine praktische Bedeutung bei der Auskunft über Verbindungsdaten der Vergangenheit haben.

e. Subsidiaritätsklausel

In § 5 Abs. 1 GÜK wird die Subsidiaritätsklausel vorgeschrieben. Nach der darf die Überwachung der Telekommunikation nur angeordnet werden, wenn auf andere Weise das Sammeln oder Ermitteln von Beweismitteln unmöglich bzw. erschwert wird. „Unmöglich" im Sinne des § 5 Abs. 1 GÜK bedeutet, wenn alle Ermittelungsmethode des Beweismittels bereits erschöpft worden sind. Als „Erschwert" in diesem Sinne ist zu verstehen, wenn trotz alternativen Maßnahmen der Aufwand zur Ermittelung der Beweismittel zu groß ist. Aber es bleibt noch zu erörtern, bei welchem Aufwand eine Maßnahme zur Ermittelung des Beweismittels als zu groß bewertet wird. Dieses Kriterium ist in Taiwan noch nicht geklärt.

Angesichts der Ausweitung des Umfangs des Prinzips der Schwerkriminalität (s. o.), welches zu weit geöffneten Türen der Telekommunikationsüberwachung führt, stellt die Subsidiaritätsklausel im Sinne des § 5 Abs. 1 GÜK die letzte Hürde dar, mit der die Anordnung der Telekommunikationsüberwachung eingeschränkt werden kann.

2. Die Telekommunikationsüberwachung zum Schutz vor drohenden Gefahren

a. Die Straftat

Nach § 6 Abs. 1 GÜK ist die Überwachung der Telekommunikation zum Schutz vor drohenden Gefahren anzuordnen, wenn bestimmte Straftaten begangen werden.

Straftaten in diesem Sinne beschränken sich auf die erpresserische Personenentführung oder die durch die Deponierung von Sprengstoff bzw. Auslegung vom Gift begangenen Erpressung. Bei diesen Fällen hat die Vorbeugung der drohenden Gefahr die Priorität.

b. Tatverdacht

Nach § 6 Abs. 1 GÜK ist es aufgrund der Tatsachen anzunehmen, dass der Beschuldigte eine der oben erwähnten Straftaten verdächtig ist. Bezüglich des Tatverdachtgrades genügt auch der einfach Verdacht.

c. Das Vorliegen der drohenden Gefahr

Nach § 6 Abs. 1 GÜK muss die drohende Gefahr bezüglich des Lebens, Leibs einer Person vorliegen. Sie muss durch eine der obig genannten Straftaten ausgelöst worden sein. In den geschützten Personenkreis werden alle Personen, die von der Straftat betroffen sind neben dem Primäropfer erfasst, soweit sie gleichzeitig in die Gefahr geraten.

II. Die formellen Voraussetzungen

1. Die gültige Anordnung

In Taiwan basiert die zulässige Telekommunikationsüberwachung auf einer gültigen Anordnung. Nach § 5 Abs. 2 GÜK setzt die gültige Anordnung im Normalfall voraus, dass sie vom von den zuständigen Strafverfolgungsorganen (im Ermittlungsverfahren: Staatsanwalt; in der Hauptverhandlung: Richter) in Gestalt des „Telekommunikationsüberwachungsbefehls“ angekündigt werden.

Im Ausnahmefall des § 6 GÜK darf die gültige Anordnung zur Telekommunikationsüberwachung auch vom zuständigen Staatsanwalt mündlich angeordnet werden. Doch auch gemäß § 6 GÜK muss er binnen 24 Stunden den nachträglichen schriftlichen Telekommunikationsüberwachungsbefehl einholen, ansonsten ist die Telekommunikationsüberwachung unverzüglich zu stoppen.

2. Die Förmlichkeit der Anordnung

Die Telekommunikationsanordnung muss in bestimmten Formen ergehen. In erster Linie wird die Schriftform der Anordnung in § 5 Abs. 2 und § 6 GÜK gefordert[485]. Nach § 11 GÜK enthält ein schriftlicher Telekommunikationsüberwachungsbefehl die folgenden Kategorien:

- die verdächtige Straftat und die anzuwendenden Vorschriften
- der Betroffene der Telekommunikationsüberwachung
- Art der Kommunikation (zum Unterschied von Post und räumlichem Gespräch), Rufnummer, und sonstigen Kennungen zur Identifizierung
- Anschrift des Betroffenen
- die Begründung der Anordnung der Telekommunikationsüberwachung
- die Befristung und die Methode der Überwachung
- das Antragsorgan
- das Durchführungsorgan

485 Ausnahmsweise darf die Anordnung im Fall des § 6 GÜK vom zuständigen Staatsanwalt vorher „mündlich“ angekündigt werden. Doch endgültig bedarf sie noch binnen 24 Stunden eines von ihm eingeholten, schriftlichen Telekommunikationsüberwachungsbefehls.

3. Befristung

Nach § 12 GÜK darf die Dauer der Telekommunikationsüberwachung jeweils 30 Tage nicht überschreiten. Wenn nötig, darf sie anhand des 2. Halbsatzes der selben Vorschrift nach dem Ablauf der Befristung erneut beantragt werden. Die erneut beantragte Telekommunikationsüberwachung setzt voraus, dass die materiellen Voraussetzungen nach §§ 5 und 6 GÜK fortbestehen.

E. Die an der Telekommunikationsüberwachungsmaßnahme Beteiligteen

I. Das zuständige Antragsorgan der Telekommunikationsüberwachungsmaßnahme

Nach § 5 Abs. 2 GÜK ist die Justizpolizei[486] das einzige Antragsorgan der Telekommunikationsüberwachungsmaßnahme im Ermittlungsverfahren. Dabei spielt der Staatsanwalt eine doppelte Rolle. Einerseits kann er nach der selben Vorschrift auf Antrag der Justizpolizei die Telekommunikationsüberwachung anordnen, anderseits, wenn keine Telekommunikationsüberwachung von der Justizpolizei beantragt wird, kann er als Durchführungsorgan gemäß seiner eigenen Befugnis den Antrag stellen, und unter seiner Weisung die Justizpolizei bei der Durchsetzung mitwirken lassen. Bei der Telekommunikationsüberwachung gemäß § 6 GÜK muss der Staatsanwalt nach seiner eigenen Befugnis entscheiden, ob die Telekommunikationsüberwachung angeordnet werden soll. In der Hauptverhandlung muss der Richter, wie der Staatsanwalt im Ermittlungsverfahren, auch anhand § 5 Abs. 2 GÜK aufgrund eigener Kompetenz die Telekommunikationsüberwachung anordnen.

486 Nach §§ 230, 231 StPOT umfasst der Begriff der Justizpolizei die Polizei, die Militärpolizei sowie die sonstige, die aufgrund des Gesetzes oder der Verordnung in bestimmter Sache die Kompetenz der Justizpolizei ausüben können; dazu kritisch, Tze-Lung Chen, Menschenwürde und Einführung in die Systematik des Strafrechts, S. 586 f.

II. Das zuständige Anordnungsorgan der Telekommunikationsüberwachungsmaßnahme

Nach § 5 Abs. 2 GÜK ist der Staatsanwalt im Ermittlungsverfahren für die Anordnung der Telekommunikationsüberwachung zuständig. Dem zufolge ist der Richter in der Hauptverhandlung das einzige zuständige Anordnungsorgan. Bei der Telekommunikationsüberwachung zum Schutz vor drohenden Gefahren nach § 6 GÜK ist der Staatsanwalt auch das Anordnungsorgan.

Doch sind die oben erwähnten Vorschriften fragwürdig. Nach § 228 StPOT ist der Staatsanwalt im Ermittlungsverfahren der Beherrscher des Verfahrens. Er ist das einzige Anordnung- und Durchführungsorgan der Telekommunikationsüberwachung im Ermittlungsverfahren. Deswegen kann die Justizpolizei unter der Weisung des Staatsanwaltes nicht als Durchführungsorgan, sondern als Hilfskraft bei Durchsetzung der Telekommunikationsüberwachung die benötigte Hilfe leisten. Insofern spielt es keine Rolle, ob eine Telekommunikationsüberwachung auf dem Antrag von Justizpolizei basiert. Ebenfalls ist der Richter in der Hauptverhandlung auch das einzige Anordnung- und Durchführungsorgan. In allen Fällen fehlt es also an einer externen Kotrollmöglichkeit.

III. Das Durchführungsorgan der Anordnung der Telekommunikationsüberwachung

In §§ 6, 14, 15, 16, 17 GÜK taucht das Wort „Durchführungsorgan“ auf. Doch ist es fraglich, wie weit seine Reichweite eigentlich geht.

Nach § 12 Abs. 1 GÜKUV[487] ist das Antragsorgan der Anordnung im Prinzip als Durchführungsorgan zu bestellen. Danach hat die in § 5 Abs. 2 GÜK genannte Justizpolizei die Qualifikation des Durchführungsorgans. Ausnahmsweise darf das nach § 12 Abs. 1 GÜKUV genannte Durchführungsorgan auf das passende Organ, welches außerhalb des Telekommunikationsunternehmens liegt, ausgedehnt werden. Darüber hinaus müssen nach § 5 Abs. 2 und § 6 GÜK der Staatsanwalt und der Richter in Stellung des Anordnungsorgans das Durchführungsorgan bestellen.

IV. Der Betroffene der Überwachungsmaßnahme

1. Der Beschuldigte

Nach § 5 GÜK kann sich die Telekommunikationsüberwachungsmaßnahme gegen Beschuldigten richten. Der Begriff des Beschuldigten kann den Täter und Teilnehmer umfassen[488]. Nach § 5 Abs.1 Nr. 1 GÜK ist die Telekommunikationsüberwachung wegen einer Straftat, die mit mehr als drei Jahren Freiheitsstrafe bedroht ist, anzuordnen. Deshalb kann der Täter auch unter dem Begriff des Beschuldigten erfasst werden, wenn er wegen Versuchs, einer Vorbereitungstat, oder einer Vereinbarung einer Straftat gemäß der oben erwähnten Strafhöhe strafbar ist[489].

---

[487] GÜKUV = die Verordnung über Umsetzung von GÜK

[488] Shuen-Ming Chiang, Die Grenze der Telekommunikationsüberwachung und der Ausschluss des Beweismittels, China Law Journal, No. 172, S. 95.

[489] Chiang, China Law Journal, No. 172, S. 96.

2. Nachrichtenmittler

Nach § 4 GÜK kann die Telekommunikationsüberwachungsmaßnahme sich auch gegen Personen richten, die für den in § 5 und § 6 GÜK bezeichneten Beschuldigten die Telekommunikation absenden, weitergeben sowie entgegennehmen, oder ihnen die Telekommunikationseinrichtung, -Stelle anbieten. Mit anderen Worten, der Betoffene muss mindestens mit dem Beschuldigten eine „Nachrichtenmittler-Beziehung“ haben. Nach dem Wortlaut ist es aber fragwürdig, ob jemand von Telekommunikationsüberwachungsmaßnahme betroffen werden soll, wenn er beispielsweise lediglich dem Beschuldigten sein Festnetztelefongerät ausleiht, mit dem der Beschuldigte über einen eigenen oder fremden Anschluss die Telekommunikation durchführt. Ebenfalls kann man sich auch vorstellen, dass jemand sein Zimmer dem Beschuldigten anbieten, in dem der Täter sein Handy benutzt.

Bei zutreffender Auslegung sind diese beiden Fälle wegen fehlenden Angebots des Anschlusses vom Kreis des Nachrichtenmittlers auszuschließen. Insgesamt ist der Nachrichtenmittler auf die Personen zu beschränken, die dem Beschuldigten den Zugang ins Telekommunikationsnetz, etwa vernetzfähige Telefongeräte anbieten.

V. Die zur Mitwirkung der Telekommunikationsüberwachungsmaßnahme Verpflichteten

1. Die Grundlage der Mitwirkungspflicht

Nach § 14 Abs. 2 GÜK ist das Telekommunikationsunternehmen zur Mitwirkung der Durchführung der Telekommunikationsüberwachung verpflichtet.

Sein Telekommunikationssystem muss die Kapazität besitzen, die Telekommunikationsüberwachung zu ermöglichen.

2. Der Kreis der Mitwirkungsverpflichteten

Anhand § 14 Abs. 2 GÜK hat das Telekommunikationsunternehmen die Mitwirkungspflicht zur Telekommunikationsüberwachung. Bezüglich des Telekommunikationsunternehmens gibt es in § 21 GÜKUV die präzise Vorgabe, der zufolge zunächst nur das Telekommunikationsunternehmen der 1. Klasse in erster Linie erfasst wird. Nach § 21 Abs. 6 GÜKUV iVm. § 27 Abs. 1 und 2 RegVTZ ist das Telekommunikationsunternehmen der 2. Klasse auch zur Mitwirkung verpflichtet. Insofern sind alle Anbieter des Telekommunikationsdienstes zur Mitwirkung der strafprozessualen Telekommunikationsüberwachung verpflichtet. Außerdem ist der Mobilfunkanbieter gemäß § 72 RegVM auch vom hier erwähnten Telekommunikationsunternehmen erfasst.

3. Der Inhalt der Mitwirkungspflicht

Nach § 14 Abs. 2 GÜK muss das Telekommunikationsunternehmen gewährleisten, dass sein Telekommunikationssystem die Kapazität besitzt, die Telekommunikationsüberwachung zu ermöglichen. Das wird durch § 21 Abs. 1 GÜKUV umgesetzt, dem zufolge er die Soft- und Hardware seines Telekommunikationssystems zur Telekommunikationsüberwachung besitzen muss, z. B. die benötigten Stellen, Stormversorgung, Erbringung der benötigten Einrichtungen sowie sonstigen Mitwirkungsmaßnahmen. Die Einzelheit der Umsetzung wird in §§ 21 Abs. 2 bis 4 GÜKUV, 27 RegVTZ sowie 72 VergVM geregelt.

F. Maßnahme nach der Beendigung der Telekommunikationsüberwachungsmaßnahme

I. Überblick über die Lehre vom Beweisverbot in Taiwan

Dem Beweisverbot unterliegen das Beweiserhebungs- und Beweisverwertungsverbot, dies wird seit langem von der taiwanesische h. M. angenommen.

Dies wird jedoch in verschiedene Begriffe formuliert. Das derzeit einzige gesetzliche Beweiserhebungsverbot bezieht sich auf den Fall der Vernehmung des Beschuldigten. § 98 StPOT besagt: „Die Vernehmung des Beschuldigten darf nicht durch Gewalt, durch Bedrohung, durch Täuschung, durch Ermüdung oder durch sonstige unzulässige Weise vorgenommen werden.“ Das zurzeit einzige gesetzliche Beweisverwertungsverbot wird in § 156 Abs. 1 StPOT vorgeschrieben: „Die freiwillige Aussage des Beschuldigten darf als Beweismittel verwertet wird, soweit sie nicht durch Gewalt, durch Bedrohung, durch Täuschung, durch rechtswidrige Untersuchungshaft oder sonstigen unzulässigen Weisen gewonnen wird und dem Sachverhalt entspricht. “ Darüber hinaus stellt § 155 Abs. 2 StPOT den allgemeinen Grundsatz des Beweisverbots im Strafverfahren dar.

Demnach wird das in folgenden Fällen erhobene Beweismittel nicht als Basis des Urteils verwertet: (1) keine Beweisfähigkeit (Beweisverwertungsverbot), (2) nicht zulässige Ermittlung (Beweiserhebungsverbot), (3) auffälliger Verstoß gegen „das Erfahrungsgesetz“, oder (4) der zu überführende Sachverhalt ist nicht nachzuweisen. Doch im wesentlichen beinhaltet § 155 Abs. 2 StPOT lediglich das Leitprinzip des Beweisverbots. Bei Anwendung dieser Vorschrift bedarf es noch weiteren ausfüllenden Vorschriften.

Früher behandelten die taiwanesischen Lehrbücher des Strafverfahrensrechts im Abschnitt über Beweisverbote zuerst die Beweisfähigkeit und erst danach die sog. Verfahrensverbote[490]. In der Tat steht die Beweisfähigkeit ihrem Inhalt zufolge grundlegend über dem Begriff des Beweisverwertungsverbots[491]. Beim Verfahrensverbot wird das Beweiserhebungsverbot debattiert[492]. In dieser Ära wurde die in den USA entwickelte Beweislehre, Früchte des vergifteten Baums benutzt, um den Zusammenhang zwischen den rechtswidrig Ermittlungsmaßnahmen und den dadurch erlangten Ergebnissen darzustellen. Mit anderen Worten, die Lehre der Früchte des vergifteten Baums wird dem Beweisverwertungsverbot gleichgestellt[493]. In dieser Phase ist sich die taiwanesische herrschende Meinung darüber einig, dass das Verfahrensverbot nicht zwangsläufig zum Ergebnis fehlender Beweisfähigkeit führt[494]. In jüngster Zeit wird die in Deutschland entwickelte Lehre des Beweisverbots zur Einführung nach Taiwan empfohlen[495]. Unter dem Aspekt des Beweisverbots ist in erster Linie das Beweiserhebungsverbot zu erwähnen. Anschließend wird erst das Beweisverwertungsverbot diskutiert. Hier wird die Lehre der Früchte des vergifteten Baums als Fernwirkung des Beweisverwertungsverbots, nämlich die Reichweite des Beweisverwertungsverbots, positioniert[496]. Vielmehr sind die Ermittlungsergebnisse bei der Beweisverwertung zu verbieten, denn sie werden aufgrund eines unverwertbaren Beweismittels erzeugt[497].

---

490 Pu-Sheng Chen, Das strafprozessuale Beweisrecht, S. 178 ff; ders., Praxis des Strafverfahrens, S. 223 ff., Tun-Ming Tsai, Strafprozessrecht, S. 196 ff.
491 Pu-Sheng Chen, Das strafprozessuale Beweisrecht, S. 179.
492 Pu-Sheng Chen, Das strafprozessuale Beweisrecht, S. 183 f.
493 Tsai, Strafprozessrecht, S. 211.
494 Pu-Sheng Chen, Das strafprozessuale Beweisrecht, S. 184.
495 Yu-Hsung Lin, Lehrbuch des Strafprozessrechts Band I, S. 439 ff.
496 Yu-Hsung Lin, StPO I., S. 450; ausführlich, ders., Das durch rechtswidrige Durchsuchungen und Festnahme verursachte Beweisverbot und seine Fernwirkung, in: FS für Shan-Tien Lin, S. 510 f.
497 Vgl. Beulke, StPO, Rdn. 482; Yu-Hsung Lin, StPO I, S. 462; Chao-Yi Huang, Strafprozessrecht (Beweismittel), S. 59.

Die Rechtsprechung und die h. M. der Literatur zeigen auf, dass es wie in Deutschland noch keine allgemeinen Regeln gibt, wann Beweiserhebungsverbote zu Beweisverwertungsverbote führen können[498].

Zusammenfassend steht die wissenschaftliche Untersuchung des Beweisverbots in Taiwan nur an seinem Anfang[499]. Künftig bedarf es zu diesem Punkt noch mehr dogmatischer und praktischer Debatten. Nur dadurch können bodenständige wissenschaftliche Entwicklungen und eine daraus resultierende Gesetzgebung des Beweisverbots erwartet werden.

II. Telekommunikationsüberwachungsverbot

1. Verstoß gegen die materiellen Voraussetzungen

Die Telekommunikationsüberwachung ist zu verbieten und zwar unter dem Aspekt des Beweiserhebungsverbots, wenn die in §§ 5, 6 GÜK verankerten materiellen Voraussetzungen nicht erfüllt werden[500]. Die dadurch erlangten Ergebnisse sind zu Beweiszwecken nicht verwertbar. In diesem Fall führt das Telekommunikationsüberwachungsverbot zum Beweisverwertungsverbot.

2. Der zur Zeugnisverweigerung Berechtigte

Nach der StPOT haben folgende Personen das Zeugnisverweigerungsrecht: (1) die zur Geheimhaltung verpflichteten Beamten (§ 179 StPOT), (2) die Angehörigen der Familie (§ 180 StPOT), (3) die zur Geheimhaltung Berechtigten

498 ObG Taichung 02, 1657; Yu-Hsung Lin, StPO I, S. 450.
499 Yu-Hsung Lin, Rechtswidrige Durchsuchungen und Beweisverbote, National Taiwan University Law Journal, Vol. 28, No. 2, S. 278.
500 Yu-Hsiung Lin, StPO I, S. 448.

aus beruflichen Gründen (§ 182 StPOT)[501]. Diese Zeugnisverweigerungsrechte können auch durch Telekommunikationsüberwachung verletzt und eingeschränkt werden. In Ermangelung entsprechender gesetzlicher Grundlage ist das Telekommunikationsüberwachungsverbot hier abzulehnen[502]. Drüber hinaus wird das in § 34 StPOT verankerte Verkehrsrecht des Verteidigers mit dem Beschuldigten beeinträchtigt. Dieser darf nämlich seinen sich nicht auf freiem Fuß befindenden Klient besuchen und mit ihm per Post miteinander kommunizieren. Derzeit ist noch offen, ob die Überwachung der Telekommunikation des Verteidigers durch Analogie des § 34 StPOT zu verbieten ist[503]. Meiner Ansicht nach ist in Ermangelung einer gesetzlichen Grundlage zurzeit ein Telekommunikationsüberwachungsverbot des Verteidigers und sonstigen zur Zeugnisverweigerung Berechtigten abzulehnen.

III. Die Verwertung der durch die Telekommunikationsüberwachungsmaßnahmen erlangten Ergebnisse

1.Die durch rechtswidrige Telekommunikationsüberwachungsmaßnahmen erlangten Ergebnisse

a. Verstoß gegen das Telekommunikationsüberwachungsverbot

Verstoße gegen die materiellen Voraussetzungen der Telekommunikationsüberwachung führen nach der taiwanesischen h. M. zur Beweiserhebungsverbot. Die dadurch erlangten Ergebnisse ist auch nicht verwertbar.

---

501 Arzt, Apotheker, Pharmahändler, Geburtshelfer, Rechtsanwalt, Verteidiger, Notar, Buchführer, und ihre Berufshelfer oder jemand, der früher diese Berufe ausübt. Doch werden der Journalist und Parlamentarier bisher nicht in den Kreis der zur Zeugnisverweigerung Berechtigten integriert; dazu, kritisch, vgl. Chao-Peng Wang, Gegenstände der Durchsuchung und der Beschlagnahme: Durchsuchung der Medien und Kanzlei, in: Chao-Peng Wang (Hrsg.), Straßenkontrolle, Untersuchung und Menschenrecht, S. 22 f.

502 Chiang, China Law Journal, No. 172, S. 101.

503 Chiang, China Law Journal, No. 172, S. 102; Shih-Hsing Liang, Wiretapping and the Exclusionary Rule, Cantral Police University Law Review, No. 7, S. 144.

b. Verstoß gegen formelle Voraussetzungen

Die Kernfrage des Beweisverbots liegt zurzeit in Taiwan darin, ob die durch rechtswidrige Zwangsmaßnahme (bei offenen Ermittlungsmaßnahmen) erlangten Ergebnisse für Beweiszwecke auszuschließen sind[504]. Bei den verdeckten Ermittlungsmaßnahmen, zu denen die Telekommunikationsüberwachung zählt, ist es noch offen, ob die erlangte Ergebnisse nicht verwertbar sind, soweit die formellen Voraussetzungen nicht erfüllt werden. Bei Verstoß gegen formelle Voraussetzungen der Telekommunikationsüberwachung nach § 5 Abs. 2, § § 6, 11 (die Förmlichkeit der Anordnung) sowie 12 (die Befristung) GÜK zeigt sich die h. M. in der taiwanesischen Praxis und Literatur davon überzeugt, dass bei Missachtung des Staatsanwaltsvorbehalts im Ermittlungsverfahren[505] oder bei nicht Einhaltung der in der Anordnung festgestellten Befristung[506] die Telekommunikationsüberwachung rechtswidrig ist. Mit dem Fall des Verstoßes gegen materielle Voraussetzungen wird dies in der taiwanesischen h. M. als „Verletzung des gesetzlichen Verfahrens" definiert[507]. Dies führt zum Beweisverwertungsverbot.

Dies wird jedoch nicht vom Beweiserhebungsverbot abgeleitet, sondern die Begründung dieser Auffassung liegt vielmehr darin, dass einerseits die Verwertbarkeit des Beweismittels aufgrund der Abwägung zwischen dem Grundrechtsschutz des Einzelnen (Art. 12 VerfRT) und dem öffentlichen Interesse

---

504 Yu-Hsiung Lin, StPO I, S. 448.

505 Liang, Cantral Police University Law Review, No. 7, S. 138.

506 Liang, Cantral Police University Law Review, No. 7, S. 129; ObstG 03, 964.

507 Der Fall des Verstoßes gegen formelle Voraussetzungen wird nicht von dem Beweiserhebungsverbot unterschieden, Mao-Sung Wang, Untersuchung der rechtlichen Frage des Telekommunikationsabhörens, in: Mao-Sung Wang (Hrsg.), die Untersuchung der rechtlichen Frage des illegal erlangten Beweismittels, S. 155; Yu-Hsiung Lin, StPO I, S. 448.

festzulegen ist[508], anderseits wird dies vom Disziplierungsprinzip[509] abgeleitet. Die Förmlichkeit der Anordnung aber ist im wesentlichen kein Baustein des Urteils. Sie bezieht sich nur auf eine selbständige, vom Schicksal des Strafverfahrens unabhängige Sicherung eines materiellen Grundrechts[510]. Mit anderen Worten wird die nach Art. 12 VerfRT gewährleistete Freiheit der geheim gehaltenen Kommunikation „nicht unmittelbar“ durch Verstoß gegen formelle Voraussetzungen betroffen. Diese Auffassung ist insofern abzulehnen, denn es bedarf hier einer ausdrücklichen gesetzlichen Grundlage.

2. Die durch zulässige Telekommunikationsüberwachungsmaßnahme erlangte Ergebnisse

a. Zufallsfunde

Bezüglich der Zufallsfunde bei der Telekommunikationsüberwachung gibt es zurzeit in der taiwanesischen Rechtsprechung und Literatur fast keine einheitliche Auffassung. Nach einer Ansicht ist die Erfahrung mit der Situation in Deutschland und den USA vergleichbar[511]. Aufgrund einer sich ausweitenden Auffassung, die aus den Gedanken der Verfahrensökonomie abgeleitet wird, sind die Zufallsfunde wegen vorher bereits zulässiger Telekommunikationsüberwachungsmaßnahme ungehindert verwertbar, soweit sie sich nicht auf die

[508] ObstG 98, 4025; ObG Taichung 02, 1657; ObG Tainan 99, 928.

[509] Liang, Cantral Police University Law Review, No. 7, S. 138; Yu-Hsiung Lin, National Taiwan University Law Journal, Vol. 28, No. 2, S. 271; Huang, Die durch rechtswidrige Ermittelungsmaßnahme erlangte Beweismittel, in: Lai-Chieh Ho, Yu-Hsiung Lin, Yun-Tsai Chen, Chao-Yi Huang (Hrsg.), Strafverfahrensrecht (Übung), S. 190.

[510] Vgl. Amelung, Hilger-FS, S. 337; Ergebnis identisch aber Begründung unklar, Tsai, Telekommunikationsüberwachung und Beweisausschluss, Criminal Law Journal, Vol. 39, No. 1, S. 8 u. 11.

[511] Ausführlich, vgl. Chiang, China Law Journal, No. 172, S. 94-110.

in § 5 Abs. 1 GÜK bezeichnete Schwerkriminalitäten beziehen[512]. Dagegen sind die Zufallsfunde der Gegenmeinung zufolge nur verwertbar, wenn der überwachende Beschuldigte der Schwerkriminalität im Sinne des § 5 GÜK verdächtigt ist[513]. Darüber hinaus bleibt es noch offen, ob unverwertbare Zufallsfunde später als Spur zu anderen Ermittlungsmaßnahmen verwertbar sind, was zur Frage führt, wieweit die Lehre der Früchte des vergifteten Baums angenommen werden soll.

b. Schutz des Zeugnisverweigerungsrechtes

Wie bereits dargestellt, können die Zeugnisverweigerungsrechte auch bei der Telekommunikationsüberwachung eingreifen. Jedoch ist dies in keiner Vorgabe verankert. In der taiwanesischer Literatur fehlt es bisher zu diesem Thema auch an einer Debatte. Um die Zeugnisverweigerungsrechte lückenlos zu schützen, ist zukünftig damit zu rechnen, dass die einheitlichen Vorschriften des Beweisverbots bei verdeckten Ermittlungsmaßnahmen in der StPOT geregelt werden, der zufolge auf die entsprechende Geltung der Vorschriften für die Zeugnisverweigerungsrechte hingewiesen wird, wenn dabei die zur Zeugnisverweigerung Berechtigte betroffen werden.

IV. Benachrichtigungspflicht

In § 15 GÜK wird die Benachrichtigungspflicht vorgeschrieben. Anhand Abs. 1 muss das Durchführungsorgan nach der Beendigung der Telekommunikati-

---

512 Chiang, China Law Journal, No. 172, S. 107.

513 Liang, Cantral Police University Law Review, No. 7, S. 140; vorher auch für die Ausdehnung auf unschuldige Dritte, ders., Ausschluss des rechtswidrigen Beweismittels: das durch rechtswidrige Telekommunikationsüberwachungsmaßnahme erlangte Beweismittel als Kern der Untersuchung, S.117.

onsüberwachung die Genehmigung des zuständigen Anordnungsorgans unverzüglich beantragen, um den Betroffenen zu benachrichtigen. Nach dem chinesischen Wortlaut dieser Vorgabe existiert hier ein gesetzgeberischer Fehler, da es offen ist, worüber der Betroffenen zu informieren ist. Es ist bemerkenswert, dass nach derselben Vorschrift diese Benachrichtigungspflicht mit der Genehmigung des zuständigen Anordnungsorgans verzögert werden kann, solange der Zweck der Telekommunikationsüberwachung gefährdet wird, oder der Betroffene nicht erreichbar ist.

Nach § 15 Abs. 2 GÜK ist die Benachrichtigungspflicht nachzuholen, wenn die oben erwähnten Gründe nicht fortbestehen. Es besteht jedoch eine Gefahr, dass der Staat diesen Vorschriften zufolgen seine Benachrichtigungspflicht verzögert oder sogar bewusst vorläufig unterlässt unter Berufung darauf, dass der Betroffene momentan nicht erreichbar ist. Daher kommt man zu einem Ergebnis, welches in der Praxis die Benachrichtigungspflicht praktisch nicht verwirklicht. Wegen der Heimlichkeit der Telekommunikationsüberwachung erhält der Betroffene wegen mangelnder Benachrichtigung gar keine Gelegenheit, nachträglich von der gegen ihn eingesetzte Telekommunikationsüberwachungsmaßnahme zu erfahren, und danach eine Beschwerde einzureichen.

V. Vernichtungspflicht

Nach § 17 Abs. 2 GÜK muss das Durchführungsorgan, mit der Genehmigung des zuständigen Anordnungsorgans, die durch die Telekommunikationsüberwachung erlangten Informationen vernichten, soweit sie nicht mehr zum Überwachungszweck erforderlich sind. Gemäß § 17 Abs. 3 GÜK muss das Durchführungsorgan die Tatsachen, deren zufolge die Telekommunikationsüberwachung angeordnet wird, dokumentieren, und sie dem zuständigen Anordnungsorgan mitteilen, damit dieses das Personal zur Aufsicht beim Vernichtungsvorgang entsendet.

G. Zusammenfassung

(1) Bei der strafprozessualen Telekommunikationsüberwachung werden hauptsächlich die nach Art. 12 VerfRT gewährleistete Freiheit der geheim gehaltenen Kommunikation betroffen. Darüber hinaus wird die nach Art. 22 VerfRT geschützte allgemeine Freiheit bei der Auskunft über Standortdaten des Handys im Standby-Modus betroffen, denn das präzise Bewegungs- und sogar Lebensprofil des Einzelnen können hier dargestellt werden. Zur Verwirklichung der Mitwirkungspflicht des Betreibers wird nach Art. 15 VerfRT sowohl sein Recht auf Beruf als auch sein Vermögensfreiheitsrecht betroffen. Nach Art. 23 VerfRT können diese Grundrechtseingriffe entsprechend dem Gesetzesvorbehalt und dem Verhältnismäßigkeitsprinzip gerechtfertigt werden.

(2) Die nach Art. 12 VerfRT gewährleistete Freiheit der geheim gehaltenen Kommunikation umfasst den Inhalt und die Umstände des Telekommunikationsverkehrs. Die Grundlage der Überwachung des Telekommunikationsinhalts wird in Taiwan in Gestalt eines Spezialgesetzes geregelt: das GÜK. Doch beim Erlass dieses Gesetzes wurde die Auskunft über Verbindungsdaten und Standortdaten des Handys vom Gesetzgeber nicht berücksichtigt. Zurzeit werden diese wegen der Anwendung des Telekommunikationsdienstes anfallenden personenbezogenen Daten in der taiwanesischen Praxis analog §§ 122, 133 StPOT vom Betreiber mitgeteilt. Diese Lösung ist bedenklich. Aus dem Vergleich mit § 135 StPOT lässt sich entnehmen, dass die Beschlagnahme der

Post gesondert geregelt wird. Auf diese Weise ist die strafprozessuale Auskunft über die Verbindungsdaten und Standortdaten aus technischer Sicht und wegen der Besonderheit der betroffenen Grundrechts (Art. 12 VerfRT) auch in einer eigenständigen Vorschrift vorzuschreiben. Dadurch kann dieser Grundrechteingriff unter der Berücksichtigung des in Art. 23 VerfRT verankerten Gesetzesvorbehaltes gerechtfertigt werden.

Nach dem in Kraft treten der GÜK ist es klar, dass die Telekommunikationsüberwachung auch einer eigenständigen Grundlage bedarf. Deshalb liegt es auf der Hand, dass nach dem Willen des Gesetzgebers der Eingriff in Grundrecht gemäß Art. 12 VerfRT eine Sonderreglung benötigt. Als Grundlage der Auskunft über Verbindungsdaten sind §§ 122, 133 StPOT deshalb nicht einschlägig. Hier existiert ein Gesetzgebungsbedarf. Künftig muss die Grundlage für Auskünfte über Verbindungsdaten im GÜK ergänzt werden. Unter Berücksichtigung der Architektur des Instituts der Telekommunikationsüberwachung einerseits und angesichts die Möglichkeit ein präzises Bewegungs- und sogar Lebensprofil des Einzelnen erstellen zu können anderseits, soll die Auskunft über Standortdaten des Handys zukünftig auch systematisch in der Nähe der Bestimmungen der Telekommunikationsüberwachung eine eigene Grundlage erhalten, weil sie sich auf die allgemeine Freiheitsgarantie gemäß Art. 22 VerfRT beziehen, welche nicht völlig von Art. 12 VerfRT abgedeckt werden können. Schließlich ist die technische und organisatorische Umsetzung der Auskunft über Verbindungsdaten und Standortdaten des Handys künftig auch in GÜKUV einheitlich zu regeln. Damit kann die derzeit wegen dreier verschiedener Verordnungen ausgelöste chaotische Lage zwischen den Regelungen aufgelöst werden.

(3) Angesichts der Verschiedenheit des Einsatzzwecks ist die strafprozessuale Telekommunikationsüberwachung von dem strategischen oder dem polizeilichen gefahrpräventiven Fall zu unterscheiden. Doch nimmt das GÜK all diese drei verschiedenartigen Telekommunikationsüberwachungsmaßnahmen auf. Wegen der überflüssigen Tatbestandelemente, etwa nach § 5 GÜK wird die Straftat die Staatssicherheit oder öffentliche Ordnung bedeutend gefährdet, begegnet die strafprozessuale Telekommunikationsüberwachung bei praktischer Anwendung Schwierigkeiten. In Zukunft sollte diese Vorgabe gestrichen werden.

(4) Die Anwendbarkeit der einseitigen Einwilligung des Betroffenen nach § 29 Nr. 3 GÜK ist nur auf die Telekommunikationsüberwachung zur Vorbeugung der in § 6 GÜK tatbestandlich bezeichneten drohenden Gefahr zu beschränken. Dazu bedarf es künftig einer neuen ausdrücklichen und ausführlichen Vorschrift im GÜK, der zufolge mit der einseitigen Einwilligung des Betroffenen die Telekommunikationsüberwachung zur Vorbeugung drohenden Gefahren für Leben und Leib des Einzelnen sowie die öffentliche Sicherheit begründet werden kann.

(5) Im Hinblick auf die geltenden Vorgaben der strafprozessualen Telekommunikationsüberwachung sind die materiellen Voraussetzungen zuerst zu überprüfen. Dabei ist künftig zu erwägen, dass die ungewisse Schwerkriminalität im Sinne des § 5 Abs. 1 GÜK von den abschließend aufgezählten Katalogtaten abgelöst werden muss, um die Telekommunikationsüberwachung als ultima ratio wirksam einzuschränken[514].

---

[514] Yun-Tsai Chen, Telekommunikationsüberwachung, in: Lai-Chieh Ho/ Yu-Hsiung Lin/ Yun-Tsai Chen/ Chao-Yi Huang (Hrsg.), Strafverfahrensrecht (Übung), S. 69; ders., Tunghai University Law Review, No. 13, S. 152 u. 161; Liang, Cantral Police University Law Review, No. 7, S. 145.

Bezüglich der formellen Voraussetzungen der Telekommunikationsüberwachung gibt es auch Reformbedarf. Bei der Frage der Beteiligten der Telekommunikationsüberwachung ist der Betroffene, welcher nicht Beschuldigter ist, nur auf Nachrichtenmittler zu beschränken. Darüber hinaus ist es ein Problem, dass der Staatsanwalt, der bisher im Ermittlungsverfahren befugt ist die Telekommunikationsüberwachung anzuordnen und durchzusetzen auch in diesem Stadium gleichzeitig der Herr des Verfahrens ist. Hier besteht eine Missbrauchgefahr, wenn die Kompetenz der Anordnung und der Durchführung der Telekommunikationsüberwachung völlig auf Staatsanwalt konzentriert werden. Künftig soll die Anordnungskompetenz der Telekommunikationsüberwachung im Ermittlungsverfahren dem Richter eingeräumt werden[515]. Nur bei Gefahr im Verzug kann der Staatsanwalt ausnahmsweise die Eilkompetenz der Anordnung der Telekommunikationsüberwachung erhalten.

Weiterhin ist auch § 6 GÜK reformbedürftig. Wie schon dargestellt, ist § 6 GÜK im wesentlichen als Vorschrift der polizeilichen gefahrpräventiven Telekommunikationsüberwachung zu positionieren. Zukünftig wird der Richter für ihre Anordnung zuständig sein. Nur bei Gefahr im Verzug dürfen die leitenden Beamten der Polizei diese Telekommunikationsüberwachung anordnen[516]. Aber diese Anordnung muss binnen 24 Stunden vom zuständigen Richter bestätigt werden, da sie ansonsten außer Kraft tritt. Die Voraussetzung der Verlängerung der Befristung der Telekommunikationsüberwachung ist nach § 12 GÜK erneut zu überprüfen. Künftig ist dieser Bezug auch in § 12 Abs. 1, 2. Halbsatz GÜK aufzunehmen: Die erneut zu beantragende Telekommunikationsüberwachung setzt voraus, dass die materiellen Voraussetzungen nach §§ 5 und 6 GÜK weiterhin bestehen.

---

[515] Liang, Cantral Police University Law Review, No. 7, S. 145.
[516] Vgl. Kühne, StPO, Rdn. 386.

(6) Zu der Frage des Beweisrechts soll die Einschränkung der Telekommunikationsüberwachung (Beweiserhebungsverbot) und die Verwertbarkeit der dadurch erlangten Ergebnisse (Beweisverwertungsverbot) künftig durch eine Gesetzesnovelle, welche beim Einsatz der verdeckten Ermittlungsmaßnahmen gilt, verabschieden werden, um die Zeugnisverweigerungsrechte lückenlos zu schützen.

(7) Wegen der Heimlichkeit der Telekommunikationsüberwachung sind alle Beteiligte des Telekommunikationsverkehrs von der betroffenen Telekommunikationsüberwachungsmaßnahme „praktisch" zu benachrichtigen. Der in § 15 Abs. 1 GÜK verankerte Grund der Verzögerung der Erfüllung der Benachrichtigungspflicht - der Betroffene nicht erreichbar- ist zu streichen. Sie ist nur wegen Gefährdung des Untersuchungszwecks, oder bei Gefährdung von Leben oder Leib einer Person zu erlauben.

5. Teil: Zusammenfassende Gegenüberstellung der strafprozessualen Telekommunikationsüberwachung zwischen Deutschland und Taiwan und der Ausblick

A. Die verfassungsrechtliche Zulässigkeit der strafprozessualen Telekommunikationsüberwachung

(1) In Deutschland wird das nach Art. 10 Abs. 1 GG gewährleistete Fernmeldegeheimnis bei der strafprozessualen Telekommunikationsüberwachung betroffen. Mit der Verbreitung der Mobiltelekommunikationstechnik werden die Standortdaten der Mobilendeinrichtung vom Betreiber gespeichert. Bei der staatlichen Auskunft über solche Daten wird das Recht auf informationelle Selbstbestimmung des Dienstbenutzers nach Art. 2 Abs. 1 iVm. Art. 1 Abs. 1 GG betroffen. Nach der StPO ist der Betreiber dazu verpflichtet, die Telekommunikationsüberwachung zu ermöglichen. Das stellt einen Eingriff in seine Berufsfreiheit nach Art. 12 Abs. 1 GG und sein Eigentumsrecht nach Art. 14 Abs. 1 GG dar.

Das Fernmeldegeheimnis im Sinne des Art. 10 Abs. 1 GG gewährleistet die Vertraulichkeit der Telekommunikation. Sie umfasst sowohl den Inhalt als auch die näheren Umstände des Telekommunikationsverkehrs. Früher wurde das nach Art. 10 Abs. 1 GG geschützte Fernmeldegeheimnis als Abwehrrecht verstanden. Seit der Privatisierung der Bundespost und der Liberalisierung des deutschen Telekommunikationsmarkts wird es derzeit als Schutzpflicht des Staats interpretiert. Damit ist der Staat weiterhin dazu verpflichtet, durch einfaches Gesetz den Schutz des Fernmeldegeheimnisses des Einzelnen zu fördern. Er spielt aber nicht mehr nur die Rolle des potenziellen Angreifers auf das Grundrecht, sondern auch die des aktiven Förderers des Schutzes.

Der Schutzbereich des Rechts auf informationelle Selbstbestimmung nach Art. 2 Abs. 1 iVm. Art. 1 Abs. 1 GG bezieht sich auf personenbezogene Daten gegenüber Dritter. Bei der illegalen Speicherung von personenbezogenen Daten durch Dritter hat der Berechtige ihm gegenüber den Anspruch auf Unterlassen und der Folgenbeseitigung.

Wegen der Auffangfunktion des Art. 2 Abs. 1 GG ist Art. 10 Abs. 1 GG bei der strafprozessualen Telekommunikationsüberwachung vorrangig. Doch wird die Kenntnisnahme der Standortdaten des Handys, die mittels des Einsatzes der Messtechnik (IMSI-Catcher) durchgesetzt wird, nicht vom Schutzbereich des Art. 10 Abs. 1 GG abgedeckt. Dabei ist allein das Recht auf informationelle Selbstbestimmung einschlägig.

Nach den Bestimmungen der StPO sind die Betreiber zur Mitwirkung der Telekommunikationsüberwachung verpflichtet, so z. B. die Versetzung der geschäftsmäßigen Telekommunikationsanlage in die für Telekommunikationsüberwachungen angemessene Lage und der Erhalt dieser Anlage. Bei Nichterfüllung dieser Pflicht droht der Staat nach dem § 91 Abs. 2 und 3 TKG enormes Zwangsgeld bzw. sogar die Untersagung des Betriebs an. Damit wird die Berufsausübungsfreiheit der Betreiber betroffen. Deswegen stellt die Mitwirkungspflicht zur Telekommunikationsüberwachung einen Eingriff in die nach Art. 12 Abs. 1 GG gewährleistete Berufsfreiheit der Betreiber dar[517].

---

[517] Vgl. 3. Teil, A, I, 4.

Außerdem schränkt die Umsetzung der vorhandenen geschäftsmäßigen Telekommunikationsanlage zur Vornahme der Telekommunikationsüberwachung die Nutzungsfreiheit des Eigentums der Betreiber ein. Deswegen kann sie als Eingriff in das Eigentum der Betreiber bezeichnet werden.

Die strafprozessuale Telekommunikationsüberwachung stellt einen Grundrechtseingriff dar und bedarf somit einer Grundlage. Nach Art. 10 Abs. 2 GG kann ein Eingriff durch einfaches Gesetz gerechtfertigt werden (Gesetzesvorbehalt). Die Einschränkung des Rechts auf informationelle Selbstbestimmung ist zulässig. Art. 1 Abs.1 GG verstärkt lediglich seine Wirkung, jedoch bezieht es sich nicht völlig auf die Unbeschränkbarkeit des Art. 1 Abs. 1 GG, sondern nimmt nur inhaltlich auf den Menschenwürdebezug. Hauptsächlich basiert das Recht auf informationelle Selbstbestimmung auf Art. 2 Abs. 1 GG und deshalb ist es beschränkbar. Die Frage, ob die Einschränkung des Rechts auf informationelle Selbstbestimmung gestattet ist, muss unter dem Verhältnismäßigkeitsprinzip umfassend abgewägt werden. Der Eingriff in die Berufsfreiheit (Berufsausübungsfreiheit) des Betreibers gemäß Art. 12 Abs. 1, S. 2 GG bedarf wegen der Mitwirkungspflicht zur Telekommunikationsüberwachung auch einer gesetzlichen Grundlage. Darüber hinaus ist der Eingriff in sein Eigentum nach Art. 14 Abs. 1 S. 2 GG im Rahmen des einfachen Gesetzes auch zulässig (Schranken)[518].

(2) In Taiwan wird die nach Art. 12 VerfRT gewährleistete Freiheit der geheim gehaltenen Kommunikation bei der strafprozessualen Telekommunikationsüberwachung betroffen. Bei der Auskunft über Standortdaten des Handys handelt es sich um das allgemeine Freiheitsrecht nach Art. 22 VerfRT. Doch bleibt

518 Vgl. 3. Teil, A, I, II, III.

es noch umstritten, was detailliert im Sinne dieser Vorschrift betroffen wird. Auffassungen aus dem Ausland, wie das Recht auf informationelle Selbstbestimmung in Deutschland oder the Right to Privacy in den USA, werden bisher noch nicht in der taiwanesischen Rechtsprechung berücksichtigt. Erfüllt der Betreiber die Mitwirkungspflicht zur Telekommunikationsüberwachung, werden nach Art. 15 VerfRT sowohl das geschützte Recht auf Arbeit als auch Vermögensfreiheitsrecht betroffen.

Nach der taiwanesischen h. M. umfasst die Freiheit der geheim gehaltenen Kommunikation sowohl den Inhalt als auch die näheren Umstände des Telekommunikationsverkehrs. Nach der Liberalisierung des taiwanesischen Telekommunikationsmarkts ist dieses Grundrecht auch nicht mehr nur als Abwehrrecht des Bürgers, sondern als Schutzpflicht des Staats zu verstehen. Nun ist der Staat verpflichtet, durch Beschluss eines einfachen Gesetzes den Schutz der Freiheit der geheim gehaltenen Kommunikation zu fördern.

Bei der Auskunft über Standortdaten des Handys wird das allgemeine Freiheitsrecht nach Art. 22 VerfRT betroffen, das nicht vom Schutzbereich des Art. 12 VerfRT erfasst werden kann. Doch werden diese personenbezogenen Daten in Taiwan nicht von den Verbindungsdaten isoliert. Zukünftig bedarf es dazu einer tief greifenden Debatte. Im Fall der Mitwirkung des Betreibers zur Telekommunikationsüberwachung handelt es sich um den Eingriff in das nach Art. 15 VerfRT geschützte Recht auf Arbeit und Vermögensfreiheitsrecht.

Nach Art. 23 VerfRT können die oben erwähnten Grundrechtseingriffe entsprechend dem Gesetzesvorbehalt und dem Verhältnismäßigkeitsprinzip gerechtfertigt werden[519].

B. Die Gesetzliche Grundlage der strafprozessualen Telekommunikationsüberwachung

(1) In Deutschland wird die strafprozessuale Telekommunikationsüberwachung in §§ 100 a, b, g, h, i StPO geregelt. Zu ihrer technischen und organisatorischen Umsetzung wurde sowohl das TDDSG beschlossen als auch einige aufgrund des TKG erlassenen Verordnungen (die TKÜV, die TDSV) geschaffen. Nach diesen Umsetzungsbestimmungen wird der Umfang der Geheimhaltungspflicht und der Mitwirkungspflicht des Betreibers begrenzt. Darüber hinaus ist wegen fehlender gesetzlichen Grundlage zu verneinen, dass die einseitige Einwilligung des Betroffenen die in der StPO verankerten Voraussetzungen der Telekommunikationsüberwachung ablösen kann[520].

(2) Umgekehrt wird die strafprozessuale Telekommunikationsüberwachung in Taiwan in Gestalt des Spezialgesetzes -GÜK- geregelt. Sein Umsetzungsgesetz – das UGGÜK- und das TKG sowie die dem TKG zufolge erlassenen Verordnungen (der UAT, die RegVM sowie die RegVTZ) dienen als die technischen und organisatorischen Umsetzungsbestimmungen der strafprozessualen Telekommunikationsüberwachung.

Doch im GÜK wird nur der Fall der Überwachung des Inhalts der Telekommunikation geregelt. Über die strafprozessuale Telekommunikationsüberwa-

[519] Vgl. 4. Teil, A, I, II, III.
[520] Vgl. 3. Teil, B, I, II, III.

chung hinaus wird der Tatbestand des § 5 GÜK auch von dem strategischen und dem zur Gefahrabwehr eingesetzten Fällen unterschieden. Wegen der überflüssigen Tatbestandmerkmale bezüglich der Gefährdung der Staatssicherheit oder der öffentlichen Ordnung, begegnet die strafprozessuale Telekommunikationsüberwachung bei ihrer Anwendung Schwierigkeiten. Künftig ist der Tatbestand der strafprozessualen Telekommunikationsüberwachung gesondert zu regeln.

Bisher fehlt der Auskunftsanspruch über Telekommunikationsverbindungsdaten zum Strafverfolgungszweck in Taiwan einer gesetzlichen Grundlage. Zukünftig wird sie im GÜK zu integrieren sein. Darüber hinaus gibt es in den drei oben aufgezählten Verordnungen Umsetzungsbestimmungen.

Angesichts dieser chaotischen Lage wird die technische und organisatorische Umsetzungsbestimmung der Auskunft über Verbindungsdaten einheitlich im UGGÜK geregelt. Ausnahmsweise kann nach § 29 Nr. 3 GÜK die strafprozessuale Telekommunikationsüberwachung aufgrund der einseitigen Einwilligung des Betroffenen durchgesetzt werden. Wird sein Anwendungsumfang nicht beschränkt, führt es zu der Gefahr, dass § 5 GÜK leer läuft[521].

(3) Übrigens ist in Deutschland die Telekommunikationsüberwachung zum Schutz der Gefahr für Leben, Leib, Freiheit einer Person und sogar die öffentliche Sicherheit im Form des Aufgabengesetzes des Zollkriminalamtes (§ 39 AWG) oder der Länderpolizei (z. B. § 34 a ThürPAG) geregelt[522].

---

521 Vgl. 4. Teil, B, I, II.
522 Vgl. 3. Teil, B, III.

In Taiwan gehört die Institution der Polizei nach Art. 108 Abs. 1 Nr. 17 VerfRT zur Aufgabe der Zentralregierung. Deswegen ist die polizeiliche gefahrpräventive Telekommunikationsüberwachung einheitlich im GÜK (§ 6 GÜK) geregelt.

C. Die Voraussetzungen der strafprozessualen Telekommunikationsüberwachung

I. Die materiellen Voraussetzungen

1. Die Gegenstände der Telekommunikationsüberwachung

(1) Nach § 100 a StPO ist die Telekommunikation der Gegenstand der Überwachungsmaßnahme. Hier ist die Telekommunikation zuerst präzise als der Inhalt zu verstehen. Nach der Legaldefinition des § 3 Nr. 16 und 17 TKG können nicht nur das herkömmliche Gespräch, sondern auch die vermittelten Daten als Telekommunikation bezeichnet werden. Der Begriff der Telekommunikation ist nicht abschließend, sondern technischer Entwicklung infolge zeitgemäß zu erweitern[523]. Nach § 100 g StPO dürfen die Verbindungsdaten sowohl der Vergangenheit als auch der Zukunft vom Betreiber mitgeteilte werden. In § 100 g Abs. 3 StPO werden die Kategorien der Verbindungsdaten abschließend aufgezählt. Sonstige personenbezogene Daten, die sich nicht in diesen Kategorien befinden, darf der Staat nicht abfragen. Nach § 100 i StPO dürfen die Strafverfolgungsorgane im bestimmten Fällen vom Betreiber verlangen, die Standortdaten des aktiv eingeschalteten Handys trotz fehlenden Verbindungsaufbaus mitzuteilen[524].

---

[523] Vgl. 3. Teil, C, I, 1.
[524] Vgl. 3. Teil, C, I, 2.

(2) In Taiwan wird die Telekommunikation nach § 3 Abs. 1 Nr. 1 GÜK als Gegenstand der Telekommunikationsüberwachung beschrieben. Demnach ist die Telekommunikation bei Auslegung zuerst inhaltlich zu interpretieren. Aufgrund der Legaldefinition dieser Vorschrift umfasst die Telekommunikation neben dem herkömmlichen Gesprächdienst aber auch die vermittelten Daten. Nach § 3 Abs. 2 GÜK muss außerdem die geheim gehaltene Kommunikation aus subjektiver Sicht der Betroffenen (der Observierte glaubt, die Telekommunikation sein geheim) als eine weitere Voraussetzung der Telekommunikation angesehen werden. Diese Aufforderung scheint überflüssig zu sein und verursacht Schwierigkeiten bei der Anwendung. Zukünftig ist diese Vorgabe zu streichen.

Bezüglich der Auskunft über Telekommunikationsverbindungsdaten und Standortdaten des Handys fehlt es bisher noch an einer gesetzlichen Grundlage. Künftig ist sie gesondert im GÜK zu ergänzen, um die Freiheit der geheim gehaltenen Kommunikation nach Art. 12 VerfRT lückenlos zu schützen. Außerdem sind die derzeitigen Vorschriften über die Massenspeicherung der Telekommunikationsverbindungsdaten zur künftigen potenziellen Strafverfolgung, die nur in Gestalt der Verordnung geregelt werden, verfassungsrechtlich unzulässig, weil sie gegen den nach Art. 23 VerfRT geforderte Gesetzesvorbehalt und das Verhältnismäßigkeitsprinzip verstoßen[525].

2. Die Telekommunikationsüberwachungstätigkeit

(1) Technisch zwingend beginnt die Telekommunikationsüberwachung nach § 100 a StPO mit der Ermittlung der Kennung des Anschlusses im Sinne des §

[525] Vgl. 4. Teil, C, I, 1, 2.

100 g Abs. 3 Nr. 1 oder § 100 i StPO. Gemäß § 100 a StPO ist der Inhalt der Telekommunikation zu überwachen und bei bestimmten Fällen aufzunehmen. Dem Oberbegriff der Überwachung können nach den endgültigen Formen des

Nachrichteninhalts oder der Datenübertragung das herkömmliche Mithören, Mitlesen sowie der neuste Zugriff auf die Daten unterfallen[526].

(2) Nach § 5 GÜK darf der Inhalt der Telekommunikation in Taiwan überwacht werden. In § 13 Abs. 1 GÜK kann die Telekommunikationsüberwachung durch Mithören, oder Zugriff auf die Daten durchgesetzt werden. Darüber hinaus kann der Inhalt der Telekommunikation nach § 13 Abs. 1 GÜK aufgenommen werden. Zu beachten ist, dass sie beide nur unter Beachtung des Verhältnismäßigkeitsprinzips im Sinne des § 2 GÜK angeordnet werden dürfen[527]. Doch bezüglich der Auskunft über die Verbindungsdaten und Standortdaten des Handys, die zur Vorbereitung der Telekommunikationsüberwachung nach § 5 GÜK oder zu anderen Ermittlungszwecken benötigt werden, fehlt es wie bereits erwähnt noch an einer gesetzlichen Grundlage.

3. Katalogtaten

(1) In § 100 a StPO werden die Straftaten für die Voraussetzung der Anordnung abschließend aufgezählt. Dadurch kann das nach Art. 10 GG gewährleistete Fernmeldegeheimnis wirksam geschützt werden. Doch wegen der beständigen Ausweitung des Umfangs der Katalogtaten in Deutschland ist dieses Ziel schwer zu erreichen[528].

---

[526] Vgl. 3. Teil, C, II.
[527] Vgl. 4. Teil, C, II, 1.
[528] Hans-Jörg Albrecht/ Claudia Dorsch/ Christiane Krüpe (Hrsg.), Rechtswirklichkeit und Effizienz der Überwachung der Telekommunikation nach den §§ 100a, 100b StPO und an-

(2) Dagegen ist die Telekommunikationsüberwachung nach § 5 Abs. 1 GÜK wegen „Schwerkriminalität“ anzuordnen. Schwerkriminalität ist die Straftat, die mit einer Höhe von mehr als 3 Jahre Freiheitsstrafe pönalisiert wird. Insofern ist es nicht schwer vorstellbar, dass die strafprozessuale Telekommunikationsüberwachung in Taiwan flächendeckend angeordnet wird. Eine Begrenzungsfunktion ist davon nicht zu erwarten. Künftig ist zu berücksichtigen, dass die Schwerkriminalität im Sinne des § 5 Abs. 1 Nr. 1 GÜK von abschließend aufgezählten Katalogtaten abgelöst wird, um die Telekommunikationsüberwachung als ultima ratio wirksam zu positionieren.

4. Tatverdacht

(1) Sowohl in § 100 a StPO als auch in § 100 g, h StPO muss die Anordnung der Telekommunikationsüberwachung auf einen auf bestimmten Tatsache basierenden einfachen Tatverdacht abstellen. Doch genügt der einfache Tatverdacht im Fall des §100 a StPO nach der h. M. nicht, um den Ausgleich zwischen dem Gewicht des Interesses an der Strafverfolgung und der Intensität des durch die Telekommunikationsüberwachungsmaßnahme ausgelösten Grundrechtseingriffs des Betroffenen zu erreichen. Dazu bedarf es erneut eines erhöhten Verdachtsgrades[529].

(2) In Taiwan stützt sich sowohl die Telekommunikationsüberwachung nach § 5 Abs. 1 GÜK als auch die zur Vorbeugung der drohenden Gefahr nach § 6 Abs. 1 GÜK auf einen auf Tatsachen beruhenden Tatverdacht. Sein Grad bedarf zukünftig einer vertiefenden Debatte[530].

---

derer verdeckter Ermittlungsmaßnahmen: Eine rechtstatsächliche Untersuchung im Auftrag des Bundesministeriums der Justiz, S. 465.

[529] Ausführlich, vgl. 3. Teil, D, I, 4, a; auch, Albrecht/ Dorsch/ Krüpe, a. a. O., S. 465.

[530] Vgl. 4. Teil, D, I, 1, b, u. 2, b.

5. Subsidiaritätsklausel

(1) Durch die Subsidiaritätsklausel ist die Telekommunikationsüberwachung als ultima ratio zu bezeichnen. In § 100 a StPO wird die strengste Subsidiaritätsklausel vorgeschrieben. Der zufolge darf die Telekommunikationsüberwachung nur angeordnet werden, wenn die Erforschung des Sachverhalts oder die Ermittlung des Aufenthaltes des Beschuldigten auf andere Weise aussichtslos oder wesentlich erschwert wäre[531].

(2) In Taiwan wird die Subsidiaritätsklausel in § 5 Abs. 1 GÜK vorgeschrieben. Nach dieser ist die Anordnung der Telekommunikationsüberwachung zulässig, wenn die Sammlung oder Ermittlung des Beweismittels auf andere Weise nicht möglich oder erschwert wäre[532]. Insoweit ist die Aufforderung der Subsidiarität im Sinne des § 5 Abs. 1 GÜK lockerer als die gemäß § 100 a StPO in Deutschland.

6. Der Betroffene

(1) Nach § 100 a Abs. 2 StPO darf die Telekommunikationsüberwachungsmaßnahme nur gegen den Beschuldigten oder ihren Nachrichtenmittler gerichtet werden.

(2) In Taiwan darf die Telekommunikationsüberwachungsmaßnahme nach § 5 Abs. 1 GÜK ebenfalls gegen den Beschuldigten gerichtet werden.

---

531 Ausführlich, vgl. 3. Teil, D, I, 3,
532 Vgl. 4. Teil, D, I, 1, e.

Darüber hinaus darf sie bei Auslegung auch lediglich gegen den Nachrichtenmittler des Beschuldigten, der in § 4 GÜK bezeichnet wird, gerichtet werden[533].

II. Die formellen Voraussetzungen

1. Die Förmlichkeit der Anordnung

(1) Die Telekommunikationsüberwachung nach § 100 a StPO muss sich auf eine gültige Anordnung stützen. Gemäß § 100 b Abs. 1 S. 1 StPO ist der Richter befugt, diese zu treffen. Ausnahmsweise kann sie bei Gefahr im Verzug vom Staatsanwalt getroffen werden (§ 100 b, I, S. 2 StPO). Danach muss sie binnen dreier Tage vom Richter bestätigt werden, ansonsten tritt sie außer Kraft (§ 100 b, I, S. 3 StPO). Nach § 100 b Abs. 2 S. 1 bis 3 StPO ergeht die Anordnung der Telekommunikationsüberwachung schriftlich und enthält die folgenden personenbezogenen Daten: Namen, Anschrift des Betroffenen, Rufnummer oder andere Kennung seines Telekommunikationsanschlusses, sowie Art, Umfang und Dauer der Maßnahmen. Nach § 100 b Abs. 2 S. 4 StPO ist die Anordnung auf höchstens drei Monaten zu befristen. Soweit die in § 100 a bezeichneten Voraussetzungen fortbestehen, ist eine Verlängerung von nicht mehr als drei weitere Monate zulässig (§ 100 b Abs. 2 S. 5 StPO)[534].

(2) In Taiwan wird die Anordnungskompetenz der Telekommunikationsüberwachung in verschiedenem Verfahren auf unterschiedliche Strafverfolgungsorgane verteilt. So ist der Staatsanwalt im Ermittlungsverfahren das Anordnungsorgan (§ 5 II GÜK) und in der Hauptverhandlung ist der Richter befugt

---

[533] Vgl. 4. Teil, E, IV, 2.
[534] Vgl. 3. Teil, D, II, 1, 2, 3.

die Telekommunikationsüberwachung anzuordnen. Darüber hinaus ist bei der Telekommunikationsüberwachung zur Vorbeugung der drohenden Gefahr nach § 6 GÜK der Staatsanwalt für ihre Anordnung zuständig. Unter dem Aspekt der Kontrolle führt dies zur Gefahr des Missbrauchs, wenn im Ermittlungsverfahren die Kompetenz der Anordnung und der Durchsetzung der Telekommunikationsüberwachung allein auf Staatsanwaltschaft konzentriert wird. Zukünftig ist die Anordnungskompetenz der Telekommunikationsüberwachung dem Richter (Richtervorbehalt) einzuräumen. Nur bei Gefahr im Verzug kann der Staatsanwalt ausnahmsweise eine Eilkompetenz der Anordnung der Telekommunikationsüberwachung erhalten.

Nach § 5 Abs. 2 und § 6 GÜK ergeht die Anordnung schriftlich. Nach § 6 GÜK kann die Anordnung ausnahmsweise vom Staatsanwalt vorher „mündlich angekündigt" werden. Doch gemäß § 6, 2. Halbsatz GÜK muss eine nachträgliche staatsanwaltliche, schriftliche Anordnung binnen 24 Stunden eingeholt werden, ansonsten ist die Telekommunikationsüberwachung sofort einzustellen. Nach § 11 GÜK enthält der sog. Telekommunikationsüberwachungsbefehl die folgenden Kategorien: die verdächtigte Straftat und die anzuwendende Vorschrift, die Betroffenen der Telekommunikationsüberwachungsmaßnahme, Art der Kommunikation (nämlich Telekommunikation), Rufnummer und sonstigen Kennungen zur Identifizierung, Anschrift des Betroffenen, die Begründung der Anordnung der Telekommunikationsüberwachung, die Befristung und Methode der Überwachung, sowie das Antrags- und Durchführungsorgan. Nach § 12 GÜK darf die Zeitdauer der Telekommunikationsüberwachung jeweils nicht 30 Tage überschreiten. Wenn sie benötigt ist, darf sie anhand 2. Halbsatzes der selben Vorschrift nach dem Ablauf der Befristung erneut beantragt werden.

Bei Auslegung setzt diese erneut zu beantragende Telekommunikationsüberwachung voraus, dass die materiellen Voraussetzungen nach §§ 5 und 6 GÜK fortbestehen[535].

2. Das Antrags- und Durchführungsorgan der Anordnung der Telekommunikationsüberwachungsmaßnahme

(1) Nach § 160 StPO ist der Staatsanwalt der Herrscher des Ermittlungsverfahrens. Insoweit ist er das einzige Antrags- und Durchführungsorgan der Anordnung der Telekommunikationsüberwachung.

(2) In Taiwan ist die Justitzpolizei als einziges Antragsorgan der Telekommunikationsüberwachung im Ermittlungsverfahren nach § 5 Abs. 2 GÜK geregelt. Darüber hinaus hat der Staatsanwalt im Ermittlungsverfahren nach der selben Vorschrift die doppelte Rolle als Anordnungs- und Durchführungsorgan. Er kann nach § 5 Abs. 2 GÜK einerseits auf Antrag der Justizpolizei die Telekommunikationsüberwachung anordnen, andererseits kann er als Durchführungsorgan nach seiner eigenen Befugnis die Anordnung treffen und danach durchsetzen. Bei der Telekommunikationsüberwachung zur Vorbeugung der drohenden Gefahr ist nach § 6 GÜK der Staatsanwalt das einzige Anordnungs- und Durchführungsorgan. In § 6 GÜK befinden sich keine Vorschriften bezüglich des Antragsorgans. In der Hauptverhandlung muss der Richter nach § 5 Abs. 2 GÜK aufgrund seiner eigenen Befugnis die Telekommunikationsüberwachung anordnen. Ebenfalls fehlt es hier an dem Antragsorgan. In einigen Vorschriften des GÜK wird die Justizpolizei als Durchführungsorgan der Anordnung der Telekommunikationsüberwachung bezeichnet.

---

535 Vgl. 4. Teil, D, II, 1, 2, 3.

Dies ist nach der in der StPOT vorgeschriebenen Arbeitsverteilung zwischen den Strafverfolgungsorganen bedenklich. Der Staatsanwalt ist nach § 228 StPOT der Herrscher des Verfahrens (Ermittlungs- und Vollstreckungsverfahren) und als einziger Durchführungsorgan der Anordnung der Telekommunikationsüberwachung. In der Hauptverhandlung ist der Richter auch das Anordnungs- und Durchführungsorgan der Telekommunikationsüberwachung. Bei Auslegung ist die Justizpolizei als Hilfsbeamte dieser beiden Strafverfolgungsorganen zu verstehen. Hierzu bedarf es zukünftig einer Nachbesserung.

3. Die zur Mitwirkung der Telekommunikationsüberwachung Verpflichteten

(1) Nach § 100 b Abs. 3 S. 1 StPO ist jeder, der geschäftsmäßig Telekommunikationsdienste erbringen oder daran mitwirken, aufgrund der gemäß § 100 a, b StPO getroffenen Anordnung dem Richter, der Staatsanwaltschaft und ihrer im Polizeidienst tätigen Hilfsbeamten (§ 152 GVG) verpflichtet, die Überwachung zu ermöglichen. Die technische und organisatorische Umsetzung des § 100 b Abs. 3 S. 1 StPO wird in dem TKG, der TKÜV sowie sonstigen damit verbundenen Verordnungen ausführlich geregelt, um beispielsweise den Umfang der Mitwirkungspflicht, den Kreis der Mitwirkungsverpflichteten und die damit ausgelösten Kosten abzugrenzen[536].

(2) In Taiwan ist der Telekommunikationsunternehmer nach § 14 Abs. 2 GÜK zur Mitwirkung der Telekommunikationsüberwachung verpflichtet. Sein Kommunikationssystem muss die Kapazität besitzen, die Telekommunikationsüberwachung zu ermöglichen. Die technische und organisatorische Umsetzung dieser Vorschrift wird näher in GÜKUV, RegVTZ (Telekommunikati-

---

[536] Ausführlich, vgl. 3. Teil, E, III, 1, 2, 3, 4.

onsdienstanbieter der 2. Klasse) sowie RegVM (Mobiltelekommunikationsdienstanbieter) bestimmt[537].

D. Die Überwachung einiger neuen Telekommunikationstechnik

I. Die Überwachung der über Internet vermittelten Daten

Aus technischer Sicht ist der Nachrichtenaustausch, der auf der Paketvermittlungstechnik basiert, als einheitlicher Telekommunikationsvorgang anzusehen, obwohl die bis zur Abholung des Empfängers zu übertragenden Daten inzwischen in zahlreichen Servers ruhig bleiben, um auf den nächsten bestmöglichen Übertragungsweg zu warten. Aus juristischer Sicht ist dies auch als einheitlicher Telekommunikationsverfahren zu bezeichnen.

(1) In Deutschland sind die über Internet vermittelten Daten (z. B. E-Mail) deshalb als Telekommunikation im Sinne des § 100 a StPO zu interpretieren. Der Zugriff auf die im Server des Dienstanbieters (ISP) gespeicherten Daten kann nach § 100 a StPO als Überwachung der Telekommunikation ausgelegt werden.

(2) In Taiwan ist dies nicht umstritten, da zuförderst die über Internet durchgesetzte Datenübertragung von der in § 3 Abs. 1 GÜK bezeichneten Telekommunikation umfasst ist. Anderseits ist nach der Legaldefinition des § 13 Abs. 1 GÜK der Zugriff auf diese Daten als Überwachung der Telekommunikation zu verstehen.

---

[537] Ausführlich, vgl. 4. Teil, E, V.

II. Die Auskunft über IP-Addresse und sonstigen Spurendaten im Internet

Im Fall der Auskunft über IP-Addresse und sonstigen Spurendaten im Internet handelt es sich um die personenbezogenen Daten des Benutzers wegen der Anwendung des Diensts. Ihre Speicherung durch Dritte und die spätere Mitteilung zum Strafverfolgungszweck stellen einen Eingriff in das Recht auf informelle Selbstbestimmung nach Art. 1 Abs. 1 iVm. Art. 2 Abs. 1 GG dar. Eingriffe müssen dem Gesetzesvorbehalt entsprechen und das Verhältnismäßigkeitsprinzip berücksichtigen.

In Taiwan wird die nach Art. 22 VerfRT gewährleistete allgemeine Freiheit dabei betroffen. Nach Art. 23 VerfRT ist ihr Eingriff ebenso unter dem Gesetzesvorbehalt und dem Verhältnismäßigkeitsprinzip zu rechtfertigen.

Nach § 100 g Abs. 3 StPO dürfen die IP-Addresse und sonstige Spurendaten im Internet vom Betreiber mitgeteilt werden. Die Voraussetzung dieser Mitteilung liegt darin, dass diese Daten zu bestimmten Anwendungszwecken (z. B. Abrechnungszweck) vorher legal gespeichert werden dürfen. Mit anderen Worten, die Strafverfolgungsorgane dürfen nicht die Auskunft über vergangene Spurendaten im Internet verlangen, soweit diese der Betreiber nicht speichern durfte. Allein nach § 100 g Abs. 2 StPO können zukünftigen Spurendaten im Internet des Einzelnen vom Dienstanbieter mitgeteilt werden.

In Taiwan fehlt es bisher noch an einer gesetzlichen Grundlage für die Auskunft über Spurendaten im Internet als Strafverfolgungsdaten. In der Praxis wird § 27 RegVTZ als Grundlage angewendet. Dies ist jedoch verfassungsrechtlich bedenklich. Zunächst ist die RegVTZ lediglich eine Verordnung, weshalb gegen den Gesetzvorbehalt aus Art. 23 VerfRT verstoßen wird. Außerdem entspricht die Massenspeicherung der Verbindungsdaten zur künftigen potenziellen Strafverfolgung auch nicht dem Verhältnismäßigkeitsprinzip[538].

E. Das Stadium nach der Beendigung der Telekommunikationsüberwachung

I. Das Telekommunikationsüberwachungsverbot

Man ist sich sowohl in Deutschland als auch in Taiwan darüber einig, dass die Telekommunikationsüberwachung verboten werden muss, wenn die materiellen Voraussetzungen nicht vorliegen. Nach der überwiegenden Meinung, die aus dem Schutzzweck der Norm resultiert wird, in beiden Länder ist die Telekommunikationsüberwachung unter unmittelbarer Berufung auf die bezüglichen Vorschriften der Zeugnisverweigerungsrechte verboten, wenn der zur Zeugnisverweigerung Berechtigte (Deutschland: §§ 52, 53 sowie 148 StPO; Taiwan: §§ 34, 179, 179 sowie 182 StPOT) dabei betroffen wird. Insofern ist ihre Gegenmeinung zukünftig zu berücksichtigen. Der zufolge bedarf es künftig einer einheitlichen gesetzlichen Grundlage des Beweisverbots bei verdeckten Ermittlungsmaßnahmen, zu denen die Telekommunikationsüberwachung zählt. Dadurch kann der Geltungszusammenhang mit den entsprechenden Vorschriften der Zeugnisverweigerungsrechte hingewiesen werden. Zur Zeit kann der Schutz der Zeugnisverweigerungsrechte auch im Wege des Beweisverwertungsverbots erreicht werden.

In Taiwan ist bei Missachtung des Staatsanwaltsvorbehaltes sowie der fehlenden Befristung die Telekommunikationsüberwachung als rechtswidrig zu be-

---

538 Vgl. 4. Teil, C, I, 2.

werten. Im Falle des Verstoßes gegen die materiellen Voraussetzungen wird dies in die Gruppe der „Verletzung des gesetzlichen Verfahrens“ eingliedert.

II. Die Verwertung der durch Telekommunikationsüberwachung erlangten Ergebnisse

1. Das durch rechtswidrige Telekommunikationsüberwachung erlangte Ergebnis

Nach der deutschen h. M. sind beim Verstoß gegen materielle Voraussetzung der Telekommunikationsüberwachung im Sinne des § 100 a StPO die dadurch erlangten Ergebnisse nicht verwertbar. Auch sind in einem Fall des Verstoßes gegen formelle Voraussetzungen, nämlich den Richtervorbehalt im Sinne des § 100 b StPO, die dabei erlangten Ergebnisse nach der deutscher überwiegenden Meinung nicht verwertbar. Die letzte Auffassung ist nach der Ansicht dieser Arbeit abzulehnen, denn der nach § 100 a StPO verursachte Grundrechtseingriff wird nicht vertieft. Im Vergleich mit Deutschland bleibt es zu dieser Frage in Taiwan bisher noch offen, in welcher Schicht, nämlich Beweiserhenungs- oder Beweisverwertungsverbot, das Verstoß gegen formelle Voraussetzungen der Telekommunikationsüberwachung zu behandeln ist.

2. Das durch zulässige Telekommunikationsüberwachung erlangte Ergebnis

In Deutschland ist der Fall der Zufallsfunde bei Telekommunikationsüberwachung in § 100 b Abs. 5 StPO geregelt. Dazu gibt es in Taiwan noch keine Bestimmung und wissenschaftliche Studienergebnisse.

III. Die Benachrichtigungspflicht

(1) Nach § 101 StPO sind die Beteiligte von der betroffenen Telekommunikationsüberwachungsmaßnahme zu benachrichtigen, sobald dies ohne Gefährdung des Untersuchungszwecks, der öffentlichen Sicherheit, von Leib oder Leben einer Person sowie die Möglichkeit der weiteren Verwendung eines eingesetzten nicht offen ermittelnden Beamten, geschehen kann.

(2) In Taiwan muss das Durchführungsorgan gemäß § 15 Abs. 1 GÜK nach der Beendigung der Telekommunikationsüberwachung unverzüglich die Genehmigung des zuständigen Anordnungsorgans beantragen, um den Betroffenen zu benachrichtigen. Nach dem chinesischen Wortlaut dieser Vorgabe existiert hier ein gesetzgeberischer Fehler, da es offen ist, was dem Betroffenen zu berichten ist. Nach der selben Vorschrift ist die Benachrichtigung aber mit der Genehmigung des zuständigen Anordnungsorgans zu verzögern, solang der Zweck der Telekommunikationsüberwachung gefährdet wird, oder der Betroffenen nicht erreichbar ist. Nach § 15 Abs. 2 GÜK ist die Benachrichtigung nachzuholen, wenn die erwähnten Gründe nicht fortbestehen.

Als Grund der Verzögerung der Erfüllung der Benachrichtigungspflicht ist die Unerreichbarkeit der Betroffenen nicht überzeugend und führt zur Gefahr, dass in der Praxis die Benachrichtigungspflicht nicht verwirklicht wird. Zukünftig ist diese Vorgabe zu streichen. Die Verzögerung der Benachrichtigungspflicht ist erst wegen Gefährdung des Untersuchungszwecks, der Vorbeugung der Gefahr für Leben oder Leib des Einzelnen gestattet.

Insgesamt ist das gemeinsame Problem in beiden Lände, dass in der Praxis die Benachrichtigungspflicht kaum verwirklicht wird.

IV. Die Vernichtung der durch Telekommunikationsüberwachung erlangten Informationen

(1) Nach § 100 b Abs. 6 StPO sind die durch Telekommunikationsüberwachung erlangten Ergebnisse unverzüglich unter Aufsicht der Staatsanwaltschaft zu vernichten, soweit sie zur Strafverfolgung nicht mehr erforderlich sind. Über die Vernichtung ist eine Niederschrift aufzufertigen.

(2) In Taiwan darf das Durchführungsorgan der Telekommunikationsüberwachung nach § 17 Abs. 2 GÜK mit der Genehmigung des zuständigen Anordnungsorgans (Staatsanwalt oder Richter) die durch die Telekommunikationsüberwachung erlangte Daten vernichten, soweit sie zum Überwachungszweck nicht weiter erforderlich sind. Nach § 17 Abs. 3 GÜK muss das Durchführungsorgan die Tatsache der Telekommunikationsüberwachung dokumentieren, und dem zuständigen Anordnungsorgan mitteilen, damit dieses Personal zur Aufsicht des Vernichtungsvorgangs entsenden kann.

F. Ausblick

Nach den oben hergeleiteten Ergebnissen der Untersuchung kann man einen Ausblick für die strafprozessuale Telekommunikationsüberwachung in Deutschland und Taiwan erstellen.

(1) Deutschland

Auf der Seite der Gesetzgebung wird die Grundlage der strafprozessualen Telekommunikationsüberwachung schon durch die Ergänzung des §§ 100 g, h, i StPO begründet, um den verursachten Eingriff in das Fernmeldegeheimnis nach Art. 10 GG zu rechtfertigen. Die Auskunft über die Standortdaten der zunehmenden Mobilendeinrichtungen sowohl im Fall des Verbindungsaufbaus als auch im Standby-Modus bedarf künftig eine gesonderte Grundlage, um das Recht auf informationelle Selbstbestimmung nach Art. 1 Abs. 1 iVm. Art. 2 Abs. 1 GG geeignet zu schützen.

Darüber hinaus ermöglicht die Kryptographie einen eigenen Schutz des Fernmeldegeheimnisses. Hier liegt für die Strafverfolgung eine große Herausforderung. Dazu ist eine entsprechende strafprozessuale Regelung in Planung, nach der die Entschlüsselungstechnik vom Anbieter verlangt werden kann. Zukünftig sind neue Vorschriften, wie der § 100 i StPO wegen des Bezugs auf die Verarbeitung und Übertragung der Daten, die bei der Telekommunikation eingesetzt werden, im achten Abschnitt der StPO einzufügen.

Um das Institut der strafprozessualen Telekommunikationsüberwachung zu komplettieren, werden die Frage des Beweisverbots (Beweiserhebung und Beweisverwertung) wichtig. Durch einheitliche Vorschriften des Beweisverbots bei verdeckten Ermittlungsmaßnahmen ist zu erwarten, dass eine Entwertung des Zeugnisverweigerungsrechts nicht stattfindet und es geschützt wird. Dabei kommt es darauf an, wo der Ausgleichpunkt zwischen dem Interesse der staatlichen Strafverfolgung (Wahrheitsfindung) und dem zu schützenden Interesse des Einzelnen liegt.

Die Vorschriften sind künftig angesichts der neusten technischen Entwicklung zeitgemäß auszulegen. Um den Richtervorbehalt zu verstärken, ist die Überprüfung aller Voraussetzungen der Telekommunikationsüberwachung in der Begründung der Anordnung ausführlich zu dokumentieren. Nach der Beendigung der Telekommunikationsüberwachung sind alle Betroffenen unverzüglich zu benachrichtigen, solange kein Verzögerungsgrund vorliegt

(2) Taiwan

Die strafprozessuale Telekommunikationsüberwachung ist in der Gestalt des Spezialgesetzes (GÜK) geregelt. Doch im GÜK befindet sich nur der Fall der Überwachung des Inhalts der Telekommunikation. Wegen der Einsatzzweckverschiedenheit wird die strafprozessuale Telekommunikationsüberwachung zukünftig von dem strategischen und dem zur Kriminalitätsbekämpfung eingesetzten Fall unterschieden. Die strafprozessuale Telekommunikationsüberwachung ist deutlich als unltima ratio im Vergleich zu sonstigen Ermittlungsmaßnahmen zu definieren. Im Fall der Auskunft über die Verbindungsdaten wird künftig eine ausdrückliche Grundlage das GÜK ergänzen. Bei Auskunft über die Standortdaten der Mobilendeinrichtung wird außerdem auch eine gesonderte Vorschrift im GÜK beschlossen.

§ 6 GÜK ist als polizeiliche gefahrpräventive Telekommunikationsüberwachung zu positionieren. Darüber hinaus ist die einseitige Einwilligung des Betroffenen nach § 29 Nr. 3 GÜK als gesetzliche Grundlage für die Telekommunikationsüberwachung zur Gefahrabwehr zu bezeichnen. Bei der Auslegung ist § 29 Nr. 3 GÜK zurzeit im Vergleich mit § 6 GÜK als Ausnahmefall anzusehen. Dadurch kann die Anwendung des § 29 Nr. 3 GÜK auf den Fall des Schutzes der Gefahr für Leben, Leib einer Person sowie die öffentliche Sicherheit beschränkt werden. Zukünftig gibt es bei § 29 Nr. 3 GÜK einen Reformbedarf, nach dem § 29 Nr. 3 GÜK als Ausnahmefall zur Gefahrabwehr wie in § 6 GÜK beschrieben wird. Dadurch ist § 29 Nr. 3 GÜK nur zur Abwehr der in § 6 GÜK bezeichneten, drohenden Gefahr für Leben, Leib einer Person sowie öffentliche Sicherheit anwendbar. Doch ist die in § 29 Nr. 3 GÜK geforderte Gefahr näher als in § 6 GÜK. Aber diese Abgrenzung zwischen § 29 Nr. 3 und § 6 GÜK ist in der Praxis nicht leicht zu verwirklichen. Umgekehrt verursacht § 29 Nr. 3 GÜK die Gefahr des Missbrauchs und Schwierigkeit bei der Anwendung. Deswegen ist auch künftig ernsthaft zu überlegen, § 29 Nr. 3 GÜK abzuschaffen.

Bezüglich der Zuständigkeit der Anordnung der Telekommunikationsüberwachung wird der Richter die Staatsanwaltschaft als Anordnungsorgan ablösen, um die Kontrollfunktion wirksam zu entfalten. Der Staatsanwalt darf nur bei Gefahr im Verzug die Telekommunikationsüberwachung anordnen, und danach ist die unverzügliche, nachträgliche richterliche Bestätigung dieser Anordnung erforderlich. Des Weiteren ist die Zuständigkeit für die Anwendung der Telekommunikationsüberwachung nach § 6 GÜK künftig auch zu ändern. Unter Berücksichtigung der polizeilichen Gefahrabwehr bedarf die Telekommunikationsüberwachung dabei grundsätzlich einer richterlichen Anordnung. Nur bei

Gefahr im Verzug dürfen die leitenden Beamten der Polizei diese Telekommunikationsüberwachung anordnen. Aber diese Anordnung muss binnen 24 Stunden vom zuständigen Richter bestätigt werden, da sie ansonsten außer Kraft tritt.

Zur Frage des Beweisverbots bei der Telekommunikationsüberwachung wird die Debatte künftig im wissenschaftlichen Bereich und der Praxis umfassend umgesetzt werden müssen. Die Benachrichtigungspflicht gemäß § 15 Abs. 1 GÜK wird praktisch erfüllt. Um dieses Ziel zu erreichen, wird der unnötige Verzögerungsgrund der Erfüllung der Pflicht, nach dem der Betoffene nicht erreichbar ist, gestrichen.

Literaturverzeichnis

I. Deutschsprachige Literatur

Adamy, Wilhelm	Für eine neue Strategie von Handel und Entwicklung – Zur Agenda der dritten WTO- Konferenz, Wirtschaftsdienst 1999, S. 649-652.
Albrecht, Hans-Jörg	Rechtswirklichkeit und Effizienz der Überwachung der Telekommunikation nach den §§ 100 a, 100b StPO und anderer verdeckter Ermittlungsmaßnahmen (http://www.bmj.bund.de/ger/themen/strafrecht/10000716/?sid=ba769ba7d692ec0fedfe3411dd750a2b)
Amelung, Knut	Probleme der Einwilligung in strafprozessuale Grundrechtsbeeinträchtigungen, StV 6/1985, S. 257-263.
-	Informationsbeherrschungsrechte im Strafprozess: dogmatische Grundlagen individualrechtlicher Beweisverbote, Berlin, 1990.
-	Urteilsanmerkung (zu BVerfG, JR 1997, Heft 9, S. 382 - 384), JR 1997, Heft 9, S. 384-386.
-	Die Verwertbarkeit rechtswidrig gewonnener Beweismittel zugunsten des Angeklagten und deren Grenzen, StraFO 1999, Heft 6, S. 181-186.
-	Die Entscheidung des BVerfG zur „Gefahr im Verzug" i. S. des Art. 13 II GG, NStZ 2001, Heft 7, S. 337-343.
-	Normstruktur und Positivität strafprozessualer Beweisverbote, in: Jürgen Wolter/ Wolf-Rüdiger Schenke/ Peter Rieß/ Mark Alexander Zöller (Hrsg.), in: Datenübermittlungen und Vorermittlungen: Festgabe für Hans Hilger, Heidelberg, 2003, S. 327-335.

Amelung, Knut/ Pauli, Gerhard	Einwilligung und Verfügungsbefugnis bei staatlichen Beeinträchtigungen des Fernmeldegeheimnisses i. S. d. Art. 10 GG, MDR 10/1980, S. 801 -803.
Amelung, Knut/ Wirth, Stefan	Die Rechtsprechung des Bundesverfassungsgerichts seit 1990 zum Schutz der materiellen Grundrechte im Strafverfahren, StV 3/2002, S. 161-168.
Asbrock, Bernd	Der Richtervorbehalt – prozessuale Grundrechtssicherung oder rechtsstaatliches Trostpflaster?, ZRP 1998, Heft 1, S. 17-19.
Bär, Wolfgang	Der Zugriff auf Computerdaten im Strafverfahren, Köln/ Berlin/ Bonn/ München, 1992.
-	Urteilsanmerkung (zu BGH, CR 8/1996, S. 488 -490), CR 8/1996, S. 491-492.
-	Strafrechtliche Kotrolle in Datennetzen, MMR 9/1998, S. 463-468.
-	Aktuelle Rechtsfragen bei strafprozessualen Eingriffen in die Telekommunikation, MMR 8/2000, S. 472-480.
-	Auskunftsanspruch über Telekommunikationsdaten nach den neuen §§ 100g, 100h StPO, MMR 6/2002, S. 358-363.
-	Der IMSI-Catcher – neue Eingriffsermächtigung in § 100 i StPO, MMR 1/2003, S. IV-IX.
-	Urteilsanmerkung (zu LG Dortmund, MMR 1/ 2003, S. 54), MMR 1/2003, S. 54-55.
Bernsmann, Klaus	Urteilsanmerkung (BGH, StV 2001, S.216), StV 07/01, S. 382-385
Bernsmann, Klaus/ Jansen, Kirsten	Urteilsanmerkung (zu LG Aachen, StV 11/99, S. 590 - 591), StV 11/99, S. 591-593.
Bernsmann, Klaus/ Sotelsek, Marc	Urteilsanmerkung (zu BGH, StV 2003, 425 ff.), StV 03/04, S. 113-115.
Beulke, Werner	Der Verteidiger im Strafverfahren: Funktion und Rechtsstellung, Frankfurt am Main, 1980.

-	Überwachung des Fernsprechanschlusses eines Verteidigers: Besprechung der Entscheidung BGHSt. 33, 347 ff, Jura 1986, Heft 12, S. 642-649.
-	Hypothetische Kausalverläufe im Strafverfahren bei rechtswidrigem Vorgehen von Ermittlungs-organen, ZStW 1991, Heft 3, S. 657-680.
-	Strafprozessrecht, 6. Aufl., Heidelberg, 2002.
Biesenbach, Peter	Neue Welthandelsrunde statt neuer Produktionismus, Wirtschaftsdienst 1999, S. 646-649.
Bizer, Johann	Rechtliche Bedeutung der Kryptographie, DuD 21, 1997, S. 203-208.
-	Praxis der TK-Überwachung, DuD 26, 2002, S. 216-220.
-	Verpflichtung zur Herausgabe von TK-Verbindungsdaten an den Staatsanwalt, DuD 26, 2002, S. 237.
-	Auskunftspflichten über Bestandsdaten, DuD 26, 2002, S. 429.
-	Strukturplan modernes Datenschutzrecht, DuD 28, 2004, S. 6-14.
Blankart, Charles B	Was bringt das neue Telekommunikationsgesetz?, Wirtschaftsdienst 1995, S. 355-358.
Bleich, Holger/ Mansmann, Urs	Breitband überall: schnelle Zugangstechniken im Vergleich, c't 7/2002, S. 138-143.
Bleisteiner, Stephan	Rechtliche Verantwortlichkeit im Internet: unterbesonderer Berücksichtigung des Teledienstgesetzes und der Mediendienste-Staatsvertrags, Köln/ Berlin/ Bonn/ München, 1999.
Bogdandy, Armin von	Verfassungsrechtliche Dimension der Welthandelsorganisation 2. Teil: Neue Weg globaler Demokratie?, Kritische Justiz, Heft 4, 2001, S. 425-441.

Bosch, Nikolaus	Die verdeckte Befragung der Beschuldigten-Strafrechtspflege ohne Grenze?: BGH-Beschluss v. 13.5.1996-GSSt 1/96 (LG Hamburg) = NJW 1996, 2940 ff, Jura 1996, Heft 5, S. 236-243.
Börnsen, Arne	Wettbewerb soweit wie möglich-Regulierung soweit wie nötig, Wirtschaftsdienst 1995, S. 350-352.
Bötsch, Wolfgang	Liberalisierung der Telekommunikation nach 1998, Wirtschaftsdienst 1995, S. 347-350.
Brenner, Harald	Die strafprozessuale Überwachung des Fernmeldeverkehrs mit Verteidigern: zugleich ein Beitrag zu den Beweisverboten, auch im Zusammenhang mit neuen Formen der Telekommunikation, Tübingen, 1994.
Büchner, Wolfgang (Hrsg.)	Beck'scher TKG-Kommentar, 2. Aufl., München, 2000.
Büttgen, Peter	Keine Speicherung von Kundendaten bei „Prepaid-Handys", DuD 28, 2004, S. 68.
Bullinger, Martin	Organisationsformen und Staatsaufsicht in der Telekommunikation (Staatsmonopol, delegierte Monopole, public utilities), in: Ernst-Joachim Mestmäcker (Hrsg.), Kommunikation ohne Monopole II / Ein Symposium über Ordnungsprinzipien im Wirtschaftsrecht der Telekommunikation und der elektronischen Medien, 1. Aufl., Baden-Baden, 1995, S.349-368.
Bundesjustizministerium (Hrsg.)	Rechtswirklichkeit und Effizienz der Überwachung der Telekommunikation nach den §§ 100 a, 100b StPO und anderer verdeckter Ermittlungsmaßnahmen, (Zusammenfassung und Schlussfolgerungen) (http://www.bmj.bund.de/ger/themen/strafrecht/10000716/?sid=ba769ba7d692ec0fedfe3411dd750a2b).

-	Rechtswirklichkeit und Effizienz der Überwachung der Telekommunikation nach den §§ 100a, 100b StPO und anderer verdeckter Ermittlungsmaßnahmen: Eine rechtstatsächliche Untersuchung im Auftrag des Bundesministeriums der Justiz, Hans-Jörg Albrecht/ Claudia Dorsch/ Christiane Krüpe (Hrsg.), Freiburg i. Br., 2003.
Cannivé, Klaus	Infrastrukturgewährleistung in der Telekommunikation zwischen Staat und Markt: eine verfassungsrechtliche Analyse des Universaldienstkonzepts im TKG, Berlin, 2001.
Chan, Chen-jung	Staatliche Regulierung des konkurrentennützigen Netzzugangs im Bereich der Telekommunikation: ein Beitrag zu verfassungs- und verwaltungsrechtlichen Grundlagen und Grenzen staatlicher Wettbewerbsförderung in der Bundesrepublik Deutschland und Taiwan, Frankfurt am Main, 2001.
Cirener, Gabriele	Urteilsanmerkung (BVerfG, JR 1997, Heft 9, S. 386-389), JR 1997, Heft 9, S. 389-391.
Degenhart, Christoph	Das allgemeine Persönlichkeitsrecht, Art. 2 I i. V. mit Art. 1 I GG, JuS, Heft 5, 1992, S. 361-368.
Dix, Alexander	Gesetzliche Verschlüsselungsstandards – Möglichkeiten und Grenzen der Gesetzgebung, CR 1/1997, S. 38-43.
-	Vorratspeicherung von IP-Adressen? Anmerkung zur Bewertung der Praxis von T-Online International AG durch das Regierungspräsidium Darmstadt, DuD 27, 2003, S. 234-236.
Dodel, Hans	Weltweite Satellitensysteme für die persönliche Telekommunikation, Unterhaltung und Funktion, CR 9/1997, S. 567-570.
Doka, Siri/ Finke, Anja/ Begemann, Maik	Wer kontrolliert die Telefonüberwachung? : Eine empirische Untersuchung von Richtervorbehalten bei Telefonüberwachungen, StV 4/2003, S. 249-252.

Ebert, Andreas — Der Tatverdacht im Strafverfahren unter spezieller Berücksichtigung des Tatnachweises im Strafbefehlsverfahren, Frankfurt am Main, 2000.

Eckhardt, Jens — Mehr Service und mehr Überwachung, c't 22/2001, S. 178.

\- — Urteilsanmerkung (zu BGH, CR 6/2001, S. 385 -386), CR 6/2001, 386-388.

\- — Telekommunikations- Überwachungsverordnung – Ein Überblick, CR 10/2001, S. 670-678.

\- — Neue Regelungen der TK-Überwachung, DuD 26, 2002, S. 197-201.

Eisenberg, Ulrich — Beweisrecht der StPO: Spezialkommentar, 4. Aufl., München, 2002. (zitiert: Beweisrecht)

Eisenberg, Ulrich/ Nischan, Anette — Strafprozessualer Zugriff auf digitale multimediale Videodienste, JZ 2/1997, S. 74-83.

Endres, Johannes/ Mansmann, Urs — Himmlisches Vergnügen: Immer per Satellit soll Downloads beschleunigen, c't 15/2002, S.106-111.

Erwin, Lohner — Die Tatverdacht im Ermittlungsverfahren: Begriff, rechtliche Ausgestaltung, praktische Handhabung und Kontrolle am Beispiel der politischen Verdachtsfeststellung, München, 1994.

Esser, Josef — Der Kooperative Nationalstaat im Zeitalter der „Globalisierung", in: Diether Döring (Hrsg.), Sozialstaat in der Globalisierung, 1. Aufl., Frankfurt am Main, 1999, S. 117-144.

F. Gärditz, Klaus/ Stuckenberg, Carl-Friedrich — Zu Funktion und Ratio der Zeugnisverweigerungsrechte im Strafverfahren, in: Zeugnisverweigerungsrechte bei (verdeckten) Ermittlungsmaßnahmen, S. 99-133.

Feser, Frank — Urteilsanmerkung (zu LG Wuppertal, MMR 8/2002, S. 560), MMR 8/2002, S. 560.

Fezer, Gehard	Effektiver Rechtsschutz bei Verletzung der Anordnungsvoraussetzung „Gefahr im Verzug", in: Ernst-Walter Hanack (Hrsg.), Festschrift für Peter Rieß zum 70. Geburtstag am 4. Juni 2002, Berlin, 2002, S. 93-111.
Fickert, Sebastian	Die Behandlung von Zufallserkenntnissen im Ermittlungsverfahren: unter Berücksichtigung der allgemeinen Grundsätze über Verwertungsverbote, Frankfurt am Main, 2002.
Fischer, Bernhard	Globalisierung und Entwicklungsländer, Wirtschaftsdienst, Heft 4, 1996, S. 164-166.
Fox, Dirk	Der IMSI-Catcher, DuD 26, 2002, S. 212-215.
Franke, Ulrich	Aktuelle Rechtsprechung des Bundesgerichtshofs zur Telekommunikationsüberwachung: Die Überprüfung gerichtlich angeordneter Ermittlungsmaßnahmen durch Tat- und Revisionsgerichte – Besprechung vom BGH, Beschlüsse vom 1. 8. 2002 und 26. 2. 2003, GA 2003, S. 888-894.
Fredebeul-Krein, Markus	Das Universaldienstkonzept der Europäischen Union in der Telekommunikation, Wirtschaftsdienst 1998, S. 461-467.
Geis, Ivo	Das neue Datenschutzrecht für Teledienste, CR 9/2002, S. 667-673.
Genosko, Joachim	Netzwerke, innovative Milieus und Globalisierung – einige Anmerkung zu einer regionalökonomischen Diskussion, Erlangen-Nürnberg, 1996.
Gercke, Björn	Bewegungsprofile anhand von Mobilfunkdaten im Strafverfahren: Zugleich ein Beitrag zur Kumulation heimlicher Observationsmittel im strafrechtlichen Ermittlungsverfahren, Berlin, 2002.
-	Rechtliche Probleme durch den Einsatz des IMSI-Catchers, MMR 7/2003, S. 453-456.
Goumagias, Konstantinos	Die Stellung der Telekommunikation im Europäschen Vertrag, Münster, 1998.

Göres, Ulrich — Rechtsmäßigkeit des Zugriffs der Strafverfolgungsbehörden auf die Daten der Mauterfassung, NJW 2004, Heft 4, S. 195-198.

Gramilch, Ludwig — Art. 10 GG nach der zweiten Postreform 1994, CR 2/1996, S. 102-115.

Groß, Thomas — Die Schutzwirkung des Brief-, Post- und Fernmeldegeheimnisses nach der Privatisierung der Post, JZ, 7/1999, S. 326-335

Groß-Spreitzer, Gabriele — Die Grenzen der Telefonüberwachung nach §§ 100a, 100b StPO unter Berücksichtigung der Aussageverweigerungsrechte im Strafprozess, Heidelberg, 1987.

Großmann, Harald — Die Entwicklung einer Welthandelsordnung, Wirtschaftsdienst 1998, S. 14-16.

Gusy, Christoph — Das Fernmeldegeheimnis von Pressemitarbeitern als Grenze strafprozessualer Ermittlungen, NStZ 2003, Heft 8, S. 399-403.

\- — Rechtsgrundlagen der Richtervorbehalte nach § 100 b StPO, GA 2003, S. 672-692.

Hahn, Josef — Guthaben oder Laufzeitvertrag?, in: CHIP: Handy & PDA (Sonderpublikation), Hamburg, 2002, S. 28-30.

Hefekäuser, Hans-Willi — Die Deutsche Telekom – ein reguliertes Unternehmen im Wettbewerb, in: Peter Oberender (Hrsg.), Die Dynamik der Telekommunikationsmärkte als Herausforderung an die Wettbewerbpolitik, Berlin, 1999, S. 47-57.

Heidrich, Joerg — Die T-Online-Entscheidung des RP Darmstadt und ihre Folgen, DuD 27, 2003, S. 237-238.

Heimburger, David — Drei Viertel aller Telefonüberwachungen unrechtmäßig, http://www.spiegel.de/politik/deutschland/0,1518,229958,00.html

Hengsbach, Friedhelm — Globalisierung aus wirtschaftlicher Perspektive, Heidelberg, 1998.

-	Ein erweiterter Gesellschaftsvertrag im Schatten der Globalisierung, in: Diether Döring (Hrsg.), Sozialstaat in der Globalisierung, 1. Aufl., Frankfurt am Main, 1999, S. 41-88.
Hilger, Hans	Zum Strafverfahrensrechtsänderungsgesetz 1999 (StV ÄG 1999) – 1. Teil, NJW 2000, S. 561-565.
-	Gesetzgebungsbericht: §§ 100g, 100h StPO, die Nachfolgeregelungen zu § 12 FAG, in Kraft, GA 2002, S. 229-231.
-	Gesetzgebungsbericht: Über den neuen § 100 i StPO, GA 2002, S. 557-559.
-	Über den flankierenden Schutz von Zeugnisverweigerungsrechten – Zugleich Besprechung von BVerfG, Urteil vom 12. 3. 2003, GA 2003, S. 482-496.
Holznagel, Bernd/ Nelles, Ursula/ Sokol, Bettina (Herg.)	Die neue TKÜV (Telekommunikationsüberwachungsverordnung): die Probleme in Recht und Praxis, München, 2002. (zitiert: Bearbeiter, Aufsatztitel, in: Die neue TKÜV)
Ipsen, Jörn	Staatsrecht, 5. Aufl., Neuwied / Kriftel, 2002.
Jäger, Christian	Urteilsanmerkung (LG Mannheim, StV 5/2002, S. 242-243), StV 5/2002, S. 243-244.
-	Beweisverwertung und Beweisverwertungsverbote im Strafprozess, München, 2003.
Jarass, Hans D./ Peroth Bodo	Grundgesetz für die Bundesrepublik Deutschland – Kommentar, 6. Aufl., München, 2002.
Kafka, Gerhard	Hinghspeed multimediale Kommunikation mit xDSL, Poing, 2000.
Kiper, Manuel/ Ruhmann, Ingo	Überwachung der Telekommunikation: Abgesang auf ein Grundrecht der Informationsgesellschaft, DuD 22, 1998, S. 155-161.
Kleinknecht, Theodor/ Meyer, Karlheinz/ Meyer-Goßner, Lutz	Kommentar zur Strafprozessordnung: Gerichtsverfassungsgesetz, Nebengesetz und ergänzende Bestimmungen, 46. Aufl., München, 2003. (zitiert: Kleinknecht/ Meyer-Goßner, StPO, Paragraph, Rdn.)

Klesczewski, Diethelm — Das Ende des Auskunftsersuchens nach § 12 FAG, JZ 14/1997, 719-721.

Klodt, Hennig — Internationale Regeln für den Wettbewerb, Wirtschaftsdienst, Heft 5, 1995, S. 556-561.

Kluth, Thomas-Sönke — Telekommunikation als Regulierungsgegenstand des Europäischen Gemeinschaftsrechts, Frankfurt am Main 1993.

Knauth, Alfons — Zufallserkenntnisse bei der Telefonüberwachung im Strafprozess, NJW 1977, S. 1510-1512.

Köbele, Bernd — Fernmeldewesen und Telematik in ihrer rechtlichen Wechselwirkung, Berlin, 1991.

Koch, Alexander — Grundrecht auf Verschlüsselung?, CR 2/1997, S. 106-110.

Köhntopp, Marit/ Kriatian — Datenspuren im Internet, CR 4/2000, S. 248-257.

Koopmann, Georg — Konzentration auf Kernkompetenzen, Wirtschaftsdienst 1999, S. 643-646.

Kramer, Bernhard — Grundbegriffe des Strafverfahrensrechts: Ermittlung und Verfahren, 4. Aufl., Stuttgart/ Berlin/ Köln, 1999.(zitiert: Kramer, StPO)

Krempl, Stefan — Die Staatliche Neugier auf private E-Mail: Neue Entwurf der Lauschverordnung, c't 5/2001, S. 18-20.

Krey, Volker — Strafverfahrensrecht: Studienbuch Band 2., Stuttgart/ Berlin/ Köln, 1990. (zitiert: Krey, StPO II)

\- — Rechtsprobleme beim Einsatz Verdeckter Ermittler einschließlich der elektronischen Überwachung (Lauschangriff) zu ihrem Schutz und als Instrument der Strafverfolgung in Deutschland, JR 1998, Heft 1, S. 1-7.

\- — Kriminalitätsbekämpfung um jeden Preis? – Innere Sicherheit durch kontinuierliche Ausweitung des Bereichs verdeckter Ermittlungen?, Trier, 2002.

Krehl, Christoph	Richtervorbehalt und Durchsuchungen außerhalb gewöhnlicher Dienstzeiten, NStZ 2003, Heft 9, S. 461-464.
Kruse, Jörn	Deregulierungsbedarf bei Ferngesprächen, Wirtschaftsdienst 2000, S. 402-409.
Kruse, Jörn/ Haucap, Justus	Zuviel Wettbewerb in der Telekommunikation?, Wirtschaftsdienst 2002, S. 92-98.
Kudlich, Hans	Der heimliche Zugriff auf Daten in einer Mailbox: ein Fall der Überwachung des Fernmeldeverkehrs? -BGH, NJW 1997, 1934, JuS 1998, Heft 3, S. 209-214.
-	Strafprozessuale Probleme des Internet: Rechtliche Probleme der Beweisgewinnung in Computernetzen, JA, 2000, Heft 3, S. 227-234.
Kunert, Karl	Erweitertes Zeugnisverweigerungsrecht der Medienmitarbeiter: Gesetz zur Änderung der Strafprozessordnung vom 15.2.2002, NStZ 2002, Heft 4, S. 169-174.
Kühne, Hans-Heiner	Die Definition des Verdachts als Voraussetzung strafprozessualer Zwangsmaßnahmen, NJW 1979, S. 617-622.
-	Telefonüberwachung von Rechtsanwälten: Fall Kopp (Schweiz) – EGMR – Urteil vom 25. 3. 1998 (13/1997/797/1000), StV 12/98, S. 683-686.
-	Urteilsanmerkung (zu BGH, JZ 22/2001, S. 1144 -1148), JZ 22/2001, S. 1148.
-	Strafprozessrecht: eine systematische Darstellung des deutschen und europäischen Strafverfahrensrechts, 6. Aufl., Heidelberg, 2003. (zitiert: Kühne, StPO)
Kunig, Philip	Der Grundsatz informationeller Selbstbestimmung, Jura Heft 11, 1993, S. 595-604.

Kurtsiefer, Jörn	Die Deregulierung der Mobilfunkmärkte Deutschlands – Geschichtliche Entwicklung und erste Wirkungsanalyse auf der Basis der Kollektivgütertheorie und des Koordinationsmängel-Diagnosekonzeptes, Berlin, 1997.
Langenscheidt	Langenscheidts Internet-Wörterbuch, Englisch-Deutsch, 1. Aufl., München, 2000.
Lescuyer, Pierre (Übers.: Simon, Peter)	UMTS: Grundlagen, Architektur und Standard, 1. Aufl., Heidelberg, 2002.
Lexikon-Institut Bertelsmann	Lexikon Computer und Informationstechnik, Gütersloh/ München, 2001.
Lin, Yu-hsiung	Richtervorbehalt und Rechtsschutz gegen strafprozessuale Grundrechtseingriffe, Berlin, 1998.
Low, Patrick/ Schuknecht, Ludger	50 Jahren GATT – eine Bilanz, Wirtschaftsdienst 1998, S. 7-10.
Löhr, Dirk	Globalisierung, Deregulierung und „dritte technologische Revolution", Wirtschaftsdienst, Heft 2, 1999, S. 123-132.
Lützner, Axel	Strafprozessuale Zwangs- und Überwachungsmaßnahme im Recht der USA und der Bundesrepublik Deutschland, Leipzig, 1999.
Maiwald, Manfred	Zufallsfunde bei zulässiger strafprozessualer Telephonüberwachung: BGH, NJW 1976, 1462, JuS 1978, Heft 6, S. 379-385.
Marberth-Kublicki, Annette	Urteilsanmerkung (zu BVerfG Beschluss v. 6. 11. 2000 - 1 BvR 1746/00), StV 8/2001, S. 433-435.
Matzky, Ralph	Zugriff auf EDV im Strafprozess: Rechtliche und technische Probleme der Beschlagnahme und Durchsuchung beim Zugriff auf das Beweismittel „EDV", Baden- Baden, 1999.
Mangoldt, Hermann von [Begr.] (zitiert: Mangoldt/ Klein/ Starck)	Das Bonner Grundgesetz, 4. Aufl., München. 1999. (zitiert nach Bearbeiter, Paragraph und Rundnummer- GG I, Art., Rdn.)

Mahnkopf, Hans-Jürgen/ Döring, André	Telefonüberwachungsmaßnahmen bei Opfern von Schutzgelderpressungen ohne deren Einwilligung, NStZ 1995, Heft 3, S. 112-115.
Marauhn, Thilo	Sicherheit in der Kommunikationstechnik durch legislatives Risikomanagement, KritV 1/1999, S. 57-90.
Mestmäcker, Ernst-Joachim	Über den Einfluss von Ökonomie und Technik auf Recht und Organisation der Telekommunikation und elektronischen Medien, in: Ernst-Joachim Mestmäcker (Hrsg.), Kommunikation ohne Monopole II / Ein Symposium über Ordnungsprinzipien im Wirtschaftsrecht der Telekommunikation und der elektronischen Medien, 1. Aufl., Baden-Baden, 1995, S. 13-177.
Meyer-Abich, Matthias	Die Unzulässigkeit der Telefonüberwachung bei Vergehen gegen §§ 373, 374 AO vor dem Hintergrund der neueren BGH-Rechtssprechung zur Geldwäsche, NStZ 2001, Heft 9, S. 465-466.
Michaels, Ralf	Standortwettbewerb als Rechtsfigur: Die Entscheidung des OVG Hamburg zum Airbus A 380 im Lichte der Globalisierungsdebatte, kritische Justiz, Heft 4, 2001, S. 458-464.
Nelles, Ursula	Telefonüberwachung bei Kidnapping, in: Festschrift für Walter Stree und Johannes Wessels, Wilfried Küper/ Jürgen Welp (Hrsg.), Heidelberg, 1993, S. 719-734.
Neuhaus, Ralf	Die strafprozessuale Überwachung der Telekommunikation (§§ 100 a, 100b, 101 StPO): zum gegenwärtigen Stand der Erosion eines Grundrechts, in: Ernst-Walter Hanack (Hrsg.), Festschrift für Peter Rieß zum 70. Geburtstag am 4. Juni 2002, Berlin, 2002, S. 375-411.
Neumann, Karl-Heinz:	Marktzutrittsschranken und Markteintrittsstrategien im deutschen Telekommunikationsmarkt, in: Peter Oberender (Hrsg.), Die Dynamik der Telekommunikationsmärkte als Herausforderung an die Wettbewerbpolitik, Berlin, 1999, S. 73-88.

Niehaus, Holger	Katalogtatensysteme als Beschränkungen strafprozessualer Eingriffsbefugnisse, Berlin, 2001.
Nuscheler, Franz (Hrsg.)	Entwicklung und Frieden im Zeichen der Globalisierung. zu Justiz, Bonn, 2000.
Paeffgen, Hans-Ullrich	Überlegungen zu einer Reform des Rechts der Überwachung der Telekommunikation, in: Bernd Schünemann (Hrsg.) Festschrift für Claus Roxin zum 70. Geburtstag am 15. Mai 2001, Berlin, 2001, S. 1299-1318.
-	Zeugnisverweigerungsrechte und heimliche Informationserhebung, in: Hanack, Ernst-Walter (Hrsg.), Festschrift für Peter Rieß zum 70. Geburtstag am 4. Juni 2002, Berlin, 2002, S. 414-438.
Petri, Axel/ Göckel, Andreas	Vertragsstruktur der Internet- Backbone- Betrieber : Backbone-Access, CR 5/2002, S. 329- 337.
Pieroth, Bodo/ Schlink, Bernhard	Grundrechte Staatsrecht II, Aufl. 16, Heidelberg, 2000.
Paeffgen, Hans-Ullrich	Überlegungen zu einer Reform des Rechts der Überwachung der Telekommunikation, in: Festschrift für Claus Roxin zum 70. Geburtstag am 15. Mai 2001 (Hrsg.) Bernd Schünemann, Berlin, 2001, S. 1299-1318.
-	Zeugnisverweigerungsrechte und heimliche Informationserhebung, in: in: Hanack, Ernst - Walter (Hrsg.), Festschrift für Peter Rieß zum 70. Geburtstag am 4. Juni 2002, Berlin, 2002, S. 413-438.
Palm, Franz/ Roy, Rudolf	Mailboxen: Staatliche Eingriffe und andere rechtliche Aspekte, NJW 1996, 1791-1797.
-	Der BGH und der Zugriff auf Mailbox, NJW 1997, S. 1904-1905.
Pfeiffer, Gerd	Strafprozessordnung und Gerichtsverfassungsgesetz, Kommentar, 2. Aufl., 4. Aufl., München, 2002.

Pernice, Ina Maria | Die Telekommunikations- Überwachungsverordnung (TKÜV), DuD 26, 2002, S. 207-211.

Pierre, Lescuyer | UMTS: Grundlage, Architektur und Standard, Heideilberg, 2002.

Prittwitz, Cornelius | Die Grenzen der Verwertbarkeit von Erkenntnissen aus der Telefonüberwachung gemäß § 100 a StPO, StV 7/1984, S. 302-311.

Redmacher-Nottelmann, Nils A. | Wachsende Globalisierung deutscher Dienstleistungsunternehmen-Evidenz mikroökonomischer Daten, RWI-Mitteilungen 2001, Jg. 52(2), 73-93.

Randzio-Plath, Christa | Vom GATT zur WTO – fairer Welthandel oder Macht des Stärkeren? , Wirtschaftsdienst 1995, S. 156-160.

Rasmussen, Heike | Datenschutz im Internet: Gesetzgeberische Maßnahmen zur Verhandlung der Erstellung ungewollter Nutzerprofile im Web – Zur Neufassung des TDDSG, CR 1/2002, S. 36-45.

Riegel, Reinhard | Befugnisse zur Informationsverarbeitung für Zwecke der Strafverfolgung, in: Klaus Geppert (Hrsg.), Gedächtnisschrift für Karlheinz Meyer, 1990, Berlin, S. 345-365.

Riehmer, Klaus | Organisation und Regulierung der Telekommunikation in Deutschland, in: Ernst-Joachim Mestmäcker (Hrsg.), Kommunikation ohne Monopole II / Ein Symposium über Ordnungsprinzipien im Wirtschaftsrecht der Telekommunikation und der elektronischen Medien, 1. Aufl., 1995, Baden-Baden, S. 369-395.

Riegel, Reinhard | Befugnisse zur Informationsverarbeitung für Zwecke der Strafverfolgung, in: Klaus Geppert (Hrsg.), Gedächtschrift für Karlheinz Meyer, Berlin/ New York, 1990, S. 345-365.

Rieß, Peter | Über Subsidiaritätsverhältnisse und Subsidiaritätsklauseln im Strafverfahren, in Klaus Geppert (Hrsg.), Gedächtschrift für Karlheinz Meyer, Berlin/ New York, 1990, S. 367-390.

Rosenthal, Michael	Die Kompetenz der Europäischen Gemeinschaft für den rechtlichen Rahmen der Informationsgesellschaft, Berlin,1998.
Rotsch, Friederike	Der Schutz der journalistischen Recherche im Strafprozessrecht, Frankfurt am Main, 2000.
Roxin, Claus	Zur richterlichen Kontrolle von Durchsuchungen und Beschlagnahmen: zugleich Anm. Zu BVerfG StV 1997, 393/94; LG Neuruppin StV 1997, 506, StV 12/97, S. 654-656.
-	Strafverfahrensrecht: ein Studienbuch, 25. Aufl., München, 1998.
Rudolphi, Hans-Joachim/ Paeffgen, Hans-Ullrich u. a.	Systematischer Kommentar zur Strafprozessordnung und zum Gerichtsverfassungsgesetz, Stand: 26. Aufbau-Lfg., April 2002, (zitiert: Bearbeiter, in: SK-StPO)
Rudolphi, Hans-Joachim	Grenzen der Überwachung des Fernmeldeverkehrs nach den §§ 100 a, b StPO, in: Gerhard Grünwald, Olaf Miehe, Hans-Joachim Rudolphi, Hans – Ludwig Schreiber (Hrsg.), Göttingen, Friedrich Schaffstein zum 70. Geburtstag am 28. Juli 1975, 1975, S. 433-453.
Schäfer, Wolf	Europa in der Globalisierung, Wirtschaftsdienst, Heft 1, 2001, S. 30-37.
Shams, Rasul	Liberalisierung, Globalisierung und Regionalisierung: Neue Ansatzpunkte zur Integration der Entwicklungsländer in die Weltwirtschaft, Hamburg, 1996.
Schatz, Klaus-Werner	Liberalisierung in der Telekommunikation: offene Märkte-Innovation, Wachstum und Beschäftigung, Institut der deutschen Wirtschaft Köln (Hrsg.), Köln, 2000.
Schenke, Ralf P.	Exekutive Rechtssetzung bei der strafprozessualen Überwachung der Telekommunikation – ein Verstoß gegen den Vorbehalt des Gesetzes?, MMR 1/2002, S. 8-10.

Schenke, Wolf-Rüdiger	Die Verwendung der durch strafprozessuale Überwachung der Telekommunikation gewonnenen personenbezogenen Daten zur Gefahrenabwehr, JZ 20/2001, S. 997-1004.
-	Polizei- und Ordnungsrecht, 2. Aufl., Heidelberg, 2003.
Scherer, Joachim	Das neue Telekommunikationsgesetz, NJW 1996, S. 2953-2962.
-	Postreform II: Privatisierung ohne Liberalisierung, CR 1994, S. 418-426.
Schlothauer, Reinhold	Urteilsanmerkung (zu BGH, StV 2003, S. 2 ff), StV 4/2003, S. 208-210.
Seidel, M. Uwe	Liberalisierung des Telekommunikationsmarktes in Deutschland – Teil 1: Das Telekommunikationsgesetz (TKG), WiSt 1998, S. 310-314.
Spiegel, Gerald	Spuren im Netz: Welche Spuren der Internet-Nutzer hinterlässt und wie man sie vermeiden kann, DuD 27, 2003, S. 265-269.
Stihl, Hans Peter	Die Öffnung der Telekommunikationsmärkte aus Sicht der Wirtschaft, Wirtschaftsdienst 1995, S. 353-355.
Schulte-Braucks, Reinhard	Europäisches Telekommunikationsrecht für den gemeinsamen Telematikmarkt – Das Grünbuch der EG – Kommission, in: Scherer, Joachim (Hrsg.), Telekommunikation und Wirtschaftsrecht - Zivilrecht und Vertragsgestaltung, Unlauterkeitsrecht, Kartellrecht, Fernmelderecht, Datenschutz, Europa- und Völkerrecht, Köln, 1988, S. 1-39.
Spiegel, Gerald	Spuren im Netz, DuD 27, 2003, S. 265-269.
Thommes, Klaus	Verdeckte Ermittlungen im Strafprozess aus der Sicht des Datenschutzes, StV 12/97, S. 657-665.
Tiedermann, Jens	Prepaid-Karten im Mobilfunk: Anonyme Kommunikation versus Strafverfolgungsinteresse, CR 2/2004, S. 95-99.

Umbach, Dieter C. (Hrsg.) Grundgesetz: Mitarbeiterkommentar und Handbuch, Heidelberg, 2002. (zitiert nach Bearbeiter, Paragraph und Rundnummer- GG, Art., Rdn.)

Vosgerau, Hans-Jürgen Die Internationalisierung der Wettbewerbspolitik, Wirtschaftsdienst, Heft 2, 1995, S. 105-112.

Vosgerau, Hans-Jürgen/ Schulze, Günther G. Der Weg zu einem liberalen Welthandel, Wirtschaftsdienst 1998, S. 10-14.

Waechter, Kay Bereitstellungspflicht für Fernmeldeanlagenbetreiber, VerwArch 1996, S. 68-96.

Weber, H. Rolf Die Stellung deregulierter Kommunikationsmonopole im Wettbewerb, in: Ernst-Joachim Mestmäcker (Hrsg.), Kommunikation ohne Monopole II / Ein Symposium über Ordnungsprinzipien im Wirtschaftsrecht der Telekommunikation und der elektronischen Medien, 1. Aufl., Baden-Baden, 1995, S. 473-514.

Weigend, Thomas Empfehlen sich gesetzliche Änderungen, um Zeugen und andere nicht beschuldigte Personen im Strafprozess besser vor Nachteilen zu bewahren?, Gutachten C zum 62. Deutschen Juristentag Bremen 1998, München, 1998.

Weiler, Edgar Beweissichernde Durchsuchung und die Folgen von Verfahrensfehlern, in: Eva Graul/ Gerhard Wolf (Hrsg.), in: Gedächtnisschrift für Dieter Meurer, Berlin, 2002, S. 395-420.

Weinem, Wolfgang Die moderne Überwachung der Telekommunikation: Möglichkeiten und Grenzen im gesetzlichen Rahmen, in: Festschrift für Horst Herold zum 75. Geburtstag - Das Bundeskriminalamt am Ausgang des 20. Jahrhunderts 1998, S. 451 -477.

Welp, Jürgen Die strafprozessuale Überwachung des Post- und Fernmeldeverkehrs, Heidelberg, 1974.

\- Abhörverbote zum Schutz der Strafverteidigung: Zugleich Besprechung des BGH - Urteils vom 5. 11. 1985 - 2 StR 279 / 85, NStZ 1986, Heft 7, S. 294-299.

- Überwachung und Kontrolle: Telekommunikationsdaten als Gegenstand strafprozessualer Ermittlungen, Berlin, 2000.

- Verbindungsdaten: Zur Reform des Auskunftsrechts (§§ 100 g, 100 h StPO), GA 2002, S. 535-556.

Werle, Gerhard — Schutz von Vertrauensverhältnissen bei der strafprozessualen Fernmeldeüberwachung? JZ, 10/ 1991, S. 482-488.

Weßlau, Edda — Gefährdung des Datenschutzes durch den Einsatz neuer Medien im Strafprozess, ZStW, 2001, Heft 4, S. 681-708.

Wisotzky, Rolf — Der polizeiliche Staatsschutz und der Weg in die modernen Kommunikationstechnologien, in: Festschrift für Horst Herold zum 75. Geburtstag - Das Bundeskriminalamt am Ausgang des 20. Jahrhunderts 1998, S. 479-504.

Wohlers, Wolfgang/ Demko, Daniela — Der strafprozessuale Zugriff auf Verbindungsdaten (§§ 100 g, 100 h StPO), StV 4/2003, S. 241-248.

Wolff, Reinmar/ Neumann, Andreas — Anordnung der Auskunft über Telekommunikationsverbindungsdaten gegen unbekannt? : Zur Beziehung des Betroffenen nach § 100 h I 1 StPO, NStZ 2003, Heft 8, S. 404-408.

Wollweber, Harald — Verbindungsdaten der Telekommunikation im Visier der Strafverfolgungsbehörden, NJW 2002, S. 1554-1556.

Wolter, Jürgen — Verwertungsverbote bei zulässiger Telefonüberwachung, in: Gerhard Dornseifer (Hrsg.), Gedächtnisschrift für Armin Kaufmann, Köln, Berlin, Bonn, München, 1989, S. 761-781.

- 35 Jahre Verfahrensrechtskultur und Strafprozessverfahrensrecht in Ansehung von Freiheitsentziehung, (DNA-) Identifizierung und Überwachung, Hans Joachim Hirsch zum 70. Geburtstag, GA 1999, S. 158-181.

Wolter, Jürgen/ Schenke Wolf-Rüdiger (Hrsg.)	Zeugnisverweigerungsrechte bei (verdeckten) Ermittlungsmaßnahmen, Hrsg. Vom Bundesministerium der Justiz in Zusammenarbeit mit Jürgen Wolter, Wolf-Rüdiger Schenke und dem Arbeitskreis Strafprozessrecht und Polizeirecht (ASP), Berlin, 2002. (zitiert: Zeugnisverweigerungsrechte bei (verdeckten) Ermittlungsmaßnahmen)
-	Zeugnisverweigerungsrechte bei (verdeckten) Maßnahmen im Strafprozessrecht und Polizeirecht, in: Hanack, Ernst-Walter (Hrsg.), Festschrift für Peter Rieß zum 70. Geburtstag am 4. Juni 2002, Berlin, 2002, S. 633-648.
-	Die Berücksichtigung von Zeugnisverweigerungsrechten bei Maßnahmen nach den §§ 100a, 100 c, 100g, 111, 163 b, 163 d bis 163 f StPO (Baustein zu § 53 b StPO-E vom 2.5.2002), in: Zeugnisverweigerungsrechte bei (verdeckten) Ermittlungsmaßnahmen, S. 33-37.
Wuermeling, Ulrich/ Felixberger, Stefan	Staatliche Überwachung der Telekommunikation, CR 9/1997, S. 555-561
Zöller, Mark Alexander	Verdachtslose Recherchen und Ermittlungen im Internet, GA 2000, S. 563-577.
-	Zeugnisverweigerungsrechte und heimliche Ermittlungsmaßnahmen im Strafprozessrecht - Zur Situation de lege lata, in: Zeugnisverweigerungsrechte bei (verdeckten) Ermittlungsmaßnahmen, S. 325-357.

II. Chinesischsprachige Literatur

Chan, Chen-Jung	Der verfassungsmäßige Zweifel an der Einrichtungspflicht der Telefonüberwachungsanlage ohne staatlichen Zuschuss, The Taiwan Law Review, 9/2000, Nr. 98, S. 101-114.
Chan, Ming-Haw/ Chiu, Shao-Chou/ Yi, Shu-Chung	Application of Call Detail Record to Criminal Investigation-Dynamic and Static Analyses of Mobil User, Police Science Quarterly, Vol. 33, Nr. 2, 2002, S. 111-132.
Chan, Ming-Haw/ Chiu, Shao-Chou	Application on Criminal Investigation Using Call Detail Records of Base Station and International Mobil Equipment Identity, Forensic Science, Nr. 54, 2002, S. 85-103.
Chan, Wen-Kai	Untersuchung des Rechts auf Privacy, Taipei, 1998.
Chang, Yu-Feng	Die Untersuchung der Telekommunikationsüberwachung im Strafverfahren, Chas Yang Law Review, Vol. 63, No. 1-3, S. 6-17.
Chen, Ai-e	Articles on the Constitution of the Republic of China Symposium on Surveillance Over Correspondence and Freedom of Private Correspondence, The Constitutional Review, Vol. 23, No. 2, S. 11-26.
Chen, Pu-Sheng	Das strafprozessuale Beweisrecht, 2. Aufl., Taipei, 1992.
-	Praxis des Strafverfahrens, 8. Aufl., Taipei, 1993.
Chen, Tze-Lung	Die Untersuchung des Eingriffs in Freiheit der geheimhaltenden Kommunikation und der Fähigkeit der dadurch erlangten Beweismittel, Taipei, 1979.
-	Menschenwürde und Einführung in die Systematik des Strafrechts, 2. Aufl., Taipei, 1994.
Chen, Yun-Tsai	A Study on Wiretapping and Electronic Surveillance--A Comment on the Draft of Wiretapping Act, Tunghai University Law Review, No. 13, 137-161.

-	Telekommunikationsüberwachung, in: Lai-Chieh Ho, Yu-Hsiung Lin, Yun-Tsai Chen, Chao-Yi Huang (Hrsg.), Strafverfahrensrecht (Übung), Taipei, 2000, S. 59-81.
Chen, Yung-Yu	Der Trend der Telekommunikation im 21. Jahrhundert, Communications Magazine Heft 5, 2000, http://www.grandsoft.com/cm/076/atr762.htm
Chiang, Shuen-Ming	Die Dogmatik und Praxis der Telekommunikationsüberwachung im Strafverfahren, China Law Journal, No. 168, 99-123.
-	Die Grenze der Telekommunikationsüberwachung und der Ausschluss des Beweismittels, China Law Journal, No. 172, S. 94-110.
-	Die Untersuchung der Frage der einseitigen Einwilligung der „Mithörung", China Law Journal, No. 183, S. 55-68.
Chou, Yu-Lin	Der Einfluss auf die Vorschriften der Telekommunikation in Taiwan und Deutschland nach dem Eintritt in die WTO (I), Communications Magazine Heft 1, 2002, http://www.grandsoft.com/cm/096/apr961.htm
-	Der Einfluss auf die Vorschriften der Telekommunikation In Taiwan und Deutschland nach dem Eintritt in die WTO (II), Communications Magazine Heft 2, 2002, http://www.grandsoft.com/cm/097/apr971.htm
Fang, Hisu-Chung	Der Forschritt und der Mangel des Rechtsinstituts des Kommunikationsschutzes in Taiwan, Communications Magazine Heft 8, 2000, http://www.grandsoft.com/cm/079/acm791.htm
Friedman, Thomas L. (cÜ. Tsai, Ji- Guang/ Li, Zhen-Chang/ Huo, Da-Uen)	The Lexus and Olive Tree, 1. Aufl., Taipei, 2000.
Gilder, George (cÜ: Lai, Po-Chou/ Chi, Jui-Kuo)	Telecom: How infinite bandwidth will revolution our World, Taipei, 2002.

Held, David/ McGrew, Anthony/ Goldblatt, David/ Perraton, Jonathan (cÜ. Shen, Zueng-Ruei/ Gao, Shao-Fan/ Xu, Xang-Tao/ Chen, Shu-Ling)	Global Transformations: Politics, Economics and Culture, Taipei, 2001.
Ho, Jui-Kuang	Die Tendenz der Integration von Telekommunikation-, Information- und Audio-Netzwerk, Communications Magazine Heft 3, 2000, http://www.grandsoft.com/cm/074/afo745.htm
Hsieh, Huan-Chien	Die Liberalisierung des Telekommunikationsmarktes und die entsprechenden Regulierungsmaßnahmen, Ft Law Review Heft 12, 2000, S. 2-11.
Hsieh, Kwen-Feng	Internet und Strafprozessuale Ermittlung, Taipei, 2002.
Hsu, Chih-Hsiung	Einführung in Verfassungsrecht: Schutz des Menschenrechts, 2. Aufl., Taipei, 1998.
Hsu, Tsung-Li	Die Privatisierung von Verwaltungsaufgaben (I), Judicial Weekly, Heft 1116, 2003.
-	Die Privatisierung von Verwaltungsaufgaben (II), Judicial Weekly, Heft 1117, 2003.
-	Die Privatisierung von Verwaltungsaufgaben (III), Judicial Weekly, Heft 1118, 2003.
Hsu, Wen-I	Die Rechtsgrundlage des Datenschutzes, in: Chen-Shan Li (Hrsg.), Recht und Gerechtigkeit, Festschrift für Heinrich Scholler zum 70 Geburtstag, Taipei, 2000, S. 217-287.
-	Recht des Schutzes der personenbezogenen Daten, Taipei, 2001.
Huang, Chao-Yi	Die durch rechtswidrige Ermittelungsmaßnahme erlangte Beweismittel, in: Lai-Chieh Ho, Yu-Hsiung Lin, Yun-Tsai Chen, Chao-Yi Huang (Hrsg.), Strafverfahrensrecht (Übung), Taipei, 2000, S. 177-190.

-	Strafprozessrecht (Beweismittel), 1. Aufl., Taipei, 2002.
Kahin, Brain/ Nesson, Charles (cÜ: Wu, Tsung-Jung)	Borders in Cyberspace: Information Policy and the Global Information Infrastructure, (Hrsg.) Harvard College, 1999, Taipei.
Kao, Sheng-Kai	Die Überprüfung des Regulierungsinstituts der Mobil-Telekommunikation der 3. Generation (II), Communications Magazine Heft 8, 2001, http://www.grandsoft.com/cm/091/atr915.htm
Kaufman, Michael T. (cÜ. Bo-Hueng Wang.)	Soros-The Life and Times of Messianic Billionaire, 1. Aufl., Taipei, 2002.
Li, Chen-Shan	Recht auf informationelle Selbstbestimmung, in: Chen-Shan Li (Hrsg.), Menschenwürde und Schutz des Menschenrechts, 2. Aufl., S. 274-318.
Li, Chien-Liang	Die Verfassungsrechtslehre und Praxis, 2. Aufl., Taipei, 2003.
Li, Jui-Ming	Die Überwachung aufgrund einseitiger Einwilligung; Criminal Law Journal, Vol. 47, No. 1, S. 41 -73.
Li, Wen-Jui/ Lin, Ming-Chueh/ Chang, Chia-Chien	Der Einfluss auf die Verkaufswege des Mobil- Telefonsektors nach der Liberalisierung des Telekommunikationsmarktes, Taiwan Economic Research Monthly, (Hrsg.) Taiwan Institute of Economic Research, Vol. 22 Nr. 12, 1999, S. 78 -86.
Liang, Shih-Hsing	Ausschluss des rechtswidrigen Beweismittels: das durch rechtswidrige Telekommunikationsüberwachungsmaßnahme erlangte Beweismittel als Kern der Untersuchung, Taipei, 2000.
-	Wiretapping and the Exclusionary Rule, Cantral Police University Law Review, No. 7, S. 117-149.
Lin, San-Ching	Articles on the Constitution of the Republic of China Symposium on Surveillance Over Correspondence and Freedom of Private Correspondence, The Constitutional Review, Vol. 23, No. 2, S. 4-11.

Lin, Yu-Hsiung	Das durch rechtswidrige Durchsuchungen und Festnahme verursachte Beweisverbot und seine Fernwirkung, in: Crime und Punischment: Festschrift für Shan-Tien Lin zum 60. Geburtstag, Taipei, 1998, S. 485-516.
-	Rechtswidrige Durchsuchungen und Beweisverbote, National Taiwan University Law Journal, Vol. 28, No. 2, S. 251-279.
-	Spezialkommentar: Durchsuchung und Beschlagnahme, Taipei, 2001.
-	Lehrbuch des Strafprozessrechts Band I, 2. Aufl., Taipei, 2001. (zitiert: StPO I)
Liu, Kung-Chung	Ein paar Fragen zur Öffnung des Festnetzes, Taiwan Economic Research Monthly, (Hrsg.) Taiwan Institute of Economic Research, Vol. 22 Nr. 6, 1999, S. 20-23.
-	Neue Fragenstellungen für den Wettbewerb im Digitalübertragungssektor im Informationszeitalter, Taiwan Economic Research Monthly, (Hrsg.) Taiwan Institute of Economic Research, Vol. 22 Nr. 11, 1999, S. 29-31.
-	Die Debatte über die Eintrittsnormen in den Markt des Festnetzes, Science and Technology Law Journal, Heft 6, 2000, S. 36-43.
-	Die Regulierungsreform im Bereich der Telekommunikation und die Normierung des Digitalnetzes, 2001, Taipei.
Liu, Shao-Liang	Die Wettbewerbspolitik und die Rechtsfrage der Liberalisierung des Telekommunikationsmarktes, Fair Trade Quarterly Vol. 6 Nr. 3, 1998, (Hrsg.) Fair Trade Commission Executive Yuan, S. 101-151.
Liu, Shih-Miao	Die Gestaltung des Begriffs des Universaldienstes, Telesprachdiensts in Taiwan, Communications Magazine Heft 3, 2001, http://www.grandsoft.com/cm/086/aps861.htm

-	Das Verhältnis zwischen dem Universaldienst des Telenetzes und seinem Konkurrenz (I), Communications Magazine Heft 5, 2001, http://www.grandsoft.com/cm/088/atr886.htm
-	Das Verhältnis zwischen dem Universaldienst des Telenetzes und seinem Konkurrenz (II), Communications Magazine Heft 6, 2001, http://www.grandsoft.com/cm/089/abt892.htm
-	Der Charakter des Telenetzes (I), Communications Magazine Heft 7, 2001, http://www.grandsoft.com/cm/090/atr901.htm
-	Der Charakter des Telenetzes (II), Communications Magazine Heft 8, 2001, http://www.grandsoft.com/cm/091/atr911.htm
-	Kompromisse zwischen dem Universaldienst und dem Wettbewerb im Bereich der Telekommunikation, Communications Magazine Heft 9, 2001, http://www.grandsoft.com/cm/092/atr922.htm
Moody, Glyn (cÜ: Tu, Mo)	Rebel Code: the inside story of Linux and the open source revolution, 2001, Taipei.
Nan, Fang-Shuo	BSE verbreitet sich schnell. Die globale Risikogesellschaft bildet sich schrittweise, The Journalist, Nr. 728, 2001, S. 88-91.
-	Globale Risikogesellschaft kommt schon!, The Journalist, Nr. 762, 2001, S. 106-107.
Peng, Te-Hsien	Der Rechtsaufbau des Wiederverkaufs des Telesprachdienstes in Taiwan, Communications Magazine Heft 7, 2001, http://www.grandsoft.com/cm/090/ams901.htm
Pang, Peter	Das ausgezeichnete Ergebnis der Liberalisierung des Telekommunikationsmarktes in Taiwan – Mobil-Telephonbranche, Communications Magazine Heft 7, 2000, http://www.grandsoft.com/cm/078/afo783.htm

-	ADSL: die hauptsächliche Richtung der breitbandigen Technik, Communications Magazine Heft 6, 2001, http://www.grandsoft.com/cm/089/asr891.htm
-	Das nächste politische Ziel der Liberalisierung des Telekommunikationsmarkts, Communications Magazine Heft 12, 2001, http://www.grandsoft.com/cm/095/asr951.htm
Su, Yung-Chin	Liberalisierung, Deregulierung und das Gesetz des gerechten Geschäfts, The Taiwan Law Review Heft 3, 1997, S. 15-21.
Tan, Chien-hsun	Die große Welle der Liberalisierung des globalen Telekommunikationsmarktes (I), Communications Magazine Heft 12, 1994, S. 60-64.
-	Die große Welle der Liberalisierung des globalen Telekommunikationsmarktes (II), Communications Magazine Heft 1, 1995, S. 18-23.
Tsai, Tun-Ming	Telekommunikationsüberwachung und Zwangsmaßnahme, The Law Monthly, Vol. 42, No. 6, S. 5.
-	Strafprozessrecht, 2. Aufl., Taipei, 1993.
-	Telekommunikationsüberwachung und Beweisausschluss, Criminal Law Journal, Vol. 39, No. 1, S. 1 -11.
Umeyama, Shinji/ Hanzaka, Tsuyoshi (cÜ: Chou, Ming-Hsien)	xDSL: The high-speed internet access, Taipei, 2001.
Walters, Malcolm (cÜ. Uei-Jie Xu)	Globalization, 1. Aufl., Taipei, 2000.
Wang, Chao-Peng	Gegenstände der Durchsuchung und der Beschlagnahme: Durchsuchung der Medien und Kanzlei, in: Chao-Peng Wang (Hrsg.), Straßenkontrolle, Untersuchung und Menschenrecht, Taipei, 2001, S. 1-32.

Wang, Mao-Sung	Untersuchung der rechtlichen Frage des Telekommunikationsabhörens, in: Mao-Sung Wang (Hrsg.), die Untersuchung der rechtlichen Frage des illegal erlangten Beweismittels, Taipei, 1987, S. 107-163.
Wang, Yu-Chi/ Hsai, Chih-Hao	Die Debatte über die Entwicklung des Rechtssystems für Digitalmedien und die geplante „Information-, Kommunikation-, und Rundfunk- Kommission", The Taiwan Law Review, Heft 3, 1999, S. 59-72.
Wu, Chieh-Ying/ Chu, Chih-Chiang	Die Reform und der Anstieg der Chunghwa Telekom AG, Communications Magazine Heft 12, 2001, http://www.grandsoft.com/cm/095/aen951.htm
Wu, Chun-Chih/ Chien, Wei-Ko	Die nach dem Verwaltungsverfahrensrecht durchgeführte Überprüfung des Telekommunikationsmarktes in Taiwan, in: Das Symposium über Science and Technology Law 2001, (Hrsg.) Institut of Law for Science and Technology, Chao-Tung University, 2001, Hsinchu, S. 361-380.
Wu, Hsin-Hui/ Yang, Chi-Huang/ Lin, I-Heng	Breitband, Kabelmodem und ADSL: Entwicklungsanalyse der Technik und des Dienstes, Communications Magazine Heft 8, 2001, http://www.grandsoft.com/cm/091/atr912.htm
Wu, Jiuan-Yih	Die Debatte über die Rechtfertigung des Einsatzes von GPS im Strafprozessverfahren angesichts einer deutschen BGH-Rechtssprechung, The Law Monthly, Vol. 53, Nr. 6, 2002, S. 453-462.
Wu, Keng	Auslegung und Anwendung des Verfassungsrechts, 1. Aufl., Taipei, 2003.